本书出版获得广州华商学院
金融学重点学科建设经费资助

商业银行数字化转型与宏观经济波动

张友泽——著

暨南大学出版社
JINAN UNIVERSITY PRESS

中国·广州

图书在版编目（CIP）数据

商业银行数字化转型与宏观经济波动 / 张友泽著.

广州 : 暨南大学出版社，2024. 12.

ISBN 978-7-5668-4011-0

Ⅰ. F830. 33-39；F015

中国国家版本馆 CIP 数据核字第 2024AX1085 号

商业银行数字化转型与宏观经济波动

SHANGYE YINHANG SHUZIHUA ZHUANXING YU HONGGUAN
JINGJI BODONG

著　者：张友泽

出 版 人：阳　翼

责任编辑：曾鑫华　王锦梅

责任校对：刘舜怡　黄子聪

责任印制：周一丹　郑玉婷

出版发行：暨南大学出版社（511434）

电　　话：总编室（8620）31105261

　　　　　营销部（8620）37331682　37331689

传　　真：（8620）31105289（办公室）　37331684（营销部）

网　　址：http：// www. jnupress. com

排　　版：广州市新晨文化发展有限公司

印　　刷：广州市金骏彩色印务有限公司

开　　本：787mm×1092mm　1/16

印　　张：15. 5

字　　数：254 千

版　　次：2024 年 12 月第 1 版

印　　次：2024 年 12 月第 1 次

定　　价：69. 80 元

（暨大版图书如有印装质量问题，请与出版社总编室联系调换）

前　言

习近平总书记在中央金融工作会议中明确指出，"坚定不移走中国特色金融发展之路，推动我国金融高质量发展，为以中国式现代化全面推进强国建设、民族复兴伟业提供有力支撑"，在省部级主要领导干部推动金融高质量发展专题研讨班开班式上进一步指出，"中国特色金融发展之路既遵循现代金融发展的客观规律，更具有适合我国国情的鲜明特色，与西方金融模式有本质区别"。在新的时代背景下，商业银行的经营与发展既需要满足盈利性、安全性、流动性的传统要求，同时还需要将政治性、人民性摆在更加重要的位置，这对商业银行的运营效率提出了更高的要求。运用数字技术全面赋能，推进数字化转型以打造强大的金融机构，助力金融强国建设已然成为商业银行发展的必经之路。

金融科技的迅猛发展和数字技术的赋能使银企关系发生了深刻的变化。金融科技驱动的金融创新潜移默化地改变了金融的形态。在传统信贷合同中，抵押资产是缓解借贷双方信息不对称问题的关键。本书的研究发现，以大数据、区块链以及人工智能为代表的金融科技显著降低了抵押资产在债务契约中的重要性，弱化了金融加速器效应。本书基于抵押品约束机制揭示了以金融科技应用为核心的商业银行数字化转型弱化金融加速器效应的理论逻辑，解释了商业银行数字化转型平抑宏观经济波动的机制。本书的逻辑结构沿着"微观层面的资金供给端→微观层面的资金需求端→宏观层面经济波动"的视角演进展开。

具体而言，本书基于"不确定冲击→银行信贷配置→企业信贷获取→企业投资与产出→宏观经济波动"的传导路径进行考察，并就商业银行数字化转型提升银行信息甄别能力，降低金融摩擦的机理进行分析。基于此，首先，本书在微观层面从作为资金供给端的银行和作为资金需求端的企业这两个角度检验商业银行数字化转型弱化不确定冲击传导至宏观经济的信贷抵押路径与资产负债表路径。其次，本书基于宏观层面的中国城市数据检验商业银行数字化转型弱化不确定冲击导致的抵

押品价格波动对宏观经济的影响。最后，本书就商业银行如何提升数字化转型程度，以及政府监管部门如何通过鼓励商业银行增加数字技术应用，降低其对传统抵押品的依赖，增加信用贷款的投放比例，从而平抑经济波动提供政策建议。

整体而言，本书逻辑线索主要遵循由微观至宏观的路线，尽可能地实现章节之间的逻辑递进和互嵌。本书科学评估了金融科技的经济稳定器作用，有助于拓展并深化现阶段学术界和实务工作者对金融科技与实体经济运行规律的认识，从而为继续优化和引导金融科技发展的政策制定提供理论依据。

张友泽

2024 年 6 月

目 录

001   **前 言**

001   **第一章 绪 论**

001   第一节 研究背景

004   第二节 研究意义

007   第三节 研究方法与逻辑框架

011   第四节 本书的研究贡献与不足

013   **第二章 文献回顾与述评**

013   第一节 金融加速器理论的起源与发展

020   第二节 金融科技驱动的金融创新研究

030   第三节 商业银行数字化转型的经济效应研究

034   第四节 文献述评

036   **第三章 现实背景与经验事实**

036   第一节 商业银行数字化转型的背景与现状

054   第二节 宏观经济不确定性的测度与时序变化

060   第三节 中国宏观调控政策的选择分析

065   第四节 信贷市场状态变化与宏观经济波动的特征事实

069 第四章 数字化转型对商业银行信贷配置行为的影响研究

070 第一节 数字化转型的开源效应及其对信贷配置的影响研究

079 第二节 数字化转型的节流效应及其对信贷配置的影响研究

084 第三节 本章小结

086 第五章 商业银行数字化转型对银行信贷抵押路径影响的实证研究

086 第一节 理论分析与研究假设

088 第二节 研究设计

094 第三节 实证结果分析

116 第四节 进一步研究：基于商业银行主动风险承担视角的检验

118 第五节 本章小结

120 第六章 商业银行数字化转型对企业资产负债表路径影响的实证研究

120 第一节 理论分析与研究假设

123 第二节 研究设计

128 第三节 实证结果分析

164 第四节 本章小结

166 第七章 商业银行数字化转型对经济波动影响的实证研究

166 第一节 理论模型框架构建

170 第二节 理论分析与研究假设

173 第三节 研究设计

177 第四节 实证结果分析

197　第五节　拓展性研究：基于信贷波动和投资波动视角的再检验

201　第六节　本章小结

203　第八章　推进商业银行数字化转型平抑宏观经济波动

205　第一节　建立健全自主可控安全高效的金融基础设施体系

208　第二节　构建科技与业务高度融合的数字金融场景

217　第三节　增强 AIGC 应用赋能商业银行智能化发展

222　**参考文献**

240　**后　记**

第一章 绪 论

第一节 研究背景

在 2008 年发源于美国次贷危机的金融海啸席卷全球后，宏观经济学的研究方向出现了深刻的变化，金融市场摩擦在不确定冲击传导过程中所发挥的重要作用开始被广泛关注。大量研究表明，因信息不对称等问题形成的金融摩擦可以在信贷市场传递的过程中加剧不确定冲击，最终使宏观经济出现更大的波动，这一机制通常被称为"金融加速器"。在信贷关系中，作为资金出借方的商业银行居于信息劣势地位，无法完全掌握借款人的真实信息，因此商业银行往往对企业资产负债表状况或抵押资产数量与价值作出要求。资产抵押作为一种保证机制，能够降低由于信息不对称等问题可能对商业银行造成不良后果的风险，减少借款者的机会主义，确保其不损害贷款人的利益。然而，借款人的资产价值极易受不确定冲击影响而发生波动，传统商业银行的信贷审核通常将借款人的资产价值视同借款人信用，因此资产价格下跌将导致借款人信用萎缩，借款人可能因为信贷获取能力下降被迫削减投资。当不确定冲击的发生导致大量企业净值缩水，处于信息劣势的商业银行在顺周期的信贷配置模式引领下很可能作出盲目拒贷、限贷、抽贷、断贷等决策，广泛影响经济系统中企业的投资和经营，进而放大不确定冲击对宏观经济的影响，加剧经济衰退。

信贷市场金融摩擦的存在还会抑制宏观调控政策的有效性。不确定冲击的出现改变了宏观经济运行的环境。为维系金融与经济的稳定性，政府部门需要出台宏观调控政策以平抑经济波动。由于信贷市场存在金融摩擦，政策的传导渠道存在阻塞与扭曲。拥有更多资产和内部现金流、规模更大的民营企业或国有企业由于抵押担保能力更强，在信贷关系构建过程中存在的金融摩擦更小，被商业银行视为信用较佳的优质客

户。当宏观调控政策为应对经济衰退而转向宽松时，信用资质较好、抵押担保能力较强的企业更容易获得信贷资金支持，而中小民营企业因和商业银行之间的信息不对称程度较高，即使货币政策极度宽松依旧难以获得信贷支持，从而导致流动性在金融机构和大型企业内淤积，出现结构性失调的现象。当宏观调控政策趋于紧缩以应对经济过热时，信用能力较低、抵押担保能力较弱的企业首先受信贷紧缩效应的影响。金融摩擦的存在使类型不同的企业受宏观调控政策影响的敏感性存在不对称的特征（战明华、应诚炜，2015）。然而，抵押担保能力较弱的企业往往表现出较差的风险抵御能力，受不确定性冲击的影响更大，也更需要宏观调控政策的支持。这类企业虽然规模较小，但在数量上却极为庞大，海量小规模企业同向的扩张与收缩更有可能放大经济波动，干扰宏观经济的稳定性，因此在实践中更迫切地需要一种新的机制显现企业的真实信用，降低金融摩擦对宏观调控政策传导信贷渠道的梗阻，提高信贷金融服务的可得性以提升宏观经济的稳定性。

现代新型数字技术与金融业的深度融合是近年来金融领域出现的新趋势，并衍生了"金融科技"这一新的词汇。金融科技赋能催生了一系列形式各异的金融创新，在一定程度上强化并拓展了金融的功能（刘少波、张友泽等，2021）。金融科技的作用，一方面在于提高交易完成的速度和金融机构的经营能力（Fuster et al，2019），降低金融产品和服务的供给成本（Gomber et al，2018；Vives，2019；Thakor，2020），另一方面更在于提升金融业获取信息和处理数据的能力（Livshits et al，2014；Jagtiani & Lemieux，2019；Berg et al，2020）。金融机构使用基于大数据和机器学习算法的新型统计模型可以更有效地筛选借款申请人，并因此得以从根源上缓解信贷市场的信息不对称（Vives，2019）。现有部分研究证实了从事信贷投放业务的大型数字经济平台使用大数据、机器学习、云计算、区块链等新型技术为核心的金融科技，通过对海量数据的挖掘和处理可以降低金融机构在信用辨识方面对抵押品或企业资产负债表的依赖程度（Berg et al，2019；黄益平、邱晗，2021；Gambacorta et al，2020）。

基于数字技术的金融创新活动依托技术的先进性提高了金融服务的质量和效率，对实体经济产生了深远的影响。传统金融体系之外的金融

科技公司，基于自身商业场景，结合新型数字技术推出大量形式各异的金融创新，在深刻改变传统金融业态的同时也在倒逼商业银行进行数字化转型。近年来，随着金融科技的发展，商业银行也开始逐渐在业务开展与日常运营过程中增加数字技术的应用以提高数据收集和处理的水平，这有效提升了银行的信息甄别能力，这主要表现在数据的收集和处理两个方面。

一是在数据收集方面，传统银行一般通过人工调查的方式采集借款人信用数据，这导致采集得来的信息不仅滞后而不具有时效性，而且借款人信用资质的认定过程难以避免信贷员个人主观价值判断的影响，使商业银行难以全面而准确地识别借款人的信用情况，数字化转型使商业银行有条件使用大数据和云计算等数字技术持续跟踪借款人的实时动态，同步完成信息采集工作并及时更新借款人的信用状态。商业银行既能通过数据挖掘和物联网等手段获取多维信息保证数据的多样性，还可以通过算法设定的自动化程序持续监控，提高银行获取信息的频率以保证时效性。

二是在数据处理方面，传统银行主要通过人工分析借款人提交的资产负债表和抵押物资料，并通过格式化的简单打分模型评定客户信用。借款人原始材料转化为信用评分的过程机械而僵化，在信用评定的过程中既容易遗漏大量有价值的数据，又可能因为数据和信息的滞后性与不完整性而无法及时察觉借款人潜在的违约风险，导致借款人的信用评级被错误地高估或低估。数字技术的深度融合使银行可以利用大数据和机器学习算法等分析工具挖掘变量潜藏在海量数据中的非线性关系（Fuster et al，2019），这有助于银行在融资需求端全方位分析借款客户的信用资质，提高信用评级的准确度。

以大数据、云计算和5G等新一代数字技术为代表的数字经济的本质，是通过"数据+连接"方式建立一个将数据从资源转换为信息的信息生产体系，在更大的时空范围和更广泛的经济主体间消减经济活动的不确定性（杨虎涛、胡乐明，2023）。同理，商业银行提升数字技术的应用水平也可以降低宏观经济不确定性对信贷决策和风险偏好的影响。金融科技底层技术和实践应用对银行运营过程的重塑提高了商业银行的信息甄别能力，商业银行一方面可以在事前通过精准描摹的信用画

像完成客户筛选，以缓解逆向选择问题；另一方面还可以运用数字技术并依托科技构建的金融场景监控借款人的信贷使用情况，以缓解道德风险问题。信息甄别能力的提高使商业银行得以凭借更多维度数据形成的信用判断结果为借款人授信，而非仅仅局限于对客户抵押品价值和财务报表的分析。由此可见，数字化转型提高了商业银行为企业提供无抵押信用贷款的能力，从而减弱信贷投放与房价等传统抵押物之间的关联，降低抵押物资产价格下跌导致信贷收缩的概率，降低企业受限贷、惜贷、拒贷、断贷等顺周期信贷决策行为影响而被迫缩减投资和经营规模的概率，降低宏观经济受不确定冲击影响加速下行的可能性。因此，商业银行数字化转型可能内生出一种新的机制，通过增强银行的信息甄别能力降低金融摩擦，疏通政策传导的信贷渠道，从而使政策对实体经济的支持更为精准，增强宏观调控政策平抑经济波动的有效性，降低不确定冲击对宏观经济平稳运行的干扰。基于此，本书通过研究回答的核心问题是商业银行数字化转型如何发挥"减震器"的作用，从而增强金融与经济的稳定性。

第二节　研究意义

理解经济波动的起因、传导过程及其影响与后果是宏观经济学研究的重要内容。在次贷危机发生后，信贷市场在宏观经济波动形成过程中所扮演的角色愈发为学界所重视。近年来，新冠疫情、俄乌冲突、硅谷银行破产倒闭等"黑天鹅""灰犀牛"[①] 事件层出不穷，预示着全球经济运行中的不确定性因素极大增加，形式各异的不确定冲击不断涌现，并通过信贷市场金融加速器机制放大，进一步冲击宏观经济稳定性。传

---

① 2017 年 7 月 17 日，在五年一次的全国金融工作会议召开之后，《人民日报》在头版刊发了一篇评论文章《有效防范金融风险》，文章提出："防范化解金融风险，需要增强忧患意识。金融十分重要，也极易产生风险。金融业链条长，市场信息不对称，价值实现过程曲折，又易受外部因素干扰，面对经济周期波动和社会预期快速变化等不确定条件，利益诱惑大，参与者行为变化快。而且，金融领域风险点多面广，隐蔽性、突发性、传染性、危害性强，必须格外小心，审慎管理。既防'黑天鹅'，也防'灰犀牛'，对各类风险苗头既不能掉以轻心，也不能置若罔闻。"此后，"黑天鹅"和"灰犀牛"成为社会关注的热点，分别指发生概率极低且无法预测的极端事件，以及暂时不会发生，可以预测，但后果很严重的极端事件。

统的基于抵押品或企业资产负债表的单一化信用辨识机制致使金融机构持有相似的风险头寸，导致以杠杆经营为核心的金融体系变得更为脆弱。不确定冲击的出现往往造成抵押品资产减值或企业净值下降，厌恶风险的金融机构在资产价格下跌的情景下倾向于对实体企业"惜贷"甚至"断贷"，导致企业外部融资成本大幅上升，获得信贷支持的难度增加，这极易诱发流动性危机，造成企业经营困难，被迫削减投资，减少生产甚至停产。随着金融在经济系统中所发挥的作用越加凸显，宏观经济运行与抵押物资产价格和金融市场状态变化的联系愈发紧密，不确定冲击通过金融体系的传导放大，使实体经济遭受的冲击更为剧烈，形成持续性波动和周期性变化，反向冲击金融体系的稳定性，推高金融机构坏账率，引发系统性金融风险，并进一步加剧经济衰退。在不确定性冲击大量出现的背景下，金融加速器机制对宏观经济的危害更应得到重视，而防范与化解系统性金融风险已然是现阶段中国金融工作的重点任务。①

　　鉴于抵押贷款可能存在放大宏观经济波动的劣势，我国政府也在积极推动金融业变革以提高信用贷款的比例。② 然而，对于传统银行而言，由于存在信息不对称的问题，向借款申请人特别是小微企业等普惠客群提供信用贷款可能会面临风险过大导致的"风控难"问题，或是

---

① 2017 年 7 月，习近平总书记在第五届全国金融工作会议上指出，"防止发生系统性金融风险是金融工作的永恒主题。要把主动防范化解系统性金融风险放在更加重要的位置，科学防范、早识别、早预警、早发现、早处置，着力防范化解重点领域风险，着力完善金融安全防线和风险应急处置机制"。2021 年 8 月，习近平总书记再次强调，要统筹做好重大金融风险防范化解工作，夯实金融稳定的基础，处理好稳增长和防风险的关系，巩固经济恢复向好势头，以经济高质量发展化解系统性金融风险，防止在处置其他领域风险过程中引发次生金融风险。2021 年 12 月 31 日，中国人民银行发布的《宏观审慎政策指引（试行）》把防范系统性金融风险明确为宏观审慎政策目标，防止系统性金融风险顺周期累积以及跨机构、跨行业、跨市场和跨境传染，提高金融体系韧性和稳健性，降低金融危机发生的可能性和破坏性，促进金融体系的整体健康与稳定。

② 2019 年 4 月 17 日，国务院常务会议提出"要引导银行提高信用贷款比重，降低对抵押担保的过度依赖"（https：//finance. sina. com. cn/roll/2019 – 04 – 17/doc – ihvhiqax3545427. shtml）。2020 年 4 月 22 日，银保监会普惠金融部主任李均锋表示，银行要提高风险管理技术，开发更适合小微企业轻资产的产品，商业银行发放小微企业贷款要加大信用贷款比重，银保监会把提高小微企业信用贷款比重作为考核加分项（http：//money. people. com. cn/n1/2020/0422/c42877 – 31684043. html）。中国人民银行在 2021 年 12 月 31 日印发的《金融科技发展规划（2022—2025 年）》亦提出"要发挥大数据、人工智能等技术的雷达作用，捕捉企业更深层次融资需求，综合利用企业经营、政务、金融等各类数据全面评估企业状况，缓解银企间信息不对称问题，提供与企业生产经营场景相适配的精细化、定制化数字信贷产品"。

获客渠道过于分散导致成本过高的"获客难"问题，针对小微企业等普惠客群的金融信用产品在推广上存在一定难度，所以小微企业的信贷供给始终是一个难题。不仅在中国，其他国家甚至是发达国家的银行向小微企业提供贷款大部分还是需要依赖抵押品。数字技术的发展一方面使金融机构得以依托科技手段构建有利于数据沉淀的金融场景，另一方面有助于审核信贷的工作人员从外部广阔的互联网空间收集客户的行为轨迹数据，使金融市场的参与者可以获取覆盖范围更全面、维度更多元的信息，过去难以获得和利用的非结构化数据因而具有了被挖掘与使用的可能。由此可见，使用大数据技术挖掘与处理更全面的借款人信息可以有效缩小信贷双方的信息不对称程度，从而缓减"信贷配给"现象，降低信贷市场中可能存在的金融摩擦，因此以新型数字技术为核心的金融科技具有重构借贷双方信用关系的潜力，有助于解决传统金融体系面临的"两难"问题。随着商业银行数字化转型程度的提高，数字技术与信贷业务流程的深度融合使金融市场的信用辨识机制不再基于单一的抵押品价值和企业净值，不确定冲击经过金融信贷市场的摩擦传导造成的企业外部融资溢价升高的效果将被削弱，由此可以降低投资收缩和经济衰退的程度，金融加速器机制因此被弱化。

面对不确定冲击，政府需要选择合适的财政货币政策加以应对，基于此提升经济金融系统的稳定性，此时宏观调控政策的传导渠道的畅通对于政策效果的有效发挥至关重要。中国金融体系是银行主导型的，绝大多数金融资源聚集在银行①，可见银行信贷路径作为不确定冲击与政策传导的渠道，其畅通程度影响宏观经济的稳定性，而信贷市场中存在的金融摩擦可能放大不确定冲击对宏观经济的影响，阻塞宏观调控政策效果的实现。商业银行通过数字化转型增强科技与业务的融合度可以提升自身收集数据和处理信息的能力，从更多元维度发掘借款人信用，而非局限于抵押品价值或资产负债表。由此可见，商业银行数字化转型可以降低银行与借款人构建信用关系过程中对抵押品资产的依赖，降低信贷市场中的金融摩擦，因此可以在宏观经济运行中发挥类似于"减震

---

① 中国研究数据服务平台（CNRDS）数据显示，2020年银行贷款占社会融资规模的比重依旧高达57.45%。

器"的作用，提升宏观调控政策的有效性。

如何通过将数字元素注入银行信贷服务全流程，将数字思维贯穿信贷业务运营全链条，发挥数据要素倍增作用以增强经济与金融的稳定性是当前面临的重要问题。然而，现阶段银行业数字元素融合程度的提高对经济运行将产生什么样的影响这一重要问题却鲜有学者问津，商业银行数字化转型对宏观经济可能产生的影响还欠缺理论阐释和经验证据。随着数字技术的发展和金融行业对科技手段的创新性应用，金融的形态将发生迥异于过去的变化，因此传统的金融理论必须得到突破，方能更有效地刻画金融体系运行的规律。

第三节 研究方法与逻辑框架

一、 研究方法

本书涉及如下研究方法：

第一，文献研究法。在阅读卷帙浩繁的研究文献的基础上，理解金融加速器理论的思想，并对现阶段金融科技赋能形成的金融创新和商业银行数字化转型的相关资料进行整理、归纳与述评，力求掌握最新的研究动态。

第二，逻辑推理法。本研究具体运用归纳推理法和演绎推理法。前者着眼于从个别事实概括出一般结论，后者着眼于从一般原理推演出个别结论。本书在描述商业银行数字化转型和中国经济波动的经验事实的基础上，运用金融加速器理论分析了商业银行数字化转型在微观层面如何弱化信贷抵押路径和企业资产负债表路径，在宏观层面如何减缓经济波动的机理，得出一般性结论。进一步地，在得到一般性结论的基础上通过异质性分析得到个别结论，从而对所研究问题形成更全面的认识。

第三，指数构建法。一是借鉴 Jurado 等（2015）用于测度经济不确定性的方法，并选取中国的宏观经济变量构建一个衡量中国经济不确定性程度的指数；二是使用中国研究数据服务平台（CNRDS）数据库中的银行网点分布数据，将商业银行数字化转型指数与中国城市层面的数据进行匹配；三是通过手工整理中国经济金融研究数据库（CSMAR）

中2010年至2021年的上市公司贷款数据库获得96301条银行向企业发放贷款的记录，将这些贷款记录统一整理为"年份—企业—银行"格式的数据集并生成银企匹配变量，基于此将商业银行数字化转型指数与中国企业的微观数据进行匹配。

第四，实证研究法。实证研究包括模型的建立与估计，本书在计量经济学原理的基础上选择样本、设计变量和构建模型，使用面板双向固定效应模型检验了商业银行数字化转型如何抑制信贷市场放大不确定冲击，平抑宏观经济波动的作用，并在微观层面上检验了商业银行数字化转型弱化银行信贷抵押路径与企业资产负债表路径对不确定冲击的放大作用。

二、 逻辑框架及其主要内容

本书论证商业银行数字化转型可以发挥"减震器"效应的基本逻辑，如图1-1所示。信贷市场金融摩擦的存在是不确定冲击的影响被放大、宏观调控政策的传导效果被阻塞的重要原因。商业银行数字化转型的作用在于通过增加数字技术应用的广度和深度，提高银行收集数据和处理信息的能力，因此可以提升银行的信息甄别水平，减少信贷市场金融摩擦，降低信用关系构建过程中对抵押物资产的依赖，从而减弱抵押物资产价值因不确定冲击的影响变化对银行信贷投放和企业投资的影响。传统信贷模式使用抵押物或资产负债表缓解信息不对称问题衍生的金融摩擦，但以抵押担保为核心的信贷模式的一个弊端在于不确定冲击会对抵押物价值或企业资产负债表状况产生影响，由于银行投放信贷需要依赖抵押品或企业资产负债表以缓解逆向选择和道德风险问题，因此企业资产价值的变化会影响银行的信贷投放和企业的信贷获取，不确定冲击因为信贷市场金融摩擦的存在将沿着银行信贷抵押路径和企业资产负债表路径传递并加剧，导致企业投资减少，产出下降，最终作用于宏观经济，加剧经济波动。商业银行数字化转型通过提升银行信息甄别水平，减缓信贷市场中的金融摩擦，降低信用关系构建过程中对抵押品和资产负债表状况的依赖，因此可以弱化资产价值与借款人信用之间的关联，不确定冲击对抵押物资产价值的影响改变借款人信用资质的可能性下降，因此对企业信贷获取和企业投资的干扰减弱，故而商业银行数字

化转型可以在宏观经济运行过程中发挥"减震器"作用，并内生出新的机制拓展宏观调控政策的选择空间。

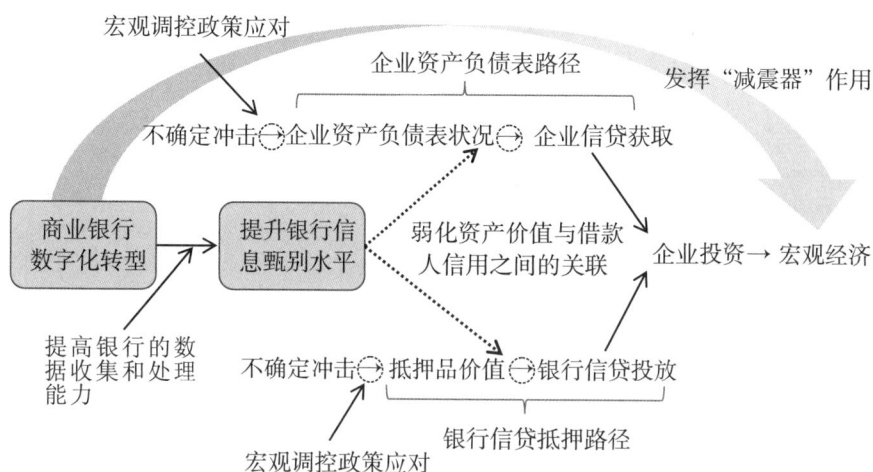

图 1 - 1 逻辑框架图

本书基于金融加速器理论，考察商业银行数字化对宏观经济波动的影响。纵观本项研究的内容，是沿着"微观层面的资金供给端→微观层面的资金需求端→宏观层面经济波动"的视角演进展开的。具体而言，首先，基于"不确定冲击—银行信贷配置—企业信贷获取—企业投资与产出—宏观经济波动"的传导路径进行考察，并就商业银行数字化转型提升银行信息甄别能力，降低金融摩擦的机理进行分析，在此基础上从银行这一微观层面的资金供给端和企业这一微观层面的资金需求端的角度检验商业银行数字化转型弱化不确定冲击传导至宏观经济的信贷抵押路径与资产负债表路径。然后，基于宏观层面的中国城市数据检验商业银行数字化转型弱化不确定冲击导致的抵押品价格波动对宏观经济的影响。最后，为优化商业银行数字化转型平抑经济波动提供政策建议。整体而言，本书的逻辑是遵循由微观至宏观的路线执行的，尽可能地实现章节之间的逻辑递进和互嵌。技术路线图详见图1 - 2。

商业银行数字化转型与宏观经济波动

提出问题 —— 分析选题背景和意义，明确主题和目的，提出研究的切入点和创新点 —— 第一章：绪论

文献梳理、现实刻画与模型分析 —— 回顾文献，阐述当前关于商业银行数字化转型和宏观经济波动的研究文献与典型事实，评述现有文献不足和研究空白，在此基础上构建理论模型，分析商业银行数字化转型如何影响宏观经济波动 —— 第二章：文献回顾与述评、第三章：现实背景与经验事实、第四章：数字化转型对商业银行信贷配置行为的影响研究

微观层面的资金供给端 → 微观层面的资金需求端 → 宏观层面经济波动

实证分析

研究内容：实证研究商业银行数字化转型对银行信贷配置的影响，检验商业银行数字化转型对银行信息甄别能力的提升如何弱化抵押品在信用关系构建过程中的重要性 —— 第五章：商业银行数字化转型对银行信贷抵押路径影响的实证研究

研究内容：实证研究商业银行数字化转型对企业投融资的影响，检验商业银行数字化转型如何减缓企业资产负债表状况对企业信贷获取、企业投资和企业价值的影响 —— 第六章：商业银行数字化转型对企业资产负债表路径影响的实证研究

研究内容：实证研究商业银行数字化转型对宏观经济波动的影响，检验商业银行数字化转型如何削弱不确定冲击导致的抵押品价格变化对宏观经济波动的影响 —— 第七章：商业银行数字化转型对经济波动影响的实证研究

结论与建议 —— 总结全文，提出启示与建议 —— 第八章：推进商业银行数字化转型平抑宏观经济波动

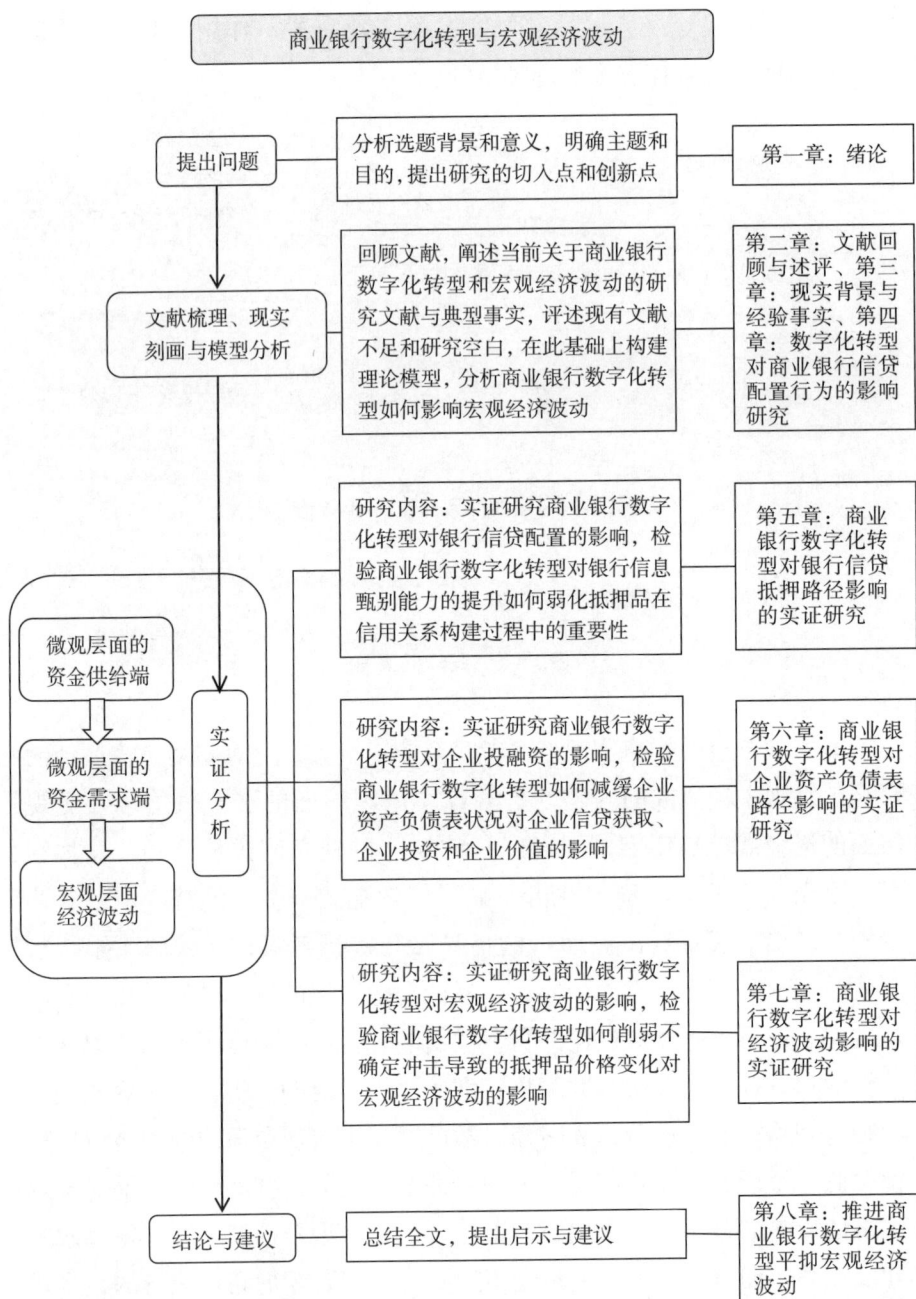

图 1-2　技术路线图

第四节　本书的研究贡献与不足

本书可能的研究贡献在于以下三点：

一是基于金融加速器理论的视角，探讨了数字技术与银行信贷业务结合如何缓减金融摩擦，以及弱化金融加速器机制。经典的金融加速器理论是基于信贷市场不完美的假定构建的，现阶段随着数字技术逐渐融入金融业务的全链条环节，金融机构的信息甄别能力大大提升，金融摩擦在很大程度上得到缓减。然而，现有研究尚未探讨数字技术赋能缓减信息不对称问题后，信贷市场放大不确定冲击的作用是否被抑制。本书立足于金融加速器理论，探讨数字技术与传统金融机构的信贷业务融合如何发挥"减震器"的作用，进而减缓信贷市场放大不确定冲击对经济波动的助推效应。

二是在研究视角方面拓展了对商业银行数字化转型所产生的经济效应的分析。现阶段研究金融科技的文献很大部分讨论的是传统金融体系之外某些头部金融科技公司的金融创新产生的经济效应，探讨银行金融科技或商业银行数字化转型的文献则主要聚焦于数字技术应用可能在银行内部产生的一些经济效应，部分文献研究了商业银行数字化转型对银行系统外部企业财务状况的影响，但鲜有研究关注商业银行数字化转型在宏观层面产生的经济效应。本书基于"银行信贷配置→企业融资与投资→宏观经济"由内而外的线索，全面分析商业银行数字化转型产生的经济效应。

三是在数据匹配方面的创新。现阶段对商业银行数字化转型的研究主要局限于银行内部的微观层面，主要原因在于缺少一种将商业银行数字化转型与外部的企业和宏观经济数据匹配的方法。本书尝试在数据匹配方面作出突破，使用中国研究数据服务平台（CNRDS）数据库中的银行网点分布数据，将微观层面的商业银行数字化转型指数转化为宏观城市层面的指数，用以度量城市层面的商业银行数字化转型程度。同时，还通过手工整理中国经济金融研究数据库（CSMAR）中 2010 年至 2021 年的上市公司贷款数据库获得 96301 条银行向企业发放贷款的记录，将这些贷款记录统一整理为"年份—企业—银行"格式的数据集

并生成银企匹配变量，基于此完成商业银行数字化转型指数与企业数据的匹配。

本书的不足之处在于从微观层面研究商业银行数字化转型的影响还有拓展的空间。由于数据可得性限制，课题的资料收集工作未能获取商业银行向不同规模企业投放贷款的逐笔记录，因此讨论的企业资产负债表路径依旧局限于上市公司公开的财务数据信息。虽然研究发现银行数字化转型对企业的投融资与实际经营存在影响，但数字技术赋能对商业银行信息甄别能力的提升在服务普惠客群过程中的作用更为明显，意义也更为重要，因此数字技术弱化企业资产负债表路径的效果理论上在小微企业样本中可能更为显著。这一部分的研究空白有待后续研究填补。

第二章　文献回顾与述评

现阶段国内外学者在金融经济周期领域的研究已取得较为丰硕的成果，构建了一个较为成熟且可拓展的理论框架解释金融市场放大不确定冲击加剧宏观经济波动的原理。同时，近年来金融科技及其驱动的金融创新作为金融领域的新生事物亦吸引大量学者的关注，一方面新型金融科技公司运用数字技术结合数字场景开展金融业务弥补了传统金融的供给不足，但也带来了一些负面的经济影响；另一方面，传统金融机构在逐渐提升数字技术与金融业务的融合度，提高了金融产品与服务供给的质量与效率。本章将就信贷市场金融加速器效应对宏观经济稳定性的影响和数字技术赋能金融业两个方面综述本研究的相关文献，并指出现有文献的不足与可拓展的空间。

第一节　金融加速器理论的起源与发展

一、　金融加速器思想萌发的背景

现代经济周期理论的研究起始于对资本主义周期性经济危机现象的解释。20 世纪 30 年代的大萧条是有史以来最为严重的一次经济危机，正是这次危机成就了凯恩斯主义。此后直到 20 世纪 70 年代的石油价格危机之前大约半个世纪的时间内均未发生较大范围的危机，但石油价格危机的冲击从根本上动摇了凯恩斯主义学派的根基，从而推动了以 F. E. Kydland、E. C. Prescott、R. Lucas、B. J. Long、C. I. Plosser、R. G. King、S. T. Rebelo 等学者为代表的实际经济周期理论学派的发展。

凯恩斯 IS – LM 模型和实际经济周期（RBC）模型作为宏观经济研究的主流框架，所遵循的 MM 定理假定忽视了金融摩擦在经济波动形成过程中所扮演的角色，因此在解释"大萧条""次贷危机"等严重经济衰退形成的原因时缺少说服力。实现经济稳定在 2007 年全球金融危机

之前被宏观经济理论认为是宏观政策最核心的目标。在旧有宏观经济理论的指导下，经济政策的制定并未对金融稳定给予过多的关注。然而，1997年的亚洲金融危机、2007年的美国次贷危机等一次又一次严重的危机使得金融市场摩擦、金融冲击、金融中介和信贷政策等金融因素在经济周期波动形成过程中的作用逐渐被重视，金融加速器效应的研究也因此成为宏观经济周期理论研究的重点。2008年由美国次贷危机引发的全球金融危机的事实则说明，经济波动受金融部门的影响远远高于传统理论的预期。在此之后，金融摩擦在理论层面被更广泛地引入宏观经济模型。

金融加速器机制的理论渊源最早可追溯至Fisher（1933）提出的"债务紧缩论"。在经济大萧条时期，由于收入下降，企业在巨大的偿债压力下被迫出售资产，部分企业违约直接导致破产潮沿着信用链扩散，更多的企业为了偿债而低价倾销资产，造成价格进一步下跌并触发经济危机。当经济处于扩张期时，市场上的投资机会增多，企业倾向于增加杠杆扩大投资规模，以尽可能抓住投资机会并将其转化为收益，从而引起市场价格和市场利率上涨。随着市场上企业的借贷规模持续扩大，宏观经济出现债务过多以至于形成银行、企业、个人，乃至经济中的所有主体都缺乏充足的流动资金以清偿到期债务的现象，继而导致违约问题沿着债务链条扩散，造成债务人为清偿债务降价倾销资产→资产价格水平下跌→企业净值缩水甚至破产→宏观经济总产出下降与失业率上升的恶性循环。Fisher（1933）提出的这一思想为金融加速器理论的形成作了最初的铺垫。

随着Akerlof（1970）等学者对经济学领域中的非完全市场与不对称信息的研究产生标志性突破，经济学中的公司金融理论开始将信贷市场的信息不对称引入传统的分析框架以探讨债权人与债务人之间的行为。信息经济学的重大突破形成的研究成果阐述并揭示了信贷市场各交易主体之间金融摩擦问题产生的根源，在技术上为信贷市场中微观经济个体的行为研究奠定基础。Bernanke（1989）在分析美国20世纪30年代大萧条期间金融总量与货币数量的相对重要性后，认为金融系统在经济衰退过程中的崩溃才是影响大萧条的持续性和深度的关键因素。进一步地，Bernanke（1995）基本厘清了"金融危机→信用成本上升→真实

产出持续下滑→经济进一步陷入萧条"的微观机理，在经济周期波动理论研究的一般分析框架中纳入信贷市场摩擦的特征事实，提出了著名的"金融加速器"理论。

　　具体而言，Bernanke（1995）的观点是，物价下跌和货币紧缩将加重企业的债务负担，进而致使企业净值下跌，资产负债表状况不断恶化，宏观经济整体陷入"债务→通缩"的恶性循环。而这一恶性循环又将加剧信贷市场的信息不对称问题，增加商业银行的信贷中介成本①，并导致企业的信贷萎缩。由于企业获取信贷的能力下降，企业被迫减少投资，致使资金无法有效配置到具有生产性的投资机会上，经济社会的总产出和总需求将随之下跌，导致宏观经济表现出持续衰退的状态。这一实体经济和金融市场相互影响的螺旋式向下反馈的机制被 Bernanke（1995）称为"金融加速器效应"。

　　"金融加速器效应"形成的根源是信贷市场的金融摩擦。由于金融摩擦的存在，企业投资与企业净资产、留存收益和融资结构的关系变得愈加紧密。负向的不确定冲击恶化企业资产负债表的同时也恶化了企业的外部融资条件，降低了企业从外部获得融资的可能性，因此外部融资依赖性高的经济主体受冲击影响的程度因为金融加速器效应的存在进一步被放大。Bernanke 和 Gertler（1989）、Kiyotaki 和 Wright（1991）等的研究指出，由于信贷市场存在缺陷，金融摩擦使得内源融资和外源融资的可替代性变差，因此"外部融资溢价"是金融摩擦的具体表现形式，分为显性溢价和隐性溢价。显性溢价直接表现在贷款的利率上，这主要是三个方面的原因导致的：一是企业在寻求外部融资时存在搜寻成本、签订契约成本等交易成本；二是在贷款合同签订前，作为外部债权人的商业银行需要付出一定的验证成本确认借款人的信用资质以缓解逆向选择的问题；三是在贷款合同签订后，商业银行需要支付一定的审计成本监督贷款的去向，防止企业挪用贷款造成违约，以此缓解道德风险问题，由此进一步提高了外源融资的价格（Hart & Moore，1996；Kiyotati & Moore，1997）。隐性溢价则主要指商业银行要求借款人在贷款申

---

　　①　根据 Bernanke（1983）对信贷中介成本的定义，信贷中介成本指银行将资金从储蓄者手中转移至信用良好的借款者手中所需要的成本，具体包括：银行对借款者进行审查和监督花费的成本，银行的会计成本以及资金落入信用较差的借款者手中可能造成的损失。

请中提供第三方担保和在项目投资中投入的自有资金（Oliner & Rude-busch，1996），以使潜在的信贷风险显性化，提高借款人努力工作的积极性，增强借款人如实汇报经营状况的动机。

二、 金融加速器效应存在性与基本特征的实证研究

自 Bernanke 等学者构建了系统的金融加速器理论后，后续有大量研究从不同角度对金融加速器的存在性进行实证检验，在深入剖析金融加速器作用机制的基础上，深化了对不确定冲击传导机制和经济波动来源的认识，这些研究的落脚点主要集中在如何更好地平抑经济波动。

在金融加速器理论发展成熟的过程中，许多西方经济学家运用实际数据实证检验了不确定冲击经由金融信贷市场传导影响宏观经济波动的机制，这些研究的基本结论可以归结为企业资产负债表的状况是投资支出的重要决定因素。譬如，Pratap 和 Rendon（2003）通过建立一个动态模型分析企业投资和企业债务的关系，研究企业的流动性限制对实际经济活动的影响，发现企业投资与财务状况具有正相关关系，企业的流动性对企业投资具有非常显著的影响。赵振全等（2007）研究发现中国存在显著的金融加速器效应，表现为对于相同特征的各种不确定冲击，经济波动在信贷市场处于紧缩状态下的反应均明显强于信贷市场处于放松状态下的反应。闵亮（2010）发现负债融资水平越高，上市公司在宏观经济衰退时期受到的冲击越大。Roman 等（2010）通过分析捷克 448 家公司 1996—2002 年的财务数据，发现资产负债表状况决定了企业利率的支付。Claessens 等（2012）认为金融加速器效应的存在导致金融周期与经济周期之间存在相互影响的关系，并通过分析数十个国家上百个金融和经济变量之间的同步性与作用机制，发现金融因素的变化会影响经济萧条和复苏的长度与深度，同时经济萧条的过程中若出现房价的崩溃，经济萧条的时间会更长，经济衰退的程度会更严重，而新兴经济体经济周期受金融因素影响的程度会更深。这些结论证明了金融加速器效应的存在及其对经济发展的重要性。

由于企业外部融资依赖的程度和特性存在差异，不确定冲击通过信贷市场金融摩擦的放大将产生不对称效应，因此金融加速器机制作用的重要特征是它的多重不对称特点：一是周期层面的不对称，资产负债表

状况对企业投资的影响在经济衰退时期比扩张时期大，企业资产负债表的状况与企业投资支出的相关度在经济低迷时期更高；二是规模不对称，资产负债表状态对规模较小企业投资的影响比对规模较大的企业的作用大。另外，国内部分学者的研究还发现金融加速器效应还具有行业不对称、区域不对称的特点。

首先是周期不对称。Gertler 和 Gilchrist（1993）发现，不确定冲击通过信贷市场传导作用的效果在经济扩张时期和低迷时期是不对称的，小企业的利息保障倍数对存货投资的影响在经济低迷时期高，在经济扩张时期低。Balke（2000）研究发现不同信贷条件下不确定冲击对经济波动的影响是非对称的，在信贷条件收紧时，不确定冲击对产出的影响更大。Vermeulen（2002）研究发现，资产负债表对投资的影响在 20 世纪 90 年代初经济下行时期更为显著，状况差的资产负债表能放大货币政策的冲击，抑制企业的投资支出。然而，不同于既往从企业投资与资产负债表状况的角度研究金融加速器效应的微观实证文献，Roman 等（2010）直接对企业所支付利率的决定因素进行实证研究，没有发现货币政策对经济周期影响的不对称性。国内的研究则发现，企业资产负债表状况对企业投资支出具有重要影响，特别是在经济衰退时期的影响更大（袁申国、陈平，2010）。

其次是规模不对称。Oliner 和 Rudebusch（1996）发现在货币政策紧缩的时期，小企业的现金流与固定资产投资的相关度远高于规模较大的企业的。Gertler 和 Gilchrist（1993）研究发现，在实行紧缩性货币政策后小企业的销售量年均增长速度落后于大企业约 4 个百分点，小企业对联邦利率变化的反应要远远快于规模较大的企业。Rondi 等（1998）研究发现在货币政策紧缩之后，规模较小企业的存货和投资量对利息保障倍数的变化相比于规模较大的企业更加敏感。Nagahata 和 Sekine（2005）研究则认为，银行的资产负债表状况的恶化对规模较小且无法进入债券市场融资的企业的影响大于可以进入债券市场融资的企业。吴建环和席莹（2007）实证检验了货币政策对不同规模高科技企业的影响，发现货币政策对规模较小企业投资和净值的影响相比对大企业的影响更为显著。Roman 等（2010）发现金融市场准入对企业的利率支付特别重要，资产负债表的状况随企业规模发生变化，同时货币政策对小

公司的影响大于货币政策对大公司的影响。国内的研究也发现，金融加速器效应对小企业的影响明显大于中、大型企业（袁申国、陈平，2010）。

在行业不对称方面，袁申国和刘兰凤（2009）对中国制造业 30 个子类行业的行业层面的金融加速器效应大小进行分析，发现有一半的行业表现出明显的金融加速器效应，因此制定货币政策时应当考虑其对不同行业的影响。还有部分学者研究了中国房地产市场的金融加速器效应。邹琳华和柯翠（2009）认为，我国房地产行业的高负债水平和在国民经济中的高占比导致其存在显著的金融加速器效应，在经济收缩阶段房地产行业可能因为金融加速器效应而出现过度下滑，并极可能因此引发宏观经济的进一步紧缩与衰退。曹永琴（2011）则发现，运营资本比重越大、银行信贷依赖程度、财务杠杆水平和劳动密集程度越高的行业以及企业平均规模越小的行业，受货币政策冲击的影响越大，由于劳动密集型行业大多数具备受金融加速器效应影响的特征，因此其受紧缩性货币政策的影响也最大，这可能进一步加剧中国的失业问题。

在区域不对称方面，袁申国等（2009）研究了货币政策通过企业资产负债表传导过程中的金融加速器效应，发现广西等 7 个省级行政区房地产信贷市场对货币政策的传导不符合金融加速器理论，而上海等 16 个省级行政区则存在明显的金融加速器效应，测算得出金融加速器效应最大的省级行政区是上海市，其次是江西省和云南省，效应最小的是辽宁省和陕西省。

三、 金融加速器效应对货币政策传导的影响研究

信贷渠道作为货币政策传导的重要渠道之一，在 20 世纪 70 年代以后随着不完全信息理论的快速发展而被学术界逐渐认同并得到重视，越来越多的学者认识到信贷市场摩擦在经济中有着重要作用，研究发现信贷配给作为商业银行的理性行为阻滞了利率机制在信贷市场的发挥（Stiglitz & Weiss，1981）。

就现阶段国内外研究所提供的经验证据而言，金融加速器效应在三个方面对货币政策的信贷传导产生影响。首先，货币政策效果的传导可以通过抵押担保机制作用于企业，而金融加速器效应影响了抵押担保机

制，阻滞了货币政策传导的效果。Kiyotaki 和 Moore（1997）对信贷周期的分析是最早探讨货币政策传导抵押担保渠道的研究。由于信贷配给因素的影响，企业提高获取信贷的概率以满足生产和经营所需，通常选择抵押资产以增加获取银行贷款的机会，而企业信贷的可得性直接影响着企业的投资水平，进而间接影响着经济波动。在金融加速器效应的影响下，抵押品价格下跌将影响企业获得信贷支持的可能性，削弱货币政策传导至实体经济的效果。

其次，货币政策的效果还受金融加速器效应导致的外部融资溢价干扰。自 Bernanke 等（1999）构建了从金融摩擦角度解释经济周期波动的金融加速器理论后，Cooley 等（2004）、Gertler 等（2007）、Christiano 等（2008）、Gilchris 等（2009）深入研究信贷市场的金融摩擦，证实外部融资影响企业财务状况，且财务状况恶化将迫使企业减少投资，缩减生产规模，进而对经济波动带来负向冲击。由于货币政策可以通过利率渠道起作用，但企业资产负债表状况的恶化将使企业获得信贷的难度增加，从而阻碍了货币政策信贷渠道的传递（Nagahata & Sekine，2005）。

最后，金融加速器效应的非对称性特征也影响货币政策效果的传导。Gertler 和 Gilchrist（1993）检验了在实行紧缩货币政策时，银行对不同企业的信贷量的变化，结果显示银行对小企业的贷款数量下降，对大企业的贷款量不降反升。袁申国等（2009）的研究发现，信贷市场金融加速器效应的高低，反映了该市场传导货币政策效率的高低。因为货币政策变动后，金融加速器效应高的地区，投资的变动大，从而产出的变动也大，经济受到的影响相应地也就更大一些，货币政策的执行效力更显著一些。曹永琴（2011）认为，把握金融加速器机制的行业非对称效应规律并发挥货币政策在调结构方面的作用，对于中央银行有较强的现实意义。中央银行应尽可能提高政策的针对性和灵活性，配合信贷政策在总量和结构上调控经济。

四、 金融加速器效应对经济波动的影响研究

自 Bernanke 等学者构建了系统的金融加速器理论后，学术界涌现出大量关于金融加速器效应对经济波动作用影响的研究文献。这些文献

多以 Bernanke 等（1999）提出的模型架构为基础，认为不仅技术等供给方面的因素是经济波动的来源，宏观经济政策同样可以通过信贷市场的金融加速器效应影响产出等实际经济变量。Bernanke 等（1999）的模型设定不同于新凯恩斯标准动态模型之处在于其假定信贷市场存在金融摩擦问题，导致金融加速器效应产生并影响其产出状态，这一假定与现实经济更为吻合。参照 Bernanke 等（1999）的模型设定将金融加速器引入到新凯恩斯标准动态模型中的研究代表有 Gertler 等（2003）、蔡辉明（2004）、Dib 等（2006）、崔光灿（2006）、Christensen 等（2008）等。此类模型多是在"黏性价格"假设下得到关于金融信贷市场的存在对经济萧条的"加速"作用，没有具体分析这种加速效应在多大程度上受到黏性价格的影响。

另外，赵振全等（2007）的研究发现，信贷冲击对于信贷市场状态变化的作用最为显著，其次是货币冲击和价格冲击，最后是实际冲击。进一步的检验还表明信贷市场在宏观经济波动形成的过程中既是重要的波动源，同时也是波动的有力传导媒介，因此宏观调控政策的制定和执行必须充分考虑金融加速器效应的客观存在，并通过判断和预测信贷市场对于政策操作的反应选择合理的政策工具、调节规模和时机，以消除金融加速器效应可能带来的不确定性问题，从而切实增强宏观调控的合理性、稳健性以及可预见性。

第二节　金融科技驱动的金融创新研究

近年来，以大数据、人工智能、云计算、区块链等为核心的现代信息技术逐渐成熟并被应用于金融行业，驱动并形成了一系列的金融创新，提升了金融机构获取数据和处理信息的能力，改变了传统金融的形态。一方面，以金融科技为核心的新型金融机构发放的贷款逐渐成为实体企业的一种替代性融资来源，其相较于传统资本来源，能够以较低成本提供更便捷的融资渠道，有效提高企业融资可获得性（Cole et al，2019）；另一方面，金融科技在数字支付系统中的运用，不仅可以帮助企业建立信用记录，以数据驱动提升正规融资可得性（Klapper et al，2019），也能利用支付系统与其他融资渠道的相互关联，在一定程度上

缓解信贷约束（Yin et al，2019）。目前越来越多文献聚焦于金融科技驱动金融创新发展的内在逻辑、作用机制、经济效应、潜在风险等问题，并在以下几个方面产生了大量文献。

一、 金融科技赋能促进金融普惠实现

通过发展普惠金融实现金融普惠早已成为各国的共识，但在传统技术结构下普惠金融难以实现。中小企业等普惠金融的目标客群面临融资难问题的原因大致可以归结为"获客难"和"风控难"（黄益平、邱晗，2021）。一方面，中小企业数量大、地理位置分散，且大多规模小，传统金融机构获取这类客户的成本较高；另一方面，中小企业缺乏抵押品和经过严格审计的财务报表，商业银行难以在传统的风控模式下准确识别中小企业的违约风险，而"关系型信贷"虽然可以通过企业和企业家的软信息判断其违约的可能性，从而降低对财务数据和抵押资产的依赖，但缺点在于风控成本较高且规模很难做大，因此中小企业等普惠客群往往被传统银行无差别地拒于服务门槛之外。黄益平和邱晗（2021）的研究发现，大科技公司利用大科技生态系统和大数据风控模型这两大工具提供的信贷服务，具有一种迥异于传统信用风险管理的框架，这一金融创新可以解决传统信贷模型下普惠金融获客难和风控难的痛点，能够有效降低缺乏信用记录的借款人的融资门槛，提高金融普惠性。

金融科技驱动的金融创新被认为可以较好实现金融普惠，其基本机制是通过技术创新提高金融机构信息搜集和信息处理的效率，搭建囊括大量普惠客群的金融服务场景，将过去难以识别和利用的海量"数字足迹"转化为借款人信用，提高风险识别和处理能力，降低普惠金融的运营成本并提高收益，令其能实现商业意义上的可持续。Hasan 等（2020）认为，一方面，金融科技融入了商业银行等传统金融机构，推出了 ATMs、POS 终端机、即时移动应用、信用管理等多种产品和工具，推动了普惠金融的发展；另一方面，淘宝、京东等电商平台结合场景和大数据技术创新金融产品，促进了小微商贩创业，也进一步带活了普惠金融。

传统银行体系构建了以抵押品为核心的信用评估系统以缓解借贷契

约中存在的信息不对称问题，以经过严格审计的财务报表与抵押品建立金融中介和借款人之间的信用关系，这是商业银行授信决策的基本逻辑，即抵押品是信用生成机制的基础。然而，传统银行体系一般将缺少财务信息和抵押品的中小企业排除在信用关系构建的门槛之外，即它们不具备银行要求的信用能力，从而不可能与其建立起信用关系。于是，非正规金融和关系型融资等另类的融资方式应运而生，而在这类融资方式中，软信息发挥了重要作用，但这类融资方式极为依赖经验丰富的信贷经理，因此难以大规模扩展。

如何使"软"信息"硬"起来，使中小企业与金融机构之间建立可持续的信用关系是实现金融普惠的关键问题。一些研究发现，金融科技可能改变软信息在金融市场中的地位，具体表现在以下几方面：其一，金融科技可以帮助银行将不可定量测量的"软"信息转化为可测量的"硬"信息，使海量非结构化数据的价值得以被挖掘，并减少人工的数据收集和决策过程以减少偏误（Cenni et al，2015；Liberti & Petersen，2018）；其二，金融科技还可以帮助银行更好地获取"软"信息（Mocetti et al，2017）；其三，随着金融科技的发展，交易型贷款和关系型贷款的界限愈加模糊，交易型贷款可以依赖软硬信息结合，关系型贷款也不会排除任何可量化信息的使用（Jakšič & Marinč，2019）。

金融科技的应用有助于降低金融市场的融资门槛并让外部融资普惠化，其主要的机制在于降低信贷市场资金供求双方之间的信息不对称，原理是数字技术在金融业的应用拓宽了资金供给者的信息来源。Gabor和Brooks（2017）认为数字革命的驱动为政府提供了推广普惠金融的新方法，使贫困家庭也能够拥有金融资产。大量纯粹依赖信息而非抵押品的金融科技贷款公司因此涌现，普惠金融的传统难题似乎就此得到解决。现有研究认为，大数据以及机器学习算法的运用在降低信息不对称中的作用方面要比传统方法更显著。许多相关领域的学者研究发现，大数据具有预测违约率的价值，如社会网络关系、公共记录、会计账单、支付记录等（Donald，2020；Liu et al，2020），甚至数字足迹亦可以作为信贷决策的依据（Berg et al，2019），一些研究确认了大数据风控模型的模型优势和信息优势（Frost et al，2019；Gambacorta et al，2020），并进一步发现除了更高维度的数据，更广泛的客户群体和更有时效性的

信息也有助于提升金融科技风控模型的有效性。Vives（2019）认为金融机构使用基于大数据的统计模型可以更有效地筛选借款候选人，并因此得以从根源上克服银行业的信息不对称，令信息具备成为抵押品替代物的可能。Buchak 等（2018）分析美国住房抵押贷款市场的数据发现，个人信用评分以及贷款价值比更低的借款人获得了金融科技影子银行的融资，这说明那些难以从传统银行获得贷款的群体更可能从金融科技影子银行获得所需资金。

人们对金融科技能否完全重塑信用生成机制并形成以信息机制为主的信用机制仍有许多疑问。比如，有研究发现，即使是金融科技贷款公司，也大多仅将大数据作为信贷决策的辅助手段，把抵押贷款的申请流程线上化（Buchak et al，2018；Fuster et al，2019）。甚至有学者还发现，一些金融科技贷款公司的大部分利息收入可以被信贷报告所包含的信息所解释，这表明金融科技放贷者比传统金融机构更加依赖信贷报告等硬信息（Maggio & Yao，2019）。又如，有研究认为金融科技的发展可能并不会影响中小银行在关系型贷款中处理软信息的优势，这是由于数据信息收集过程中还有相当多数据并不暴露，且在将"软"信息转化为"硬"信息时会导致部分信息丢失（Liberti & Petersen，2018）。软信息的环境特殊性和有限的可验证性使其无法通过使用评级系统和其他银行的信息通信技术加以强化，导致实际的软信息可能会在金融科技应用过程中被系统地挤出（Flögel & Beckamp，2019）。同时，因为大银行在使用技术上天然具有规模优势，技术的边际成本更低，因此通过使用这些技术能够比小银行获得更多信息，小银行在软信息获取方面的优势因此被弱化（Begenau et al，2018）。此外，有研究指出单纯的大数据信贷也许可以缓解逆向选择，但似乎无法完全消除道德风险问题。

二、　金融科技赋能推动金融降本增效

降低成本和提升效率是金融业应用金融科技的重要目的。Philippon（2019）研究发现，金融机构的资金成本在过去近 130 年均维持在大约 2% 的水平，但是金融科技赋能改变了这种状况，推动金融交易成本进

一步降低。[①]

首先是降低信息搜集成本。在互联网、大数据以及区块链等新型技术支持下发展的数字金融能够摆脱企业信用不足的困境，有效解决交易双方的信任问题，为降低企业融资成本提供帮助（Heiskanen，2017）。Jagtiani 和 Lemieux（2019）认为另类数据的使用令一些被传统标准认定为次级的借款人能够获得更好的评级，从而降低其融资成本。从信息共享的角度来看，金融科技赋能使信贷市场信息共享范围扩大，丰富的贷款信息集可降低筛选和监控成本，约束借款人的行为，降低贷款风险（Sutherland，2018）。Thakor（2020）也认为金融科技的应用有助于降低匹配交易实体的搜寻成本，在搜集和使用大数据方面达成规模经济。Chod 等（2020）认为区块链技术通过提升企业的供应链商业信用信息的可信度，提供了以较低的信号成本获得优惠融资条件的能力，这是因为区块链技术可使借款公司的供应链透明化，从而使贷方可以以足够低的监控成本验证其真实的交易记录。

其次是降低信息处理成本。金融科技赋能令贷款机构使用机器学习算法建立小微企业信用评估模型，提高处理信息的能力，降低风险评估成本（Livshits et al，2014）。Joe-Wong 和 Sen（2018）认为云计算是一种变革性的技术，可降低机构前期搭建基础架构的成本，降低运算能力和存储容量访问的准入门槛，帮助机构在数字经济中进行创新和竞争。金融科技作为一种替代性融资方式，其相较于传统资本来源，能够以较低成本提供更便捷的融资渠道，有效提高企业融资的可获得性（Cole et al，2019）。

再次是降低信息验证成本。一方面，金融科技在数字支付系统中的运用不仅可以帮助企业建立信用记录，以数据驱动提升正规融资可得性（Klapper et al，2019），还能利用支付系统与其他融资渠道的相互关联，在一定程度上降低信息的验证成本（Yin et al，2019）。Thakor（2020）认为金融科技可以使金融业获得更廉价但更安全的信息传递，同时减少验证费用。另一方面，由于信息不对称的广泛存在，金融交易参与方之

[①] 当金融业有新的公司进入或出现新的借款人后，资产调整后的数值曲线下移，据此可以认为金融科技的出现降低了金融中介的单位成本。

间互相取信亦需要成本，区块链具有重构金融市场信任实现机制的潜能。Chiu 和 Koeppl（2019）认为区块链通过工作量证明机制将资产转移和付款联系起来，可加快结算系统的运行速度并降低成本。

最后是金融科技的发展还可以帮助机构削减获取客户的成本。金融科技赋能减少了金融机构对于人力和扩展分支机构网络的需求（Vives，2019），从而可帮助机构削减这部分支出。Gomber 等（2018）强调，金融科技能够通过大数据创造新产品和服务，降低银行获取客户的成本。另外，金融业务的互联网化还可以节省传统金融在线下开展业务所需要承担的物理成本。依据 Thakor（2020）的估算，运营成本占未偿还贷款的比重在 Lending Club 是 2.7%，而在大多数银行大约是 7%，银行相比于 P2P 平台具有更高的运营成本，因为他们需要承担分支网络、ATM 以及满足繁杂合规要求的成本。

但是，也有学者发现贷款机构应用金融科技不但没有为借款人减负，反而拉高了借款人的融资成本。例如，Buchak 等（2018）发现金融科技贷款机构向借款人索取高于传统金融中介 14 到 16 个基点的溢价，它们似乎仅是为借款人提供融资便利，降低其融资门槛，而非帮助其节省融资成本。Maggio 和 Yao（2019）分析了美国国家信用局的数据后认为，网贷公司一方面放宽了信贷标准，向存在较大道德风险的劣质客户收取比传统机构高 3% 的费用，导致了更多违约率；另一方面又通过放宽借款条件，对那些高评分的借款者少收取 1.5% 的费用，抢夺了传统机构的优质客户。特别是针对欠缺信贷报告的借款者，金融科技放贷机构要比传统机构多收取 5% 的费用，这说明金融科技贷款机构不但没有从实质上帮助借款人减负，反而增加了风险客户的脆弱性。

金融科技赋能还可以提升金融机构和金融市场的运行效率。首先，金融科技可以令金融机构处理交易的速度更快、耗时更短。一个较为经典的研究是，Fuster 等（2019）提供了金融科技赋能提高抵押贷款发放效率的证据，发现金融科技信贷公司处理抵押贷款申请的速度比传统贷款人快 20%，且这种效率的提升并未以违约率的提高为代价。Huang 等（2018）利用蚂蚁金服的小额贷款数据也发现，蚂蚁金服依托金融科技手段将传统的银行审贷和发放时间从高达数月降低到 3 秒钟，他们认为这种基于大数据和人工智能的审贷方法，降低了人为干预，削减了贷款

审批过程中的寻租空间，并且降低了借款人的融资成本。

其次，金融科技创新推动支付结算速度的提升。Gomber 等（2018）认为技术在市场中作为核心工具提升了风险管理的效率。现代金融市场依赖证券结算系统保障付款交割机制的稳健运行，这一系统通常是围绕类似于"中央证券存管处"这种专业的第三方组织构建的。由于经纪人、托管人和支付代理人等众多中介机构的参与，结算过程往往相当耗时且漫长，而且可能因为耗时过长而导致技术性违约。Chiu 和 Koeppl（2019）认为区块链可以提升结算系统效率，其关键的创新点在于依托区块链技术构建的证券所有权数据库，可以在不依赖多个专业中介机构或第三方基础设施的情况下完成数据更新，缩短结算链条。而且，传统结算方式产生的风险可通过采用智能合约来控制，这类智能合约可以自动提供交割与支付机制，而不必依赖中心化的结构完成结算。

最后，金融科技提高了金融服务的便捷性和可得性。Chen 等（2019）认为，随着技术的进步，支付系统和支付方式发生了革命性的变化，过去通过柜台或 ATM 进行的业务现在可以随时随地在移动终端上完成，金融服务的便捷性因此大大提升，银行的工作空间和环境无限制地扩展，传统的实体分支由此逐步消失。Philippon（2019）研究发现，智能投顾咨询及其相关技术的应用将减少机构服务单一客户的成本，从而降低客户获得其服务的门槛，使更多家庭从咨询服务中受益。Coffie 等（2020）研究了撒哈拉以南非洲地区移动支付的蓬勃发展对传统银行推动当地实现金融可及性方面的重要作用，证实不管新兴的破坏性技术如何，使传统银行具有竞争力的技术都可以刺激该地区总体金融可得性，从而导致金融部门总体可持续增长。

还有学者认为金融科技企业相比于传统机构具有更高的运营效率，可以提升金融业整体的运行效率。金融科技公司的技术通过内部研发获得，无需外包，因此没有技术上的后遗症需要处理，并且被一种有效的运营设计文化所刻画，这种文化通常伴随着更小的机构规模，使其具有比传统机构更高的创新能力（Vives，2019）。此外，金融科技公司通过新技术和新概念的应用，为产品和服务的销售创造了新的机会（Milian et al，2019）。

另有学者研究了金融科技对提升资本市场投资者决策效率的作用，

如 D'Acunto 等（2019）研究发现，以机器学习为底层技术的智能投顾应用，既可以简化投资者做出投资决策的过程，更有助于优化投资者的投资组合，纠正处置效应、追涨杀跌、排名效应等投资行为偏差，但当投资者首次接触金融科技辅助投资工具时，再平衡其投资组合就涉及一个相当复杂的决策过程。

还有文献研究了区块链技术对提升金融运行效率的作用。Cong 和 He（2019）认为区块链提供了去中心化的共识机制，并具有通过智能合约扩大缔约空间的潜在能力，从而提升合同执行的效率。Du 等（2019）认为区块链在一个经济组织中具有三大功能：一是企业的子公司和供应商可以依托区块链系统直接支付；二是交易参与者可以在智能合约设计下完成自动化交易；三是小型供应商可以在区块链证明机制下快速展示真实信用水平，从金融机构中获得贷款，因此区块链的应用可以提升企业的融资效率和资金周转率。

三、　关于金融科技驱动的金融创新影响经济发展的研究

金融科技赋能在促进普惠金融发展、降低运行成本、提升金融业运行效率的同时，还进一步通过金融服务实体本源功能的实现影响经济发展。

在宏观层面，现有文献讨论了金融科技驱动的金融创新对经济增长及质量提升、货币政策实施效果和政府融资的影响。首先，数字技术与金融业务的深度融合在促进要素配置、创新、创业、绿色发展等方面的积极作用有助于推动经济增长速度提高和发展质量的提升（荆文君、孙宝文，2019；薛莹、胡坚，2020），通过缓解企业融资约束（滕磊、马德功，2020；徐伟呈等，2022），推动创新研发（汪亚楠等，2020）和技术进步（钱海章等，2020）等机制，促进高质量发展。另外，金融科技驱动的金融创新还可以发挥降低经济波动的稳定器作用（战文清、刘尧成，2022）。黄益平和邱晗（2021）通过对比分析银行信贷和将金融业务与数字技术深度结合的数字信贷，发现数字信贷这一金融创新与资产价格的相关性不显著，因此数字信贷比例的上升可以降低房价对金融信贷的冲击，从而促进经济稳定，而由于信贷决策不再依赖资产价格，金融加速器效应被显著削弱。Gambacorta 等（2020）研究发现数

字信贷的发展和当地的经济条件与房价不相关，但会被交易量、信用评级等公司的基本面特征显著影响，相比之下传统银行的信贷受当地房价的影响，这是因为房地产作为抵押品可以有效反映借款客户的信用情况，这一证据表明数字信贷的推广可以减少抵押融资渠道的重要性，但也可能使信贷更容易受公司基本面变化的影响。

其次，数字技术在金融系统中的广泛运用可以影响货币政策实施的效果，但影响的程度和方向具有不确定性。譬如，Mishra 等（2014）认为数字金融对货币政策实施效果的影响具有国别异质性，一方面可以强化欠发达国家货币政策效果，另一方面则弱化发达国家的货币政策效果；刘澜飚等（2016）认为金融机构数字技术应用程度的增加将增强价格型货币政策的有效性，削弱数量型货币政策的有效性；战明华等（2020）认为金融科技赋能可以放大利率渠道的货币政策效果，弱化信贷渠道的货币政策效果，但对利率渠道的放大效应强于信贷渠道的弱化效应，由此放大了产出关于政策冲击的脉冲响应幅度，减少了滞后时段和弱化了"价格之谜"；段永琴和何伦志（2021）认为金融科技的融合可以推动金融业的发展，打破商业银行和非银行机构在金融市场中的分割，可能有利于货币政策效果发挥。

在中观层面，数字技术与金融业务的融合在一定程度上打破了原有的经济地理格局（张勋等，2020），对生产要素分布具有重塑效应。首先，现有研究普遍表明金融科技驱动的金融创新有利于缩小城乡收入差距（滕磊、马德功，2020；钱海章等，2020），这是因为金融科技驱动的金融创新所带来的福利效应会引起周围地区的模仿学习，促进资本、技术、劳动力的跨区域流动，使得金融科技驱动的金融创新对城乡收入差距的影响具有空间溢出效应（马述忠、胡增玺，2022）。其次，金融科技驱动的金融创新还可以影响区域创新水平，但现有研究尚存在一些争议。一方面，部分研究肯定了金融科技驱动的金融创新对区域创新的积极作用（谢绚丽等，2018；聂秀华等，2021；郑万腾等，2021）；另一方面，也有学者的研究发现创新优势地区凭借其原有优势容易对人力、金融等创新要素形成虹吸效应，使得金融科技驱动的金融创新在促进区域创新水平提高层面表现为"马太效应"，逐步拉大区域间的创新差距（张梁等，2021）。最后，金融科技应用产生的新业态还可以促进

产业结构升级。凭借其网络化、智能化和数字化的特点，金融科技驱动的金融创新能够为创新主体搭建更广阔的合作交流平台，推动科技创新产品走向市场，进而实现产业结构升级（赵绍阳等，2022）。

在微观层面，金融科技驱动的金融创新会对居民收入、消费和企业生产经营产生影响。首先，现有文献普遍认为金融科技驱动的金融创新有助于提升居民收入，而支持创业促进居民增收是讨论最广泛的作用路径（何婧、李庆海，2019；尹志超等，2019），金融科技驱动的金融创新不仅可以为创业者提供资金帮助，还可以降低其创业风险（易行健、周利，2018；Yin et al，2019）。其次，金融科技驱动的金融创新一方面通过改善居民的支付意愿与信贷约束，更加便利地发挥信贷功能促进居民消费增长（易行健、周利，2018），另一方面还可以通过优化居民家庭金融资产配置提升居民消费意愿（吴雨等，2021）。最后，关于金融科技驱动的金融创新对企业生产经营影响的研究，现有文献主要关注企业创新，一方面，金融科技驱动的金融创新可以提高创新主体与目标客户的交互性，并通过优化匹配路径、改善价格机制等提升企业创新水平（荆文君、孙宝文，2019），另一方面，金融科技驱动的金融创新可以缓解企业面临的融资约束问题，从而正向促进企业创新活动的开展（Howell et al，2020）。

四、　金融科技驱动的金融创新衍生的风险及其监管对策研究

金融科技驱动的金融创新在为经济金融发展带来积极影响的同时，产生的风险也引起了政策制定者和学者的广泛关注，这些风险主要体现在三个方面。首先是增强了传统金融风险传染与放大的效果。数字技术的应用淡化了金融边界，扩大了金融风险衍生的源头，使得金融风险的识别变得更为困难（唐松等，2020）。同时，金融科技驱动的金融创新存在明显的网络外部性，易引起泛金融化，并产生更多的技术风险和操作风险等，并通过风险的传染和溢出效应放大，进而提高系统性金融风险（杨东，2018），同时大型金融科技公司的发展导致市场份额更加集中化，从而可能带来新的系统性金融风险（Frost et al，2019）。其次是增加金融机构的风险承担。金融科技驱动的传统金融体系之外的金融创新推高了银行业的资金成本，加剧了信贷竞争，银行业的存贷利差收窄

（邱晗等，2018），并加剧了银行的风险承担行为（顾海峰、卞雨晨，2022）。最后是催生和暴露新的金融风险，金融科技驱动的金融创新在强化一些原有金融风险的同时，也暴露了新业态和新模式下的新风险。譬如，广受关注的网贷平台等具体业态存在的潜在风险（向虹宇等，2019）。无牌照经营、野蛮生长和庞氏骗局等问题极有可能产生"劣币驱逐良币"现象，破坏金融市场秩序（黄益平、黄卓，2018）。

金融科技的应用提升金融效率的同时，科技驱动的金融创新内生的一系列新的技术风险、潜在的系统性风险等都需要监管部门通过技术手段提升监管效率，以应对新型金融创新衍生的金融风险。然而，现阶段监管体系、监管制度及举措的创新相对于金融科技发展的步伐是滞后的，自美国次贷危机以来形成的现有监管体系难以应对分散化的金融科技市场所面临的相关风险（杨东，2018；Magnuson，2018），监管方式和监管模式等方面都面临着全新挑战。部分学者就如何改进现有监管体系进行了一些探讨。首先在监管理念方面，应该从宏观与历史的视角来理解金融科技驱动的金融创新所带来的影响（Magnuson，2018），深刻把握金融科技驱动的金融创新的金融本质，并将其纳入传统监管体系内。其次在监管目标方面，应重点关注金融稳定、金融服务可得性和消费者保护等，并在实践中注意平衡不同监管目标（黄益平、陶坤玉，2019）。再次是监管思路方面，监管部门应摒弃以在位者为中心的一般思路，更多地关注新进入者，充分利用科技治理、数据工具，实现对金融科技驱动的金融创新的动态监管（孙友晋、王思轩，2020）。最后在监管方式方面，应在传统监管之外增加科技维度，形成科技驱动型监管体系，构建包括事前准入及测试、事中实时动态监测和事后风险处置的智能环路监管机制（杨东，2018）。

第三节　商业银行数字化转型的经济效应研究

依据使用数字技术的金融机构分类，可以将金融科技分为传统金融体系之外的金融科技和传统金融体系之内的金融科技（Cheng & Qu，2020）。现阶段大量的研究更多集中于大型数字经济平台或其他新型金融科技公司开展金融业务所使用的外部金融科技，对于商业银行等传统

金融体系内的金融机构运用数字技术所产生的经济效应的研究则相对较少。事实上，中国绝大多数金融资源都集中在商业银行，因此金融科技赋能驱动的商业银行数字化转型产生了什么样的经济效应是一个重要的学术话题，而现有文献主要立足于商业银行数字化转型的内部经济效应展开研究。

一、　商业银行数字化转型的内部经济效应研究

近年来，智能投顾、大科技信贷等金融创新不断涌现，加速了金融数字化的进程（黄益平、黄卓，2018；蔡庆丰等，2021）。商业银行数字化转型是银行将数字技术应用于产品、运营、组织管理、商业模式、战略制定等方面，对其经营活动进行变革的过程（谢绚丽、王诗卉，2022），现阶段大量银行正在通过数字化转型保持其在数字经济时代中的竞争力（Yoo et al，2012；Vial，2019；刘洋等，2020）。谢绚丽和王诗卉（2022）认为，商业银行的战略数字化指的是银行整体战略层面对数字技术的关注程度，业务数字化指的是银行将数字技术融合于自身提供的金融服务的程度，管理数字化指的是银行将数字技术融合于治理结构和组织管理的程度。

关于数字化转型对商业银行的影响，现有研究的结论大致认为数字化可以促进银行经营提质增效，提升金融服务的能力。首先，银行数字化能够在一定程度上提升银行经营绩效，更好地应对新兴业态的冲击（谢绚丽、王诗卉，2022）。早期的相关研究侧重于银行信息化，认为银行信息化能够降低银行成本（Altunbas et al，2001）、提升银行盈利能力（Beccalli，2007；Koetter & Noth，2013）。Akhisar 等（2015）对欧洲国家银行的研究则发现，网上银行业务提高了银行的股本回报率（ROE）和资产回报率（ROA）。近年的研究则更侧重于银行应用数字技术的视角，沈悦和郭品（2015）认为互联网金融的技术溢出可以提高银行的全要素生产率，杨望等（2020）的研究则发现金融科技通过市场竞争、技术溢出和金融创新驱动商业银行战略转型显著提升了商业银行运营效率。

其次，大数据技术的应用增强了金融机构识别风险的能力，有利于在金融供给端提升银行的信息甄别能力，从而提升银行把控信用风险的

效率，降低不良贷款率（李逸飞等，2022）。商业银行在发放贷款时面临着信息不对称问题，信息不对称的程度会影响商业银行的借贷标准和主动风险承担行为，而宏观经济不确定性会放大银行信贷投放行为的顺周期性，阻碍资金融通的实现。商业银行数字化转型可以有效促进银行对抵押品、交易记录、关系型信贷等信息的搜集与处理（Cenni et al，2015；Mocetti et al，2017），使商业银行对企业情况有更深入、更及时的了解，因此可以在一定程度上缓解商业银行的惜贷行为（梁方等，2022）。同时，数字技术应用对银行风险管理能力的提升有助于缓解金融危机等突发事件的冲击（Pierri & Timmer，2020），促进银行风险承担（邱晗等，2018；郭品、沈悦，2019）。张庆君和张港燕（2021）也发现，金融科技的应用降低了银行顺周期性，这主要表现在投入和技术应用角度。

再次，数字化转型可以影响银行的信贷配置行为。数字技术的应用优化了银行的风控能力，促进银行信贷配置效率提升（Cheng & Qu，2020）。在信贷配置结构方面，数字技术的应用可以增加小微企业信贷供给（盛天翔、范从来，2020），提升创业者获得信贷的可能性（Ahnert et al，2022），缓解传统银行对民营企业的信贷歧视，提高金融机构为企业配置长期信贷的动力（李逸飞等，2022）。徐晓萍等（2021）利用银行与外部金融科技平台的合作构建双重差分模型，研究发现银行金融科技能够扩大零售贷款和信用贷款的规模，提高零售贷款和信用贷款的增速，促进贷款信用结构和客户结构的调整。孙旭然等（2020）主要对银行贷款的信用结构和期限结构展开讨论，发现银行数字化转型显著提升了信用贷款和中长期贷款占比，从而改善银行贷款的信用结构和期限结构。罗煜等（2022）认为银行数字化转型可以优化银行业务流程，促进银行调整贷款的信用结构和行业结构，使银行可以更好地服务实体经济。同时，金融科技的发展可以减轻信贷决策对企业资产价值的依赖（Gambacorta et al，2020；黄益平、邱晗，2021），促使企业融资由抵押贷款向信用贷款转型。在信贷配置总量方面，金融科技赋能可以通过提高贷款规模而增加信贷可得性（胡俊等，2024）。

最后，数字化转型还会改变银行业的市场竞争格局。外部金融科技可以通过空间地理效应和产业竞争效应促进银行业竞争（孟娜娜等，

2020）。银行业内部对数字技术应用程度的增加会加剧银行竞争，进而改善银行信贷的信用结构和期限结构（孙旭然等，2020），"挤出"数字化转型程度低的银行所占市场份额（Cheng & Qu，2020），推动银行精简线下分支机构（谢绚丽、王诗卉，2022）。大银行对数字技术的应用缓解了其信息劣势地位，缩小了与中小银行在获取软信息方面能力的差距，推动了大型银行服务重心下沉。大银行因其资金成本上的优势抢占了中小银行的优质低风险客户，对中小银行产生了挤出效应（金洪飞等，2020；王修华、刘锦华，2023）。张龙耀和袁振（2022）研究发现，金融科技发展降低了农村商业银行在县域金融市场中的份额。数字化转型驱使银行缩减分支机构和物理网点，在总量上降低了其对劳动力的需求，但在结构上表现为对低端劳动力需求的减少和对高端劳动力需求的增加（余明桂等，2022）。

　　但同时也有研究提出不一样的观点。Solow（1987）提出过著名的"索洛悖论"，指出企业在 IT 技术方面的投资难以在统计数据中的投资回报率上得到体现，有部分研究商业银行数字化转型的文献亦持有类似的观点。譬如，王海军等（2024）则认为金融科技对银行业绩的促进作用具有滞后性，数字技术的应用削弱了银行当期业绩，平均滞后四五年后对银行业绩增进作用开始显现，并呈现边际贡献递增趋势。另外，胡俊等（2022）认为金融科技虽然可以通过提高运营、服务、风控三个层面的能力而提升银行经营绩效，但未能同时降低贷款利率，存在因便利溢价或定价歧视导致的"普而不惠"问题。还有研究讨论了数字化转型的银行异质性问题，谢治春等（2018）认为不同银行的数字化转型策略应结合银行实际有所差别，大中型银行选择闭环生态型或开放生态型银行战略的可能性较大，小型银行选择细分市场型或垂直分工型银行战略的可能性较大。王道平等（2022）认为，微观银行金融科技水平提升会增加银行风险承担倾向、加深银行间关联程度，进而导致其系统性金融风险显著放大，且这种影响具有时滞性和持续性，同时国有银行在金融科技水平提升时边际风险更低，而加强宏观审慎监管能有效削弱金融科技的系统性风险溢出效应。

二、 商业银行数字化转型的外部经济效应研究

商业银行对数字技术应用程度的增加不仅对银行自身产生经济效应，还可以在银行之外产生经济效应。现阶段这一部分的相关文献较少，主要讨论的是银行数字化转型对融资需求端和外部金融监管的影响。

就对融资需求端的影响而言，银行增加对科技的应用可以通过提升信息甄别能力和优化风险控制模式这两条路径，合理引导信贷资源从"僵尸"国企转移到优质民企，引导资金流向小规模、高科技、低污染的企业，从而全面促进企业结构性去杠杆（张金清等，2022）。李逸飞等（2022）认为，银行金融科技能够有效突破传统金融体系下企业短债长用形成背后的供给端约束和需求端扭曲，因此提升了企业信贷配置能力，优化企业信贷期限结构，促进企业长期融资由抵押贷款向信用贷款转型，缓解了传统银行对于民营企业的"融资歧视"，通过提升银行信息甄别能力显著缓解企业短债长用行为的现象。

就对外部金融监管的影响而言，唐绅峰等（2023）认为，银行数字化水平的提高可以增加具有较强逆周期性的资本缓冲水平和具有较强顺周期性的流动性水平，但数字化转型会弱化银行对资本缓冲水平和流动性水平的监管效果。

第四节　文献述评

现阶段国内外学者对传统的金融加速器效应的研究已形成一个成熟的框架，对金融科技及其驱动的金融创新的研究虽然总体上处于起步阶段，也已取得丰富的成果，但主要集中在外部金融科技和商业银行数字化转型的内部经济效应上，对于商业银行应用数字技术程度的提高会产生什么样的外部经济效应的研究还较为匮乏。当前数字经济时代下经济金融周期的特征出现了相当大的变化。传统的金融加速器理论假设借款人需要提供抵押品以缓解信息不对称问题，而金融科技驱动的金融创新可以使用大数据和机器学习算法技术辨识借款人的信用，弱化金融机构对抵押品的依赖，那么传统理论所设置的抵押融资约束等假设是否应当

被突破以适应拟合新时代现实变化的需要？金融加速器效应又将在银行数字化的背景下出现什么样的变化？这是现有研究鲜有涉及的内容。在数字技术和数字经济快速发展的新形势下，经济金融活动特征和规律均发生极大变化，传统概念范畴下的交易成本、交易模式发生很大变化，但与数字经济发展背景相适应的新型研究范式依旧有待确立。同时，在数字经济新时代特征下，虽然经济金融活动的形态有极大变化，但本质规律不会变，波动频率和幅度加大是其最显著的特征，但资本存量、劳动力供给水平、人力资本存量水平、文化、教育和卫生等基础条件，以及社会文化环境等内在决定性因素的中长期趋势不会有较大的状态跃迁。因而，重新审视新特征，但仍沿袭传统模型框架的拓展性研究仍将是相当长时间内金融加速器效应理论研究的主要方向。

第三章　现实背景与经验事实

科技与金融的融合贯穿金融业发展的全过程，有学者从宏观的世界史视角将金融科技的发展划分为三个阶段：第一阶段从 1866 年至 1967 年，主要标志是以跨大西洋电报系统为代表的金融信息交易和支付的急剧变革；第二阶段从 1967 年至 2008 年，主要标志是传统金融机构使用信息技术加强其服务与产品，其代表有电子支付和清算系统、ATM 设备和网上银行；第三阶段从 2008 年至今，主要标志是由新型金融科技企业直接向客户提供非中介的金融服务，使金融业出现一种新的竞争环境（Arner et al，2017；Chen et al，2019；Thakor，2020）。这种划分有追根溯源之意义，但无疑将金融科技的历史过度提前了，并因此导致金融科技的过分泛化。近年来，金融科技的发展正处于一个完全不同于以往的阶段，大数据、区块链、生成式人工智能等形式各异的数字技术创新层出不穷，金融机构敏锐地抓住了技术迭代的窗口，推进新型信息技术与金融业务的融合，衍生了大量金融创新，并在金融机构内外均形成良好的经济效应。

商业银行数字化转型完善了传统金融体系信贷资源配置模式，有助于缓解金融摩擦，对于金融与经济稳定性的提升具有重要的实践价值。本章聚焦于商业银行数字化转型的背景与现状以及不确定冲击、宏观调控政策的选择与经济周期性波动的特征事实，阐述商业银行数字化转型在宏观经济运行过程中所发挥的减速器作用。

第一节　商业银行数字化转型的背景与现状

商业银行数字化转型进程的推进，一方面是因为数字技术的发展在传统金融体系之外形成的金融新业态对银行市场份额的挤压和客户的抢占，外部竞争压力倒逼银行追随金融科技浪潮；另一方面是由银行出于提高运营效率和经营利润的需要，在竞争日趋激烈的金融市场中提升自

身竞争力的动机所驱动。信息技术在金融业的逐渐普及，推动了金融业电子化，许多金融业务逐渐从线下转移至线上，大量繁杂的重复性工作由人工处理转为机器处理，金融机构运营效率得到提升，用户数据得以沉淀。信用的生成与管理是信贷资源配置的关键环节，数字技术应用广度和深度的提高使这一过程被大大优化。近年来，中国银行业数字化转型程度不断提高，使金融的形态出现了显著的改变，在传统金融体系的内部和外部均产生了新的、值得探讨的经济效应。

一、　传统金融体系之外的金融科技发展现状

金融科技是近年来在金融行业出现并逐渐普及的新生事物，随着技术开发和应用程度的持续提升，科技赋能金融对行业的改变愈发明显。金融科技的发展离不开金融行业对数据收集和价值挖掘需求的提高。中国金融的电子化发展和数字经济的萌芽与壮大使传统模式下无法记录的用户行为偏好等海量结构化或非结构化数据得以沉淀，金融业需要处理的信息量出现爆炸式增长，不断超越机构设备的运算能力上限，海量数据的沉淀为后续金融科技的爆发式增长酝酿了丰沃的生态。

互联网和数字技术的进步对经济的影响是全方位的，这种进步促使大量的经济组织和业务向数字化方向转型，衍生出形式多样的数字经济平台。数字业务的发展对支付结算、借贷周转等金融服务提出了新的要求，大型科技平台公司顺势将业务触角伸进金融领域，开发出迥异于传统金融体系的数字金融服务，满足各自数字生态圈内客户的金融需求，传统金融体系之外的新金融实体悄然出现，移动支付、网络借贷、众筹、互联网保险服务等新型金融模式逐渐成形，互联网金融迅速成长。在互联网金融萌芽期，银行等传统金融机构和新兴互联网金融公司的业务形式泾渭分明。银行主要开展线下业务，依托线下网点服务客户。互联网金融公司主要发展线上业务，以"电商平台＋线上支付"的模式切入，依托数字生态场景开始尝试经营金融业务。在此过程中科技平台公司逐渐构建起诸多金融场景并积累客户、沉淀数据，支付宝、财付通等互联网金融产品作为典型案例脱颖而出。大型科技平台公司在自身愈加完善的数字生态场景和客群日常活动沉淀的海量数据的基础上开发和应用数字技术，用科技手段尝试解决普惠金融存在的"获客难"和

"风控难"问题，依托商户在数字平台经营沉淀的线上销售额等数字痕迹，推出了对抵押品依赖度极低的数字信贷产品等金融创新，典型产品有网商银行的网商贷、微众银行的微业贷和微粒贷，它们均覆盖了企业客户和个人客户。

除了大型科技平台依托数字场景开发的数字金融业务，大数据、人工智能、云计算、区块链等新型信息技术被开发，并组合成不同的技术解决方案应用于金融业，由此也出现了大量聚焦于技术开发和设计金融业技术解决方案的金融科技公司。这类金融科技公司不同于大型科技平台，主要的特点是规模相对较小，一般从事大数据、人工智能、区块链、云计算等硬核的新型信息数字技术的创新与研发，或者聚焦于一些小的金融领域，向传统金融机构或个人客户提供数字化的服务，解决传统金融出现的信息不对称等痛点问题。这类业态发展的表现之一是2015年以后金融科技公司数量的增长出现拐点[1]（见图3-1），这表明金融科技的发展逐渐蔚然成风，形成一股势不可挡的浪潮。

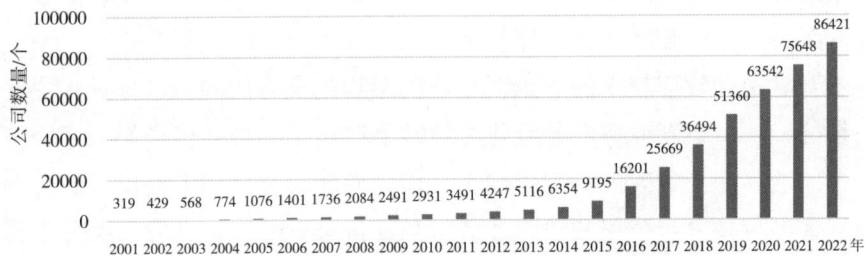

图3-1　中国大陆地区金融科技公司数量的变化

资料来源：基于"天眼查"系统爬取的数据，手工整理获得。

---

[1]　金融科技公司指的是开发和运用技术，并使用这些技术手段服务金融业的企业主体，一般兼有科技和金融属性。参考宋敏等（2021）的研究，统计全国各地级市的金融科技公司数量以衡量不同地区的金融科技发展水平，步骤如下：

首先，在"天眼查"网站检索"金融科技""云计算""大数据""区块链""人工智能""物联网"等关键词，获取所有相关公司的工商注册信息；

其次，根据样本中金融科技公司的经营范围以及巴塞尔银行监督委员会对金融科技业务模式的分类，使用正则表达式对"金融""保险""信贷""清算""支付""投资"等与金融相关的关键词在公司经营范围中进行模糊匹配，并保留匹配成功的样本；

最后，剔除经营时间小于1年或经营状态非正常的公司样本以防止"空壳公司"的注册影响金融科技公司数量统计的准确性。

信用是信贷业务得以开展的核心，大量的金融科技公司致力于使用技术手段在合规框架下挖掘借款人的信用信息，这一类型的金融科技公司可归类为信用科技公司，其商业模式主要有四类：一是向银行等传统金融机构输出技术解决方案，搭建或升级与金融机构业务特色相契合的系统；二是挖掘自身场景价值，提供金融科技助贷服务；三是构建有特色的大数据库，提供另类数据源，为金融机构提供另类信用数据；四是搭建数字供应链金融平台，并使用技术手段解决传统供应链金融中信用信息真伪性判别的难题。

其一，以输出技术和搭建系统为核心商业模式的金融科技公司。银行等传统金融机构在历史经营过程中累积了大量的客户，开展业务的过程中亦沉淀了大量数据。首先，由于缺乏数据挖掘技术，银行既不能很好地使用内部沉淀的信息为客户画像，也难以将内部客户的数据和外部数据源相匹配，准确识别客户个性化的金融需求从而提供增值服务。其次，银行在经营中面临许多合规要求，需要对隐私数据进行保密，缺乏让数据可用不可见的技术，导致数据不可挖掘，形成数据孤岛。再次，对于中小企业、低收入人群等弱势群体客户，银行也缺乏识别其信用，预测其还款能力的手段。最后，银行的软硬件系统也需要迭代以满足大数据时代需要处理的信息量指数增长的现实。基于这一系列问题的解决需求，出现了支持金融机构数字化创新和转型的金融科技公司，向银行输出数字小微信贷技术，提供系统支持的服务。

其二，信用科技公司的金融科技助贷模式。普惠金融是中国特色金融体系现阶段重点要做好的五篇大文章之一，但弱势群体的信用识别问题长期困扰着金融机构，信息不对称使这部分客群长期面临信贷配给的约束。传统信贷信息获取模式下没有得到有效解决的信息不对称问题，可以通过挖掘经济主体的另类信用信息获得一定程度的缓解。另类信用数据的产生需要场景，许多金融科技公司当前已积累了丰富的具有特色的场景，并在场景运营中开发了契合度高的数据挖掘技术，可以为传统金融模式下无法获得金融服务的弱势群体沉淀信用记录，并基于此与金

融机构合作开展金融科技助贷业务①，这有助于拓展商业银行的金融服务范围，提高金融机构的普惠下沉能力。

金融科技助贷业务涉及资金供给方、助贷中介机构和融资需求方三类经济主体，参与方之间的关系如图 3-2 所示。资金供给方是资金提供者，金融科技助贷业务的资金来源包括银行、保险、信托、资管、大集团自有资金、财务公司、网贷、小贷、消费金融公司和自然人。其中，银行和信托合计占金融科技助贷资金来源的 80% 以上，而信托背后的资金来源同样以银行为主，可见银行是金融科技助贷业务最大的资金供给方。银行参与助贷有助于其打破经营地域限制、扩大获客群体，为资产拓宽投向范围，获取业务收入。此外，助贷还有助于银行获取更多有效的客户数据，提升金融供给效率，培养在互联网经营环境下的经营能力。大型商业银行由于具备自身的获客渠道，加之与助贷机构之间的风控理念有较大差别，因而双方在联合贷款领域的合作还较为有限，合作主要在产品合作方面展开，并且尚处于探索阶段。因此，参与金融科技助贷业务，作为资金供给方的一般是中小银行。

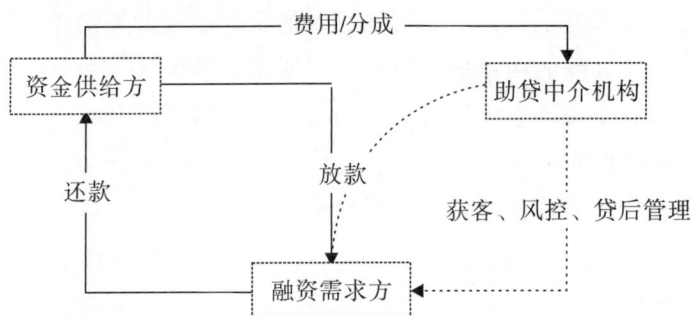

图 3-2　金融科技助贷参与方关系

金融科技助贷机构可按数据生态分为四类。第一类是电商平台，电商生态占互联网消费信贷交易规模的七成以上，典型的机构包括阿里、京东和小米等，开发的金融科技助贷产品有蚂蚁花呗、蚂蚁借呗、京东

---

① 金融科技助贷业务是指信用科技公司通过自有数字生态系统或渠道筛选目标金融客群，在完成自有风控流程后，将较为优质的客户输送给持牌金融机构或类金融机构，经持牌金融机构、类金融机构风控终审后，完成贷款发放的一种业务。

白条等；第二类是其他消费场景，典型的比如旅游场景（携程等），曾经做首付贷的（链家等），做二手车中介的（瓜子二手车等）；第三类是非消费类场景，典型的如社交（腾讯等），为企业提供企业资源计划（ERP）服务的公司（汉得等）；第四类是不依赖内生数据，完全建立在外部数据上的公司，如纯技术服务商（神州信息等）。就金融科技助贷机构而言，与银行合作开展金融科技助贷业务最主要的诉求包括获得低息稳定的资金、借用银行牌照、学习掌握并储备独立风控能力、致力于掌控银行和互联网融合体系的制高点、取得登录征信系统的门路、借用银行的品牌效应等。

金融科技助贷业务的融资方即为金融科技公司所构建的数据生态中的借款人，既包括个人消费者，也包括中小企业，这部分客群在传统模式下可能无法达到银行放贷的门槛，或无法接受银行烦琐的信贷审批流程，诉求主要是获得资金消费或投入生产，提升资金获得的便利性。

其三，提供另类数据源的金融科技公司。还有一部分金融科技公司通过先进的信息技术手段构建具有自身特色的大数据库，提供专业细分领域的大数据支持金融机构信贷决策。譬如，大地量子结合多源卫星数据，通过人工智能等技术，能够识别农田面积、作物种类、生长状况，进而分析农户插秧、打药、追肥以及收割时期的不同资金需求，从而解决农村金融缺乏农村和农民信用数据而不好控制风险的核心难题。车300依托汽车销售平台，建立了海量的汽车交易价格信息库，累积了数亿条真实数据，在大数据、价值计算引擎、残值数据算法、人工智能技术的基础上，建立精确、透明、快速的二手车估值体系，结合汽车金融与交易数据，采用科学且合适的数据挖掘与机器学习方法和理论，为汽车金融风控领域提供专业的、系统的解决方案。

其四，数字供应链金融模式。供应链金融是银行等金融机构基于供应链网络围绕核心企业并依托供应链上下游合作关系而构建的涵盖信息流、资金流、物流、商流等基本要素的一个授信融资金融体系，有助于优化供应链中的企业融资结构。然而，传统供应链金融长期存在核心企业不愿确权或担保、企业操纵供应链信息、伪造交易信息、恶意欺诈等信任缺失问题，同时还面临着互联网环境下数据泄露与操作风险，这些都制约了供应链金融的普及与发展。数字供应链金融是金融科技与传统

供应链金融相结合的金融创新产物，金融科技公司的技术解决方案可以破除制约传统供应链金融发展的藩篱。

首先，传统供应链金融中应收账款质押或保理业务需要核心企业确权，在操作流程方面具有较大难度，基于区块链的技术解决方案可破解这一难题。譬如，天道金科打造的天道平台开发了"天票"产品，通过区块链技术，利用不可篡改的多级流转凭证，将核心企业信用分享至融资弱势群体，发挥供应链金融信用替代机制的真正优势，切实缓解企业"融资贵"的压力。布比区块链构建了"分布式供应链金融网络"，基于该网络可以实现商流、资金流统一的信息流，解决企业间信息不对称的问题，让企业信任传递畅通无阻。因为分布式账本的存在，基于核心企业信用的应收应付账款可以自动流转到多级供应商，业务开展更加灵活。通过智能合约，可以保障支付结算按照约定自动化完成，资金流转更加快速高效，很好地解决了长期限制供应链金融发展壮大的顽疾。

其次，传统供应链金融中存在大量的信息不对称问题，银行等资金供给方难以判断链上中小企业用以抵押的应收账款等资产信息的真实性，部分企业甚至用恶意欺诈的手段获得授信，给资金供给方带来损失。信息不对称源于资金供给方获取的信息有限，当前有不少金融科技公司如金蝶金融、联易融、逸风金科、金融壹账通等利用企业数字化转型的需求，推出企业 ERP 系统服务，并通过 ERP 系统获得大量关于企业经营的多维度信息，在企业允许的前提下凭此生成企业信用，成为资金供给方的授信依据。譬如，金融壹账通运用区块链、大数据、人工智能等新型数字技术，有针对性地推出壹企业智能供应链金融平台，利用区块链可追溯、可留存和不可篡改的特点，将原来难以验证的线下信息上链，并通过链上关联主体之间的相互验证，确保中小企业在供应链上的信息可记录、可追溯，信用可传导，保证了链上企业信息的真实性。同时，数字供应链金融平台利用人工智能对上链诸多经济参与主体的物流、仓储、工商、税务等数据源进行智能的交叉验证，解决位于资金供给端的商业银行等金融机构与资金需求端的实体企业之间信息不对称、贸易真实性难核验的问题，一方面降低了贷款风险和审核成本，另一方面大幅提升了服务水平，解决了中小企业融资成本的问题，也满足了其短平快的融资需求。逸风金科搭建的智能风控平台可结合智能摄像头，

通过多物体实时追踪算法快速便捷地对制造型企业产线上的物品进行识别和追踪，实时获取经过脱敏且验真的生产经营数据。由此，平台可通过采集企业生产经营过程中的货物流、合同流、数据流、资金流等数据构建多流合一的智能风控体系，从而解决中小生产型企业普遍存在的由金融数据获取难、数据质量验真难引发的融资难、融资贵的问题，运用生产经营数据资产化，优化金融授信体系。大树科技坚持小额、分散、真实原则，借助供应链场景和多渠道数据还原真实交易背景并交叉验证，以量化建模的手段，解决传统模式下由于信息不对称所带来的风控痛点，满足真实供应链场景下小（金额小）、散（主体散）、短（期限短）、频（频度高）的融资需求。目前推出的产品包括大树信保贷、大树信采贷，前者解决应收端融资需求，后者满足采购端融资需求。

最后，传统供应链金融还面临数据泄露与操作风险。数据隐私问题是金融科技公司普遍面临的问题，如何在防止数据泄露、保护客户隐私的前提下挖掘数据的价值，使其成为判断客户信用的依据是金融科技公司和金融机构需要解决的难题。目前金融市场上已有部分金融科技公司聚焦于客户对数据隐私的需求和信用显现无法兼容的难题进行技术开发，并推出了相应的数据安全产品。譬如，华控清交基于多方安全计算理论已经在技术和工程上实现了"数据可用不可见"和"规定数据具体用途用量"等数据隐私保护目标，并已经进入实用阶段，推出了一系列隐私计算标准，为打破数据壁垒和连接数据孤岛奠定了技术基础，为数据确权和人规模数据流通创造了条件。WeLab 打造的联邦学习平台利用前沿信息技术开发了高效安全的数据合作解决方案，能够在保护用户隐私数据且数据不离开所有者的前提下，充分挖掘、发挥用户数据的价值，打破数据孤岛，更高效地显现数据需求方的信用，这有助于实现跨数据、跨行业的合作，并且这一解决方案支持金融机构的私有化部署或云服务，具有全可视化系统操作便捷、数据安全隐私强等特点。致星科技开发的星云 Clustar 聚焦于为客户提供全栈式联邦学习解决方案，依托于以高性能网络和联邦学习技术为核心的产品矩阵，通过"开箱即用"的联邦学习解决方案降低联邦学习使用门槛，解决企业"既要共享数据生成信用，又必须保护数据安全"的两难问题，最终将隐私计算技术赋能到实际业务中。在操作风险的防范方面，联易融自主开发

由人工智能驱动的 OCR 及 NLP 技术，可以高效处理供应链金融实际应用场景中整个系统需要录入、处理合同、票据等大量纸质文件的问题，既解放了人力资源，又通过规范化的自动化流程降低了操作风险。

归结起来，金融科技公司成功的商业模式大致可归纳为四条策略：一是通过与 B 端合作的模式批量获取有效 C 端客户；二是利用互联网和移动设备为客户提供纯线上服务，简化业务流程，优化产品界面，改善用户体验；三是运用大数据和云计算提供基础信息支持，实现金融服务个性化；四是以细分市场作为切入点，专注服务特定类型客户，并提供相关增值服务。

金融科技公司的发展一方面是传统金融的有益补充，但另一方面也造成了一些金融乱象。譬如，自 2012 年起，中国的 P2P 平台开始野蛮生长，最高峰时期存在约 5000 家运营平台。由于监管真空，非法集资、诈骗等乱象层出不穷，P2P 行业共经历了三次爆雷潮，暴露其在风控方面的缺陷。监管清退至今，P2P 网贷平台数量已完全归零。在不到十年时间里，P2P 平台从遍地开花到如今的完全归零，加剧了金融风险，导致居民财富流失。另外，互联网金融行业的头部标杆蚂蚁金服在 2017 年将 30 多亿元资本金通过 1：2 的比例从银行拆借 60 亿贷款，形成合计约 90 亿的网上小额贷款，然后再通过资本市场循环发行 ABS，一共循环 40 次，形成 3600 亿贷款，杠杆最高曾达上百倍，在金融市场上造成了巨大的风险隐患。金融科技行业的种种乱象表明，监管缺失下金融科技新业态的野蛮生长将对金融体系的长远发展与稳定产生负面影响。随着 P2P 爆雷等恶性事件频繁发生，监管部门加大了监管力度，引导新金融实体规范发展，促使其将主业聚焦于解决传统金融的业务瓶颈。监管趋严抑制了模式创新的暴利之路，倒逼金融科技公司逐渐转型，加大研发成本投入，提升技术创新的能力，并通过技术升级获得新的盈利增长点。

二、 商业银行数字化转型进程的推进

随着传统金融体系之外金融科技新业态的发展，传统金融体系之内的金融机构也正在通过制定数字化战略，提升数字技术的应用程度，调整组织架构以推进数字化转型。中国商业银行数字化进程的起始点在广

义上可追溯至 20 世纪 90 年代。随着互联网进入中国和移动互联技术的逐渐成熟，金融机构在运营中不断提升数字技术的应用程度。金融行业通过传统的信息技术软硬件实现办公和业务的电子化，提高了金融机构处理业务的效率，代表性产品包括 ATM 机和 POS 机、银行电子化的核心交易系统、信贷系统和清算系统等。随着互联网技术的发展，金融运行的信息化环境大幅改善，1993 年银行系统计算机网络化概念的提出开启了中国金融电子化时代。经过 20 多年的发展，金融机构通过互联网提供金融服务，逐步将业务数据集中汇总，为中国金融科技的发展构建了基础设施并培育了用户习惯，提升了账务系统、信贷系统的业务处理效率。

近年来，随着以大数据、人工智能、云计算、区块链、物联网等为代表的新型数字技术及其应用在多个行业引发了巨大变革，数字技术支持下的创新型金融业态如数字支付、大科技信贷、区块链金融、智能投顾等不断涌现，推动着银行通过数字化转型，提升新型数字技术与金融业务的融合程度，强化自身市场竞争力和客户服务能力。现阶段银行业的数字化转型与 21 世纪初银行业的信息化并不完全等同，也并非简单地使用数字技术，而是新型数字技术与银行业务结合产生了新的金融创新，银行通过数字化转型推出新的业务形态与管理方式。

数字化转型是商业银行将数字技术应用于产品、运营、商业模式、组织管理、战略制定等机构经营全链条，变革经营活动以保持并提升自身在数字经济时代竞争力的过程。相应地，商业银行数字化转型这一概念可以进一步分解为战略数字化、业务数字化和管理数字化三个维度。其中，战略数字化代表了商业银行对数字化转型的认知，因此也是商业银行数字化转型的基础，业务数字化和管理数字化则分别是商业银行数字化战略在业务经营和管理模式方面的落地。三者构成一个相互促进的整体，管理数字化可以进一步促进业务的数字化创新，并强化数字化战略思维，而数字化转型认知的强化又可以进一步指导业务数字化和管理数字化。基于此，使用北京大学商业银行数字化转型指数度量中国商业银行的数字化转型进程。该指数由北京大学数字金融研究中心的谢绚丽和王诗卉（2022）编制，指标体系框架详见图 3 - 3。该指数涵盖 228 家银行，包括 6 家国有大型商业银行、12 家股份制商业银行、121 家城

市商业银行、51 家农村商业银行、24 家外资银行和 14 家民营银行。上述银行截至 2021 年末的总资产为 206.49 万亿元，占我国商业银行总资产的 98.35%，因此具有很强的行业代表性。

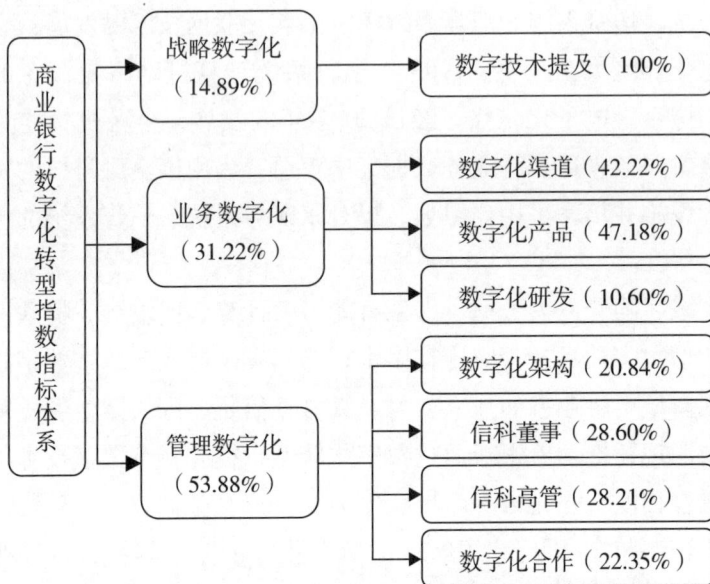

图 3-3　商业银行数字化转型指数指标体系框架

　　图 3-4 描绘了商业银行数字化转型不同维度的指数在 2010 年至 2021 年间的变化趋势。从图中可以发现，我国商业银行数字化转型各个维度的发展水平均有长足进步。特别是在 2012 年以后，商业银行数字化转型速度有所加快，这可能是由于 2013 年蚂蚁金服"余额宝"产品的推出冲击了传统商业银行的经营，加快了银行的数字化转型（邱晗等，2018）。从细分指数来看，战略数字化转型指数水平最高，增长也更快，反映了商业银行数字化转型中认知先行的特征（谢绚丽、王诗卉，2022）。战略数字化转型指数在 2019 年出现向上跳跃趋势，这可能是因为中国人民银行在 2019 年印发了《金融科技发展规划（2019—2021 年）》，首次明确了金融科技工作的指导思想、基本原则、发展目标、重点任务和保障措施，商业银行在中国人民银行的引领下对数字化转型的认知大大提高。另外，商业银行管理数字化转型指数水平最低，

增长也较慢，可见商业银行数字化转型的相对薄弱环节来自组织维度，即传统商业银行固有的管理架构尚未能及时适应金融科技浪潮的发展，滞后于战略数字化和业务数字化。

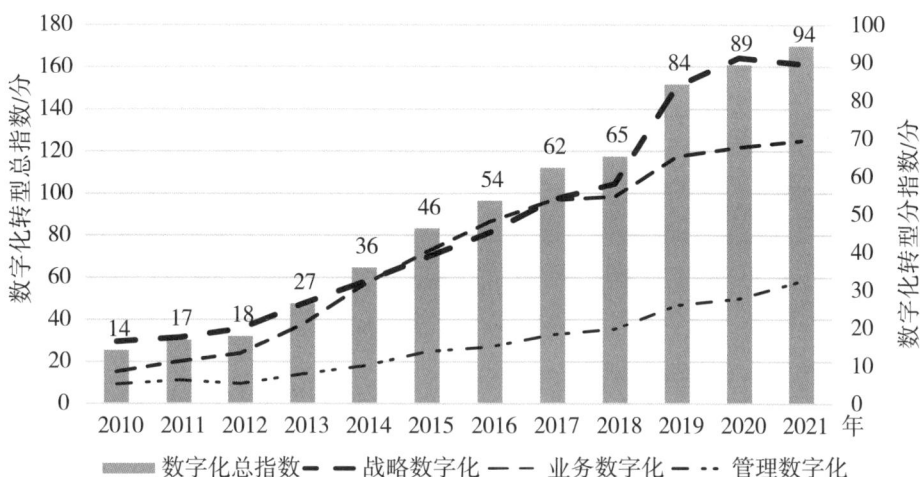

图 3 - 4　2010—2021 年商业银行数字化转型变化趋势

资料来源：北京大学数字金融研究中心。

图 3 - 5 展示了不同类型商业银行数字化转型的进程。从 2010 年到 2021 年，各类商业银行的数字化转型水平均不断提高，但不同类型的银行存在明显的差异。其中，国有商业银行的数字化转型水平最高，国有商业银行的规模、资金和技术实力可能助推了其数字化转型（谢治春等，2018）。从 2015 年开始，新兴的民营银行的数字化转型也开始提速，紧随其后的是股份制商业银行，而城市商业银行、农村商业银行和外资银行则相对落后。

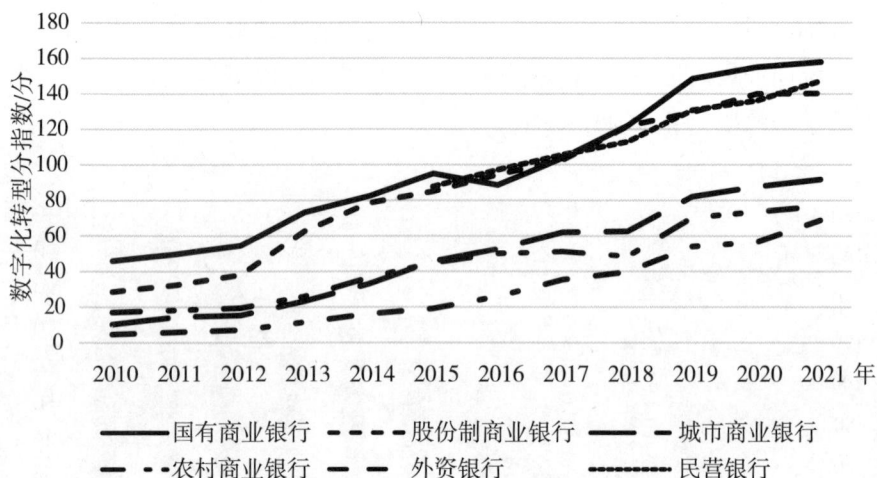

图 3 - 5   2010—2021 年不同类型商业银行数字化转型的进程

资料来源：北京大学数字金融研究中心。

　　进一步地，通过箱线图对不同类型银行在数字化转型行为上的差异进行分析，并对 2010 年、2014 年、2018 年和 2021 年四个不同时期的表现进行对比（见图 3 - 6）。在 2010 年，国有商业银行的数字化水平明显高于其他类型银行，股份制银行的数字化转型程度整体稍逊于国有商业银行，城市商业银行与农村商业银行的数字化水平相近，但从 2014 年开始，股份制银行和国有商业银行在数字化水平方面的差距已经不明显。2015 年开始出现的民营银行数字化水平总体上仅次于国有商业银行和股份制银行，但各民营银行之间的差异较大。在 2018 年和 2021 年，城市商业银行与农村商业银行的数字化水平总体上依旧远低于国有商业银行和股份制银行，而且不同年份的城市商业银行和农村商业银行之间的数字化水平差异也较大。

2010年各类型银行平均数字化转型总指数（*n*=104）

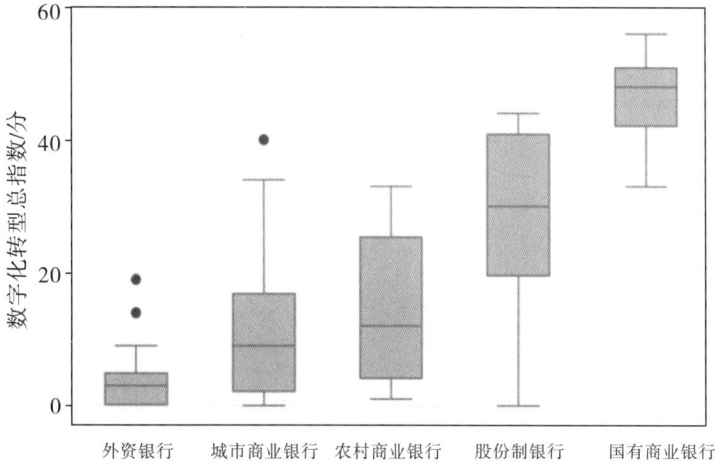

（a）

2014年各类型银行平均数字化转型总指数（*n*=178）

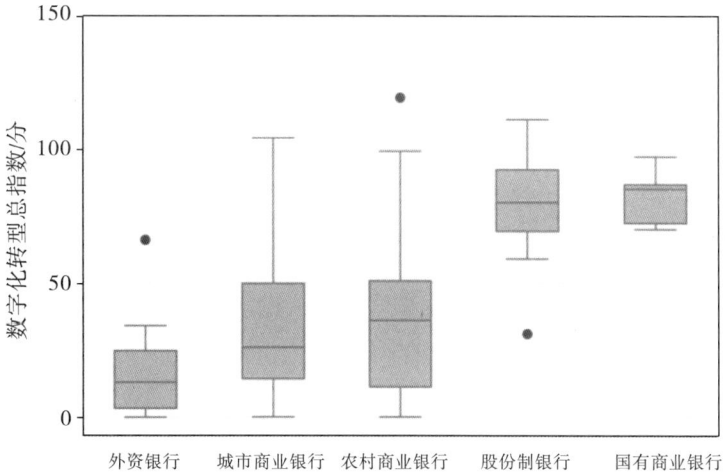

（b）

2018年各类型银行平均数字化转型总指数（$n=216$）

（c）

2021年各类型银行平均数字化转型总指数（$n=219$）

（d）

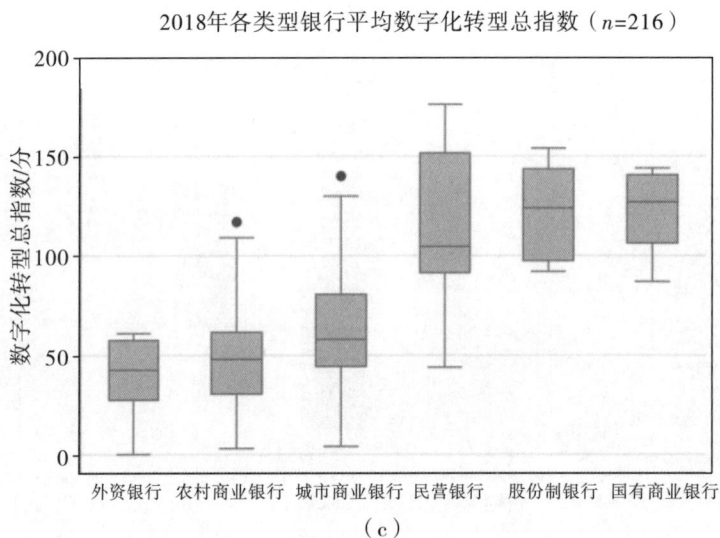

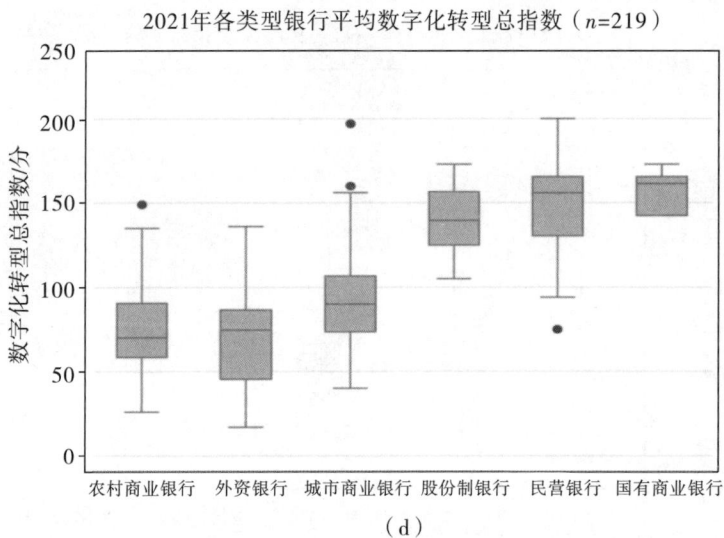

图3-6　各类型商业银行平均数字化转型总指数

资料来源：北京大学数字金融研究中心。

以大数据、人工智能、区块链和云计算为代表的新一代信息技术在银行业的应用加速了商业银行的数字化，使得商业银行经营开始向线上化、自动化和客户体验中心化等方向转型。但是简单的技术应用还不足以推进银行的数字化转型。历史上，无论是电力还是计算机，新技术的

推广都需要所在行业开展定制化的二次创新，以适应特定行业的需要。商业银行的经营长期以来都是依靠物理网点，并通过科层制和部门制进行管理，组织现状与数字化愿景之间存在着巨大张力，这使得传统商业银行要实现数字化转型不仅需要积极采用最新技术，还需要调整组织结构并重新设计适合嵌入数字技术的业务流程。

由于商业银行传统的组织架构制约了数字化转型进程的推进，同时考虑短时间大幅度调整管理框架可能导致商业银行经营混乱，部分商业银行在现有的组织架构之外成立新的聚焦于金融科技业务的子公司。商业银行数字化转型在组织维度上的一个重要表现是在旧有的组织之外成立金融科技子公司。成立金融科技子公司可以促使银行与金融科技实现更加深度的融合。一方面，银行在稳健运营、专业化、牌照、风控等方面发挥专长；另一方面，金融科技子公司可以在运营效率、业务创新、数据分析等方面为银行赋能，同时还可以进行技术输出，依托科技能力帮助商业银行拓展市场。基于优势互补的原则，银行系金融科技子公司应运而生，进而实现金融生态圈的整合与重构。就发展历程而言，银行系金融科技子公司的业务路径大多遵循由内到外的轨迹，即成立初期以服务本行集团及其子公司为主，随后逐渐扩展到服务同业，实现技术对外输出。截至 2021 年底，国内已有 19 家商业银行成立金融科技子公司，其中国有商业银行 5 家，股份制银行 7 家，城市商业银行 4 家，农村商业银行 3 家，基本情况如表 3 - 1 所示。

表 3 - 1　银行金融科技子公司基本情况

金融科技子公司	所属银行	成立时间	注册地	注册资本/万元	股权结构
兴业数金	兴业银行	2015 年 11 月	上海	35000	兴业国信资产管理有限公司持股 72.86%
金融壹账通	平安银行	2015 年 12 月	深圳	120000	深圳平安金融科技咨询有限公司持股 44.3%
招银云创	招商银行	2016 年 2 月	深圳	24900	招银科技控股（深圳）有限公司持股 100%

（续上表）

金融科技子公司	所属银行	成立时间	注册地	注册资本/万元	股权结构
前海金信	深圳农商银行	2016 年 5 月	深圳	2142.86	深圳市誉银惠众投资发展有限公司持股 100%
光大科技	光大银行	2016 年 12 月	北京	40000	中国光大集团股份公司持股 100%
建信金科	建设银行	2018 年 4 月	上海	172972.97	建银腾辉（上海）环保股权投资管理有限公司持股 92.5%
民生科技	民生银行	2018 年 4 月	北京	20000	民生置业有限公司持股 100%
龙盈智达	华夏银行	2018 年 5 月	北京	2100	北京龙盈科创股权投资基金持股 99.95%
工银科技	工商银行	2019 年 3 月	雄安新区	90000	工银国际投资有限公司持股 100%
北银金科	北京银行	2019 年 5 月	北京	5000	北银置业有限公司持股 100%
中银金科	中国银行	2019 年 6 月	上海	60000	天津津远实业有限公司持股 100%
易企银	浙商银行	2020 年 2 月	杭州	2000	天枢数链（浙江）科技有限公司持股 100%
农银金科	农业银行	2020 年 7 月	北京	60000	农银投（嘉兴）企业管理有限公司持股 100%
交银金科	交通银行	2020 年 8 月	上海	60000	交银国际（上海）股权投资管理有限公司持股 100%
集友科技	厦门国际银行	2020 年 9 月	深圳	1000	厦门国际银行持股 100%
易达科技	廊坊银行	2020 年 11 月	廊坊	200	廊坊银行股份有限公司工会委员会持股 99%
浙江农商数科	浙江农信社	2020 年 12 月	杭州	10000	浙江农村商业联合银行股份有限公司工会委员会持股 100%

（续上表）

金融科技子公司	所属银行	成立时间	注册地	注册资本/万元	股权结构
桂盛金科	广西农信社	2020年12月	南宁	1200	广西壮族自治区农村信用社联合社机关工会委员会持股100%
盛银数科	盛京银行	2021年7月	沈阳	1000	盛京银行股份有限公司沈阳分行工会委员会持股60%

资料来源：零壹智库。

　　金融科技子公司的成立有助于增强商业银行构建数字金融场景的能力，在组织架构上摆脱传统银行不适应数字化潮流的多层级部门结构。独立性相对较高的公司架构可以促进金融科技的研发，针对银行业务的需求开发匹配度高的技术和系统，有助于银行更好地运用新型数字技术收集相关的业务数据，挖掘沉淀在系统中的海量信息价值，总体上提升了银行的信息甄别能力。譬如，招银云创开发了新一代智慧费用管理SaaS产品"场景化费用管理SCO"，以企业管理费用支出的场景互联为基础，聚焦企业差旅、出行用车、企业采购等高频费用支出场景，用数字化方式实现离散需求的标准化和数据沉淀，通过"费用管理大脑"的创新型商业模式帮助企业提升对财务流程场景化和平台化的管控，这为招商银行抢占高频刚需交易场景沉淀另类数据生成企业客户的数字化信用记录开辟了新道路。农银金科则正在推进构建智慧"三农"生态圈，以农民（C端）为主体目标，农村（G端）和农业（B端）为依托，打造以农民金融需求为中心的"三农综合业务平台"，建设金融服务"三农"的智慧村镇生态体系，这有助于沉淀农民行为数据，使用科技手段生成农民的信用，解决传统农村金融的"风控难"和"获客难"问题。数字化转型通过增强商业银行的数据搜集能力和数据处理能力来发掘借款人真实信用，从而降低了信用辨识过程中对抵押物的依赖。

第二节 宏观经济不确定性的测度与时序变化

不确定冲击指的是经济体所处的环境中突然出现了之前难以预测的高影响事件。近年来，随着全球各领域不确定性程度的增加，形式各异的不确定冲击逐渐显现并增多，对中国的经济稳健运行构成挑战。习近平总书记指出，我国发展进入战略机遇和风险挑战并存、不确定难预料因素增多的时期，各种"黑天鹅""灰犀牛"事件随时可能发生，需要应对的风险挑战、防范化解的矛盾问题比以往更加严峻复杂。[①] 以"黑天鹅"和"灰犀牛"[②] 为代表的不确定冲击大量显现，表明现阶段全球经济已进入一个"非常态世界"。近年较为典型的不确定冲击包括硅谷银行破产倒闭、俄乌冲突、新冠疫情、特朗普赢得美国总统大选、中美贸易战、英国脱欧等，这些冲击的发生无一不对宏观经济的运行形成巨大冲击，干扰了经济运行的稳定性，中国经济发展环境由此变得更为严峻和复杂，不确定性大幅上升，经济下行的压力亦不断增大。

一、 宏观经济不确定性的测度

不确定冲击的大量出现增加了宏观经济的不确定性。为衡量中国宏观经济的不确定性程度，借鉴 Jurado 等（2015）测度经济不确定性的方法[③]，并选取中国的宏观经济变量，计算得出提前 1 期[④]、提前 3 期

---

　　① 引自 2023 年 2 月 14 日习近平总书记在新进中央委员会的委员、候补委员和省部级主要领导干部学习贯彻习近平新时代中国特色社会主义思想和党的二十大精神研讨班开班式上的重要讲话：《推进中国式现代化必须进行伟大斗争》。

　　② "黑天鹅"指的是不可预测、影响重大并且事后可以解释的事件，例如非典（SARS）。这类事件占极少数比例，但因为它无法预测，普通人对此无能为力。"灰犀牛"指的是以很高的概率发生、具有巨大影响但是被忽略的事件，典型的案例是全球变暖问题。因为"灰犀牛"事件不会立即发生，而是在未来某个时刻发生，因此当下的人们常常会忽略它。还有一类介于"黑天鹅"和"灰犀牛"之间的第三类不确定冲击，指的是可以推测其概率分布，但不知道何时会发生的事件，这类冲击在非常态世界中的比例最高，可以以较大的概率随时发生并带来破坏性，中国人民大学教授聂辉华将这一类事件称为"大白鲨"（white shark，详见：https://new.qq.com/rain/a/20210122A01RGA00）。

　　③ 具体估计步骤详见 Jurado 等（2015）的研究。

　　④ $U(1)$ 代表利用 t 期的信息预测未来 1 期的偏差，$U(3)$ 和 $U(12)$ 以此类推，样本区间为 2007 年 1 月至 2022 年 12 月。

和提前 12 期的中国经济不确定性指数 $U(1)$、$U(3)$ 和 $U(12)$。不确定性理论模型如下：

变量 $y_{jt} \in Y_t$ 的未来 h 期不确定性 $\Gamma_{jt}^y(h)$ 可以表示为基于 t 期信息 I_t 预测的期望值 $E[y_{jt+h}|I_t]$ 与未来 h 期的真实值 y_{jt+h} 之间的条件偏离程度，即可以表示为：

$$\Gamma_{jt}^y(h) = \sqrt{E[(y_{jt+h} - E[y_{jt+h}|I_t])^2 | I_t]} \qquad (3-1)$$

其中，$E[\,\cdot\,|I_t]$ 表示基于 t 期信息 I_t 得到的条件期望值。如果将与宏观经济相关的总变量集合 Y_t 中所有变量使用一定的权重 w_j 进行加总，即得到宏观经济不确定性指数，可以表示为：

$$\Gamma_t^y(h) = p\lim_{N_y \to \infty} \sum_{j=1}^{N_y} w_j \Gamma_{jt}^y(h) \equiv E_w[\Gamma_{jt}^y(h)] \qquad (3-2)$$

通过主成分分析法对所有的条件波动率提取公共因子得到宏观经济不确定性指数，选取的货币政策有关变量 14 个，其他宏观方面的变量 31 个，一共 45 个变量，所选取的中国宏观经济变量详见表 3-2。

表 3-2　中国经济不确定性指数构建选用的中国宏观经济变量

维度	变量名称	计算方法及说明	简称
宏观经济	规模以上工业增加值	当期同比增速	VAI
	宏观经济景气指数：先行指数	当期同比增速	MI1
	宏观经济景气指数：一致指数	当期同比增速	MI2
	宏观经济景气指数：滞后指数	当期同比增速	MI3
	宏观经济景气指数：预警指数	当期同比增速	MI4
	采购经理指数：制造业	当期同比增速	PMI
	社会消费品零售总额	当期同比增速	SCR
	固定资产投资：累计	当期同比增速	FI
政府支出	全国一般公共预算收入	当期同比增速	GI
	全国一般公共预算支出	当期同比增速	GS

（续上表）

维度	变量名称	计算方法及说明	简称
货币政策	货币供应量	当期同比增速	M0
	货币供应量	当期同比增速	M1
	货币供应量	当期同比增速	M2
	存款准备金率	水平值	DRR
	再贴现利率	水平值	DIR
	贷款利率：1 年以内（含 1 年）	水平值	LR1 -
	贷款利率：1～5 年	水平值	LR1～5
	贷款利率：5 年以上	水平值	LR5 +
	存款利率：储蓄存款 1 年期	水平值	DR1
	存款利率：储蓄存款 2 年期	水平值	DR2
	存款利率：储蓄存款 3 年期	水平值	DR3
	银行间同业拆借利率：7 天加权平均	水平值	ILR7
	银行间同业拆借利率：1 个月加权平均	水平值	ILR1
	银行间同业拆借利率：3 个月加权平均	水平值	ILR3
价格水平	居民消费价格	当期同比增速	CPI
	商品零售价格指数	当期同比增速	RPI
	企业商品价格指数	当期同比增速	CGPI
	工业生产者出厂价格	当期同比增速	PPI
	农业生产资料价格指数	当期同比增速	API
汇率市场	人民币兑美元	水平值	PBC
	实际有效汇率	当期同比增速	BIS
证券市场	上证综指收益率	利用月度上证综合指数得到的收益率	R_SH
	深证综指收益率	利用月度深证综合指数得到的收益率	R_SZ
	上证综指波动率	由 GARCH（1，1）得到综指收益率的条件标准差	SVOL_SH

（续上表）

维度	变量名称	计算方法及说明	简称
证券市场	深证综指波动率	由 GARCH（1，1）得到综指收益率的条件标准差	SVOL_SZ
	上证综指换手率	日度换手率平均，得到月度换手率	TO_SH
	深证综指换手率	日度换手率平均，得到月度换手率	TO_SZ
债券市场	1 年期国债期限利差	1 年期国债收益率与 3 月期国债收益率之差	y3mTS1
	3 年期国债期限利差	3 年期国债收益率与 3 月期国债收益率之差	y3mTS3
	5 年期国债期限利差	5 年期国债收益率与 3 月期国债收益率之差	y3mTS5
	10 年期国债期限利差	10 年期国债收益率与 3 月期国债收益率之差	y3mTS10
	1 年期 3A 企业债期限利差	1 年期 3A 企业债收益率与 3 月期国债收益率之差	y3mCS1
	3 年期 3A 企业债期限利差	3 年期 3A 企业债收益率与 3 月期国债收益率之差	y3mCS3
	5 年期 3A 企业债期限利差	5 年期 3A 企业债收益率与 3 月期国债收益率之差	y3mCS5
	10 年期 3A 企业债期限利差	10 年期 3A 企业债收益率与 3 月期国债收益率之差	y3mCS10

二、 宏观经济不确定性的时序变化

根据式（3-2）计算得出中国经济不确定性指数 $U(1)$、$U(3)$ 和 $U(12)$ 如图 3-7 所示。从图 3-7 可见，2008 年美国次贷危机后，中国的宏观经济不确定性指数出现大幅上升，并在 2009 年下半年达到峰顶，随后逐渐回落。在 2014 年中、2015 年中、2018 年下半年、2019 年底至 2020 年初出现宏观经济不确定性明显提高的波段，中国经济不确定性指数反映出实际经济运行情况和预期的偏离程度。

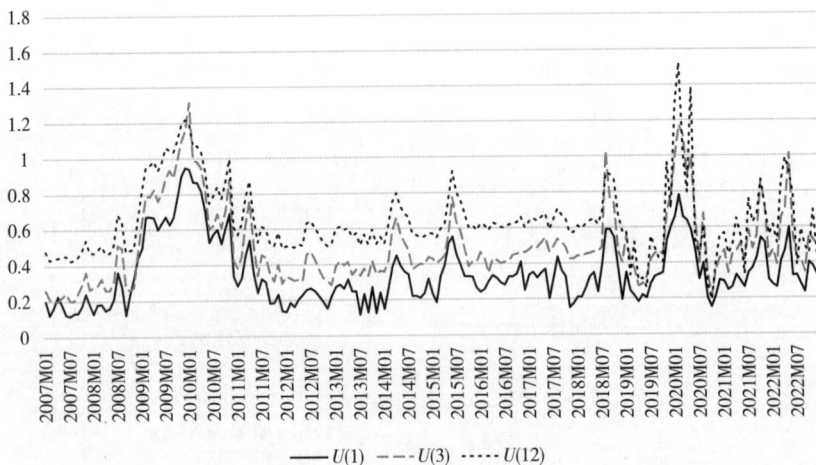

图 3 - 7　宏观经济不确定性指数的时序变化

除了整体层面的宏观经济不确定性外，由于许多冲击源自政策的变化，因此进一步使用斯坦福大学和芝加哥大学联合发布的月度中国经济政策不确定指数[1]衡量我国经济政策的不确定性，时序变化如图 3 - 8 所示。

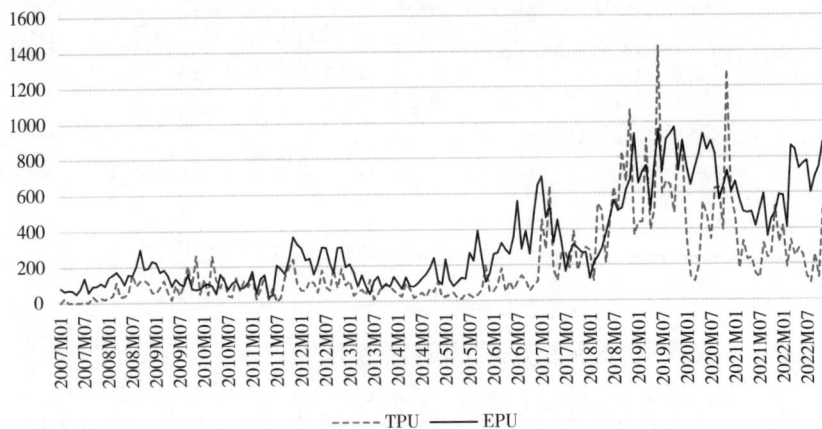

图 3 - 8　经济政策不确定性指数的时序变化

----

① 该指数以中国大陆的中文报纸《人民日报》和《光明日报》，与香港最大的英文报纸《南华早报》（South China Morning Post，SCMP）为分析对象，识别出报纸每月刊发的有关中国经济政策不确定性的文章，并将识别出的文章数量除以当月刊发的文章总数量，最终得到月度中国经济政策不确定指数。其中，TPU 指数是根据《人民日报》和《光明日报》的新闻报道计算而得，EPU 指数是根据《南华早报》的新闻报道计算而得。

从图 3-8 可见，中国的经济政策不确定性指数在 2015 年下半年至 2017 年下半年出现一个小型的波段，指数在 2017 年初达到峰值。从 2018 年上半年开始，中国的经济政策不确定性指数不断攀升，并在 2019 年和 2020 年几乎全年维持在高位，虽然在 2021 年初指数出现小幅回落，但自 2021 年起至 2022 年中，经济政策的不确定性程度又出现大幅升高的现象。

宏观的经济不确定性会被经济中的微观个体感知，从而影响其对未来经济的预期，进而改变投资与经营策略。参考聂辉华等（2020）构建的企业不确定性感知指数[①]，其用以衡量企业个体面临的经济政策不确定性程度。图 3-9 显示，样本期间企业感知的经济政策不确定性程度总体上不断提高，个别个体的不确定性感知程度大大高于其他企业，近年来这类个体感知的不确定性程度相对于总体出现更大幅度的增加。

上述典型事实与指数的时序变化均表明近年来外生冲击出现的频率变得更为密集，宏观经济的不确定性大大提高。

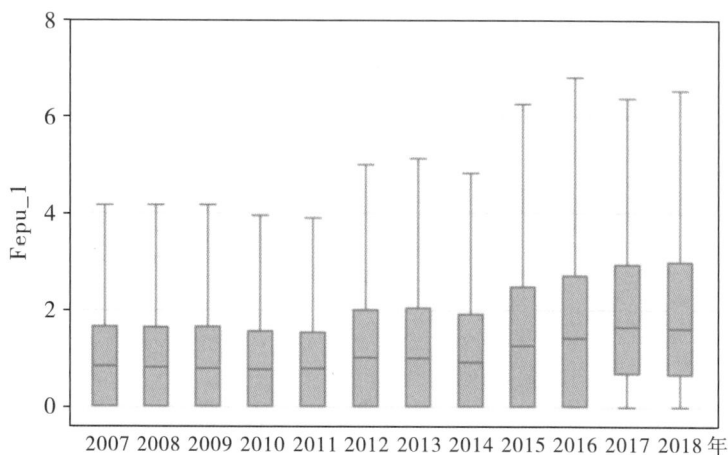

（a）

[①]　聂辉华等（2020）通过从上市公司披露的年报提取与经济政策不确定性相关的关键词，构建衡量企业个体面临的经济政策不确定性程度的指标。企业不确定性感知的指标构建方法有两种：一是 Fepu_1 =（不确定性句子数量/总句子数）×100；二是 Fepu_2 =（不确定性词语数/总词数）×100。

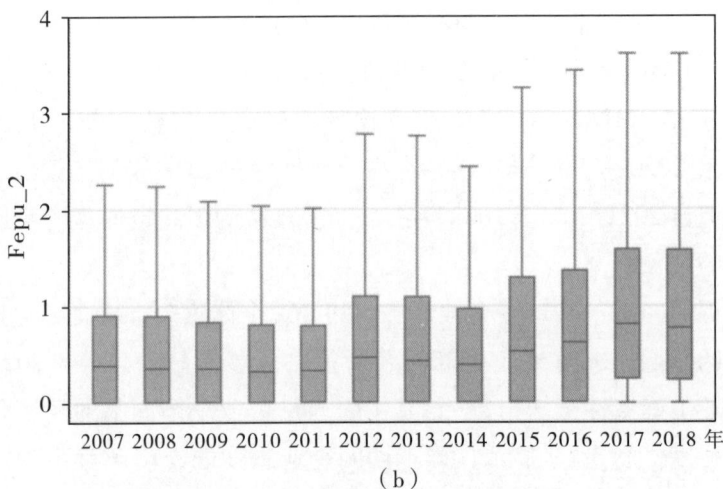

图 3 - 9　企业不确定性感知的时序变化

第三节　中国宏观调控政策的选择分析

不确定冲击的出现可能影响宏观经济运行的稳定性，因此政府部门需要有针对性地选择合适的宏观调控政策以尽可能地平抑经济的周期性波动，为实体经济运行创造稳定的宏观环境。2008 年由美国次贷危机引起的波及全球的金融危机严重冲击了我国宏观经济运行的稳定性，中国政府开始实施积极的财政政策和适度宽松的货币政策，宏观调控政策的取向出现较大转变。本节分别聚焦货币政策和财政政策，分析 2008 年至今中国宏观调控政策的选择。

一、　中国货币政策的选择分析

2008 年上半年，国内经济表现出扩张的趋势，货币政策存在趋紧的倾向，表现为货币供给量 M2 增速下降和存款准备金率提高。但是，随着美国次贷危机迅速蔓延造成全球金融危机，中国宏观经济遭受严重的外部冲击，为缓解经济下行压力，重振市场信心，中国开始实施宽松的货币政策。由图 3 - 10 可见，从 2008 年 11 月起我国的货币政策取向由紧缩转向宽松，具体表现为中央银行下调存款准备金率、广义货币投放增速大幅上升、银行同业拆借利率大幅下降。这一轮宽松周期持续至

2010 年 7 月，M2 同比增速在 2009 年 11 月达到最高点 29.7%，银行业 7 天同业拆借利率则在 2009 年 4 月达到最低点 0.99%。

自 2011 年起，我国逐渐退出宽松周期，开始施行稳健的货币政策，有几个具体表现：一是总体上严格控制货币供给量增速，由图 3 - 10 可见 2008—2022 年 M2 同比增速表现出逐渐下降的趋势，并从 2017 年下半年开始稳定在 10% 左右。与之相对应的是 M1 同比增速自 2018 年以来，除了 2021 年 1 月短暂高于 M2 同比增速外，其他时间段均明显低于 M2，反映出宏观流动性存在淤积的现象。

二是逐渐推进利率市场化改革，放松货币当局对利率的管制，进一步完善利率调控机制，相比于 2010 年中至 2015 年中，2015 年下半年以来的 7 天银行同业拆借利率的波动性大大下降，未出现如 2013 年 7 月的 7 天同业拆借利率飙升至 7% 以上的"钱荒"事件。

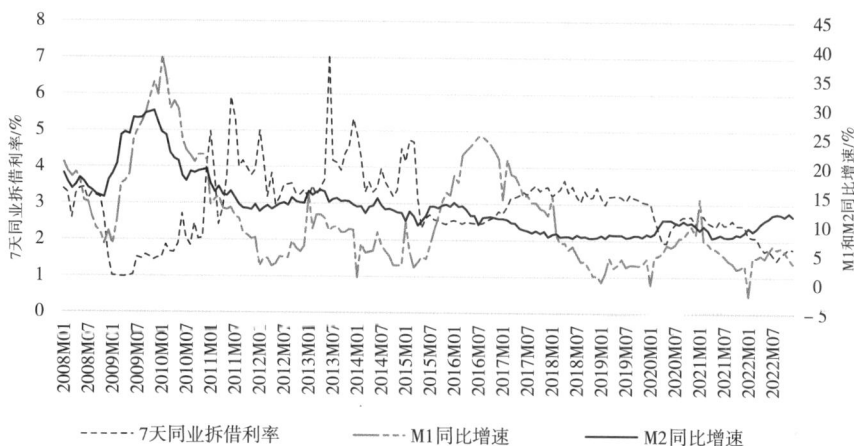

图 3 - 10　2008—2022 年我国 7 天同业拆借利率与 M2 同比增速走势
数据来源：中国人民银行官网。

三是减少使用存款准备金率这一传统货币政策工具。由图 3 - 11 可见，我国的存款准备金率在 2011 年 9 月达到最高点，大型金融机构的存款准备金率高达 21.5%，随后存款准备金率至今一直处于下降的走势，并在 2022 年底降至 11%。但是央行使用这一传统货币政策工具的态度十分慎重，操作频率较低，如 2012 年 6 月至 2015 年 1 月的 32 个月

内、2016 年 4 月至 2018 年 3 月的 24 个月内均未调整存款准备金率，即使是在 2020 年初应对疫情冲击时我国央行也未像发达国家货币当局一样大量释放流动性，这体现出货币政策调控的稳健性。

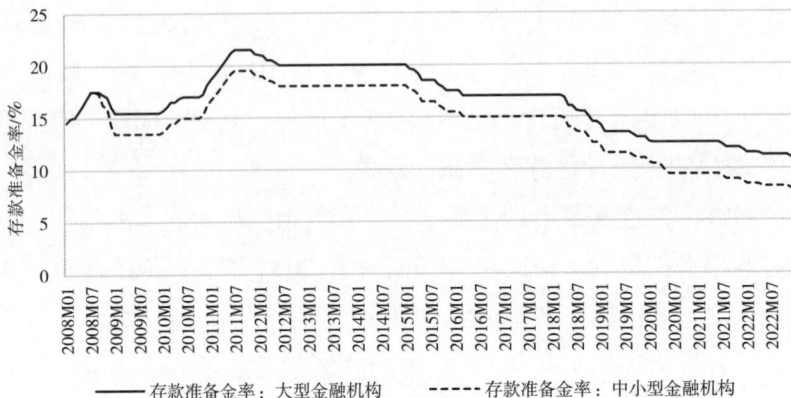

图 3 - 11   2008—2022 年我国存款准备金率变化

数据来源：中国人民银行官网。

四是创新性地拓展货币政策工具箱，统筹保障流动性合理适度。在传统货币政策框架下，中国人民银行实施货币政策的最终目标是经济增长、物价稳定、就业充分、国际收支平衡，央行在经济社会运行过程中发挥逆周期调节作用，常用的货币政策工具有全面降准、全面降息、再贷款、再贴现。2013 年以前，外汇占款是货币投放的主要渠道，央行被动管理流动性，频繁使用存款准备金率、公开市场操作、基准利率等全面性政策工具。例如，应对 2008 年次贷危机，央行 5 次降息、4 次降准；2011 年末开启 3 次降准、2 次降息，释放全面宽松信号。降准降息等全面性货币政策，直接影响货币供应量，对信贷有比较强的调控能力，但刺激力度较大，造成"大水漫灌"，无法管控资金流向，实体经济中最需要金融支持的部门并未获得足够的流动性支持。

自 2014 年起，由于外汇占款下滑，中国人民银行在宏观流动性调控方面逐步过渡到主动管理，并创设主动管理工具。为了应对外汇占款下滑对基础货币投放的冲击，央行掌握基础货币投放的主动权，创设了常备贷款便利（SLF）、中期借贷便利（MLF）、抵押补充贷款（PSL）、

定向中期借贷便利（TMLF）等，这些工具和无期限无成本的降准降息相比，期限较短且有成本，成为降准降息的重要补充。然而，新型工具也存在问题，一方面由于期限较短，且商业银行是被动接受，故不适合用于放贷，容易淤积在银行间市场；另一方面，因为公开市场交易商仅限于部分银行，所以容易造成流动性分层。

自 2020 年以来，央行的货币政策调控开始尝试从"逆周期"向"跨周期"转型，使用结构性工具对实体经济精准滴灌。"跨周期调节"最早是在 2020 年 730 政治局会议被提出的，相比于逆周期调节，跨周期着眼于结构性问题和中长期经济增长，从而对经济短期波动的容忍度有所提高，可尽量避免过早过快耗尽政策空间。具体到货币政策上，在总量层面采取稳货币的思路，以适度的货币增长支持经济高质量发展，兼顾稳增长和防风险。在结构层面，2020 年使用了 3000 亿元支小再贷款和碳减排支持工具两项直达实体经济的货币政策工具，根据银行支持相关领域的效果，定向给予鼓励政策，确保精准滴灌。中国人民银行现阶段的货币政策工具箱及其作用见表 3 - 3。

表 3 - 3　中国人民银行货币政策工具一览表

类型	货币政策工具	作用
传统型	公开市场操作（OMO）	弥补短期流动性缺口，关键时点的流动性缓冲垫
	存款准备金率	加强对实体经济的信贷支持力度
	再贷款、再贴现	调控货币信贷总量，引导资金流向和信贷投向
创新型	短期流动性调节工具（SLO）	调节市场短期资金供给，熨平临时性市场资金供求波动
	常备借贷便利（SLF）	满足中小金融机构短期流动性需求，探索利率走廊上限
	中期借贷便利（MLF）	弥补银行体系中长期流动性缺口，成为央行基础货币供给的重要渠道
	抵押补充贷款（PSL）	支持国民经济重点领域、薄弱环节和社会事业发展而对金融机构提供的期限较长的大额融资
	定向中期借贷便利（TMLF）	定向支持小微、民企等实体经济的信贷支持力度

（续上表）

类型	货币政策工具	作用
其他	MPA 考核	宏观审慎，逆周期调节作用，结构引导作用
	扩大合格担保品范围	定向支持小微、民企等实体经济的信贷支持力度
	央行票据互换工具（CBS）	支持商业银行补充资本金，保证流动性基础
	民营企业债券融资支持工具	定向支持民营企业债券融资
	碳减排支持工具	定向支持清洁能源、节能减排和碳减排技术

资料来源：根据中国人民银行官网的公开资料整理获得。

二、 中国财政政策的选择分析

2008 年的金融危机冲击导致中国经济面临较大的下行压力，外贸进出口增速大幅放缓使前一阶段经济增长的动能衰弱。自 2008 年下半年开始，中国开始实施积极的财政政策，总体上宽松的政策取向延续至今，具体表现为财政支出与财政收入的差距逐渐拉大，财政盈余由持平向赤字转变，且财政赤字占 GDP 的比例逐年走高，在 2020 年达到 6.19% 的相对高位（如图 3 - 12 所示）。同时，2008 年至 2022 年财政政策的调控又可分为三个阶段。

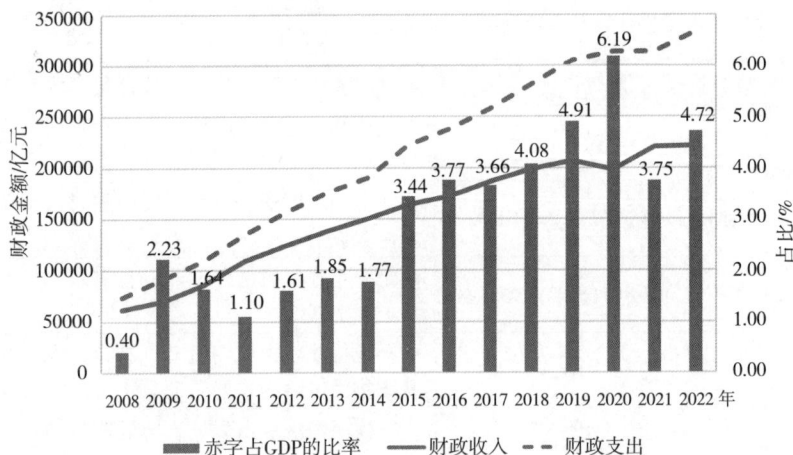

图 3 - 12 2008—2022 年我国财政收入、支出与赤字的时序变化

数据来源：国家统计局。

第一个阶段是 2008—2010 年，为应对金融危机，推动经济复苏所采取的扩张性财政政策。在这一阶段财政政策的重点是扩大内需以弥补外需的不足，实施一揽子救市计划向 10 个主要建设方向累计投资四万亿元，加快重大基础设施建设和保障性安居工程建设。

第二个阶段是 2011—2014 年，实施结构化紧缩的财政政策。由于前期以"四万亿元"救市计划为代表的积极财政政策在应对危机的同时也导致中国经济逐步过热并形成资产泡沫，我国为应对不断增加的通货膨胀压力，适度调整财政政策取向，控制赤字规模的增加，优化财政支出结构。

第三个阶段是 2015 年至 2022 年，在"新常态"下为应对经济下行压力而实施的扩张性财政政策，具体表现为财政赤字占 GDP 的比例逐年增加。在该阶段，中国政府不断扩大财政赤字规模，通过减税、扩大政府支出规模和加大地方性转移支付意图深入推进经济结构的持续优化，改善经济发展质量。

第四节　信贷市场状态变化与宏观经济波动的特征事实

经济周期的波动在很大程度上来源于不确定冲击的变化（Kydland & Prescott，1982），而宏观调控政策的目标在于减缓实体经济受不确定冲击的影响，维系实体经济运行的稳定。金融加速器理论认为，银行信贷审批时通常会将贷款的规模和贷款价格与企业的净资产或资产负债表其他项目联系起来。在不确定冲击出现时，企业产出的变化影响净财富价值，企业资产负债表和融资条件的变化影响企业外部信贷融资能力，进一步影响企业的产出。通过信贷市场的传导，冲击将被放大数倍。基于此，本节描绘并展示了信贷市场状态变化与宏观经济波动的特征事实。

图 3 - 13 展示了我国工业企业 2012—2021 年单位净值的同比变化率。相比于样本总体，私营企业的净值变化幅度明显更大，反映了私营部门抗风险能力较弱的事实。同时，波动幅度较大的 2014 年和 2018 年两个区间也分别对应宏观经济不确定性指数的波峰和波谷，说明不确定冲击确实影响了企业净值，并且对私营企业影响更大。

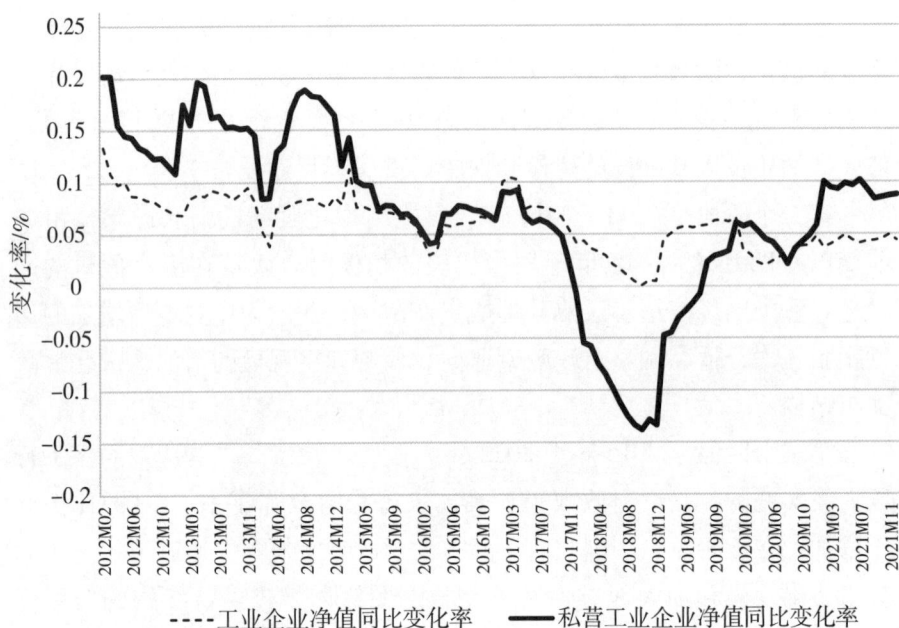

图 3 - 13 2012—2021 年我国工业企业净值的同比变化率

数据来源：国家统计局。

图 3 - 14 展现的是 2008—2021 年我国工业增加值同比增长率变化。图中可见，2012 年后我国工业增加值逐渐趋于平稳，表现出脱离 2008年次贷危机冲击及宏观调控刺激政策的影响，但工业增加值同比增长率缓慢下降，同比增长率由 2012 年至 2013 年的大约 10% 下降至 2015 年的大约 6%，并在之后的几年保持在相似的区间波动，经济进入新常态。2018 年下半年开始，工业增加值同比增长率的波动增大，该时期也和宏观不确定性指数的峰值对应。2020 年初，疫情冲击严重干扰了工业生产，工业增加值同比增长率骤降至零，反映了工业生产受重大风险冲击的影响。

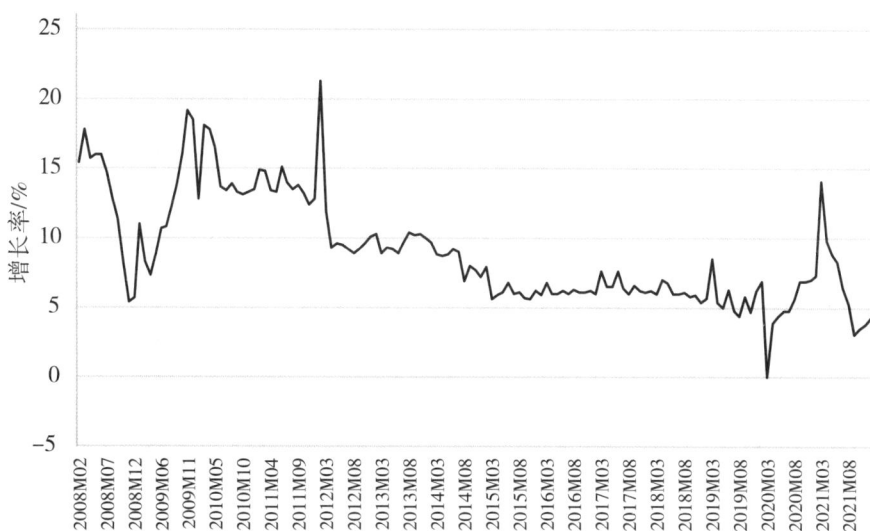

图 3 - 14 2008—2021 年我国工业增加值同比增长率

数据来源：国家统计局。

现代社会的发展使金融市场与经济系统的联系越发紧密，不确定冲击引起的信贷市场波动外溢推动宏观经济出现周期性更迭。通过使用 HP 滤波法从经过 Census X12 季节性调整后的季度 GDP 对数值和季度信贷增量对数值中剔除趋势项并提取周期性部分（经济周期 gdp_hp 和信贷周期 credit_hp），并将之放入同一坐标轴中，如图 3 - 15 所示。图中阴影部分区域为宏观经济不确定性指数较高的区间，基本对应了信贷市场的收缩时期，而经济周期也往往在稍微滞后的区间位置进入下行区域，说明经济系统中可能存在"不确定冲击→信贷市场收缩→经济下行"的传导路径，而这与经典的金融加速器理论的观点一致。

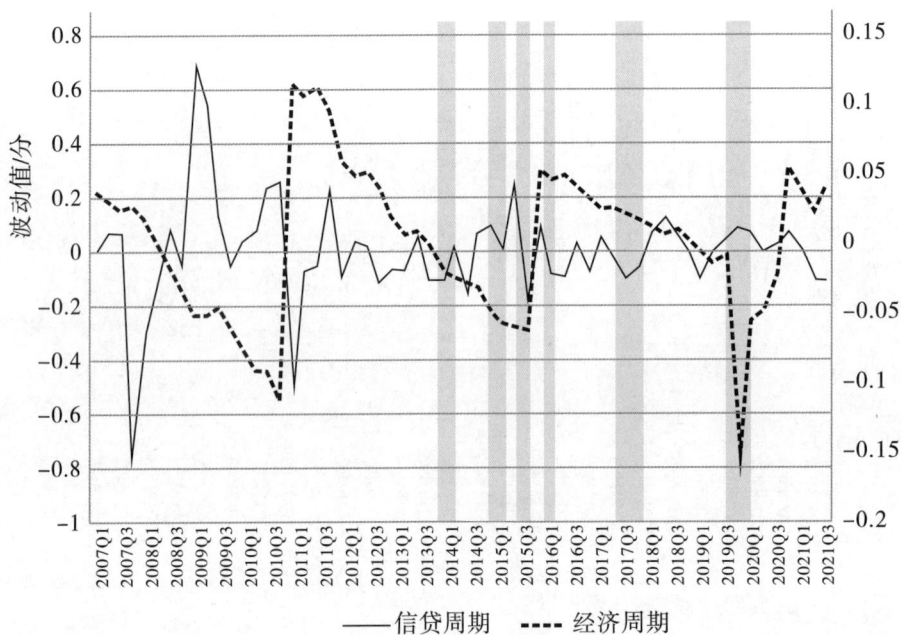

图 3 - 15　信贷周期与经济周期的时序变化

第四章　数字化转型对商业银行信贷配置行为的影响研究

商业银行数字化转型所产生的宏观经济效应存在一个向外扩散的过程，在上一章现实背景和经验事实分析的基础上，本章探讨数字化转型如何通过开源效应和节流效应影响商业银行信贷配置行为。

数字化转型首先影响了银行的信贷配置行为，而银行配置其信贷资源，本质上是对资产端信贷结构①的调整（刘莉亚等，2017）。商业银行业务经营的核心是信贷配置，通过甄别信贷申请人的信用，判断其还款概率，将稀缺的信贷资源配置给能够按时履行信贷合约义务的申请人。在中国以间接融资为主导的金融体系中，优质的信贷资源是实体经济健康发展的必要条件，但是在银行业信贷配置的顺周期偏好和信息不对称的约束下，信贷资源很难均衡地分配至实体经济中，尤其是信贷需求较高的中小企业，普遍被金融机构排斥在服务门槛之外，难以获得信贷资源。现实情况是预算软约束部门流动性淤积和预算硬约束部门融资难、融资贵的问题同时长期存在，经济系统中出现结构性失衡难以纠正的症结，传统银行的信贷资源大多要么流向了"不缺钱"的预算软约束部门的经济主体，要么流向了拥有硬性抵押物的房地产业，导致金融服务实体经济的成效较低，部分行业出现较为明显的资产泡沫，实体经济出现脱实向虚的倾向，系统性金融风险悄然累积。

民营企业、中小企业是经济系统的重要组成部分，是建设现代化经济体系、推动经济实现高质量发展的重要基础，是扩大就业、改善民生的重要支撑，是企业家精神的重要发源地，贡献了50%以上的税收，60%以上的GDP，70%以上的技术创新，80%以上的城镇劳动就业，90%以上的企业数量。这类经济主体的融资约束长期存在，与商业银行

---

① 信贷结构主要包括信贷的持有部门结构（个人零售贷款与公司贷款）、期限结构（中长期贷款与短期贷款）、信用结构（抵押贷款、质押贷款、担保贷款与信用贷款）。

投放信贷的"后向型"特征具有密切关系。银行根据企业的资产、盈利能力提供授信，而在不同行业以及不同经济周期中，企业的抵押品、担保能力和市场前景有所差异，导致银企之间存在信息不对称性。银行只能根据自身处理信息不对称性的能力提供不同特征的融资服务（Berger et al，2005；赵岳、谭之博，2012），很难按照企业的实际融资需求充分配置信贷，直接导致企业的融资困境。

数字技术的应用恰好能够大大缓解银企之间的信息不对称性，降低银行的信贷服务成本，商业银行通过数字化转型与不同部门实现信息共享互通，利用大数据、人工智能等技术降低信息获取成本，破除数据烟囱、信息孤岛和碎片化问题（游家兴等，2023），从而实现信贷的高效配置。总体而言，数字化转型对商业银行信贷配置行为主要产生两种效应：一是开源效应，数字技术的赋能提升了银行的信息甄别能力，拓展了银行信贷投放的潜在范围，使银行有更多的潜在客户可供配置信贷资源，这降低了银行对国有企业等大客户的依赖，同时也缓解了信贷合同中对抵押品的过度重视；二是节流效应，由于信息不对称的存在，传统银行往往需要投入大量的尽调成本以发掘小微借款人和缺乏抵押品的实体企业的信用资质以控制违约风险，而这部分长尾客群即使能够如约还款，单笔金融合同给银行带来的利润也较为有限，一般难以覆盖银行投入的调查成本，因此从商业的角度来看，向长尾客群放贷是不划算的生意。但数字化转型使银行在业务经营中得以大规模使用数字技术批量化地处理这部分客户的信用识别问题，使得传统模式下不划算的生意变得有利可图，因此银行愿意在商业的角度上增加面向普惠客群的信贷供给，这驱使银行调整信贷配置行为。

第一节　数字化转型的开源效应及其对信贷配置的影响研究

有别于商业银行传统的基于抵押品的信贷投放模式，数字化转型可以使银行得以利用借款人在不同类别数字生态场景自然沉淀的数字足迹作为信用识别的依据，开发新型的基于大数据的信贷投放模式，由此可

以降低借款人申请贷款时对抵押物的依赖。以大数据为依据的风控模型，可以为缺乏抵押品的小微企业提供无抵押的信用贷款，从而拓展银行服务的客户范围，形成开源效应，改变商业银行的信贷配置行为。

一、信贷市场博弈模型构建及参与者特征描述

假设信贷市场中存在四个类别风险中性的借款人：

借款人 A 有完善的经过标准审计的财务报表和十足的抵押品，商业模式成熟、业务和营业收入稳定，具有极强的信用资质。

借款人 B 具有良好的发展前景，但财务报表完善程度和抵押品数量弱于借款人 A，信用资质稍弱。

借款人 C 的财务报表更加不完善，抵押品数量也更少，因此信用资质更弱，但依旧有一定的发展潜力，通过信用识别机制的改变有可能显化其信用。

借款人 D 则完全不具备信用能力生成的条件。

同时，信贷市场还存在两类风险中性的放贷者：

放贷者甲是数字化转型程度较低的商业银行，由于尚未投入资源开发和应用数字技术，因此投放信贷的成本不包括数字化转型的费用，只需向储户支付无风险利率成本 $R_甲$。由于缺乏金融科技的赋能，放贷者甲只能通过分析借款人的财务报表、索要抵押品、现场尽职调查等传统手段获取借款人信息以评估其信用，解决逆向选择和道德风险问题。

放贷者乙是数字化转型程度较高的商业银行，这一类放贷者依托数字技术和数字场景获得关于借款人真实信息的大数据，通过机器学习算法等金融科技手段将这些大数据转换成对借款人信用资质的判断，从而作出是否放贷的决策。放贷者乙运用科技的手段缓解信息不对称，在审贷过程中对抵押品和传统财务报表的依赖较低。由于数字化转型的推进需要资源投入，放贷者乙支付了前期数字技术开发的费用，因此投放信贷的成本较高，需要支付的资金成本为 $R_乙$，且 $R_乙 > R_甲$。

现实中借款人 A、B、C 和 D 两两之间的界限较为模糊。假设信贷市场存在 N 个风险中性的借款者，用集合 $\mathbf{N} \equiv \{1, 2, \cdots, N\}$ 表示，$i(n) \in \{h, l\}$ 表示借款人 $n \in \mathbf{N}$ 的真实信用质量，是借款人的私人信息。其中，高信用为 h（还款概率为 1），低信用为 l（还款概率为 0）。

信用质量的分布函数是公共信息，设 $P(i(n)=h)=q(n)$，则 $P(i(n)=l)=1-q(n)$。$q(n)$ 越低，信息不对称程度越严重，银行面临风险越高。公共信息 $q(n)$ 是商业银行识别借款人类型的基础依据，来自以往经验和对经营状况的基础判断，借款人 A 是高信用质量的概率大于借款人 B，而借款人 B 是高信用质量的概率又大于借款人 C，以此类推。将借款人依据 $q(n)$ 升序排列，此时 n 表示借款者在集合 $\mathbf{N}$ 中关于 $q(n)$ 的排名。在信贷市场中存在三个分界点 $\{n_a, n_b, n_c\} \in (0, N)$，其中，$n_a > n_b > n_c$，即排序在 n_a 之上的借款人归入 A 类，排序介于 (n_b, n_a) 的借款人归入 B 类，介于 (n_c, n_b) 的归入 C 类，在 n_c 之后的归入 D 类。具体分类如图 4 – 1 所示。

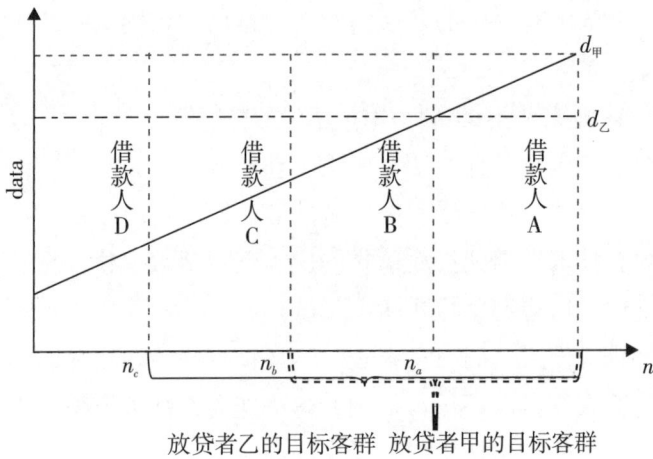

图 4 – 1　博弈模型中的借款人和放贷者分类

数据由借款人外生活动产生，被放贷者用于更精确地识别真实信用。假设所有借款人均拥有财务报表和可作为抵押品的资产供传统银行审贷使用，其差别仅在于报表的完善度与资产数量的多寡，因此将关于报表的完善度与资产数量多寡的信息归结为借款人所拥有的可供一般商业银行授信审核使用的传统数据（$d_{甲}$）。同时，所有借款人的日常经营和行为活动均可以沉淀"数字痕迹"。在实践中，传统银行对经营稳定、收入持续的借款者［高 $q(n)$］往往积累较多的财务数据，如收入记录、还款记录、资产数量等，所以可以更精确地评估识别其信用类

型，但农户、中小企业这类借款者（即借款人 C 和 D）积累的传统数据较少（Philippon，2019），即有 $\dfrac{\partial d_甲}{\partial q(n)} > 0$，因此在图 4－1 中的坐标轴上 $d_甲$ 线的斜率为正。随着数字设备的普及，几乎每个借款人都融入了数字经济，参与了各种线上活动，如网络检索、线上购物等，农户、中小企业也可能被电商平台采集了经营记录和网销数据，因此具有新数据源的另类数据覆盖了更广的借款者，这些另类数据可以被具有技术优势的放贷者乙所搜集和分析。基于此，设定 $d_甲(n) = F(q(n))$ 且 $F'(q(n)) \geqslant 0$，$d_乙(n) = d_乙$，即传统数据 $d_甲(n)$ 与 $q(n)$ 呈正相关，而"数字痕迹"等另类数据独立于 $q(n)$。信用资质好的借款人具有更多传统数据，而所有借款人均具有丰富的另类数据。传统数据和另类数据记录的借款人行为有很大区别，因此假设 $d_甲(n)$ 和 $d_乙(n)$ 相互独立。

在信贷市场中，借款人 A 是所有商业银行争抢的优质客户，其融资需求很容易以较低的利率被满足，因此无须通过向放贷者乙提供"数字痕迹"获得贷款。借款人 B 的融资需求也能够部分地在传统信贷体系下得到满足，但获得贷款条件相比于借款人 A 更苛刻，通过科技手段，借款人 B 的真实信用资质较易被识别，因此其信贷需求相对容易在两类放贷者甲和乙处得到满足。借款人 C 和 D 由于财务报表和抵押品数量等传统数据未能达到放贷者甲的服务门槛，因此被无差别地排斥于传统金融体系之外，但在金融科技赋能下，放贷者乙可以利用数字科技手段挖掘"数字痕迹"，将真实信用资质相对较好的借款人 C 甄别出来并满足其信贷需求。因此，放贷者乙对于放贷者甲在信贷市场中的角色在服务借款人 C 方面起到补充作用，在服务借款人 B 方面起到替代作用。由于数字化转型的推进，放贷者乙得以向放贷者甲无法服务的对象借款人 C 配置信贷，因此数字化转型在银行信贷配置过程中发挥了"开源效应"。

二、参与者行为描述

借款人开展的生产经营活动需要投入资本 K，但自有资金只有 N，差额部分 $B = K - N$ 需要向放贷者申请贷款补足。借款人首先向放贷者甲申请贷款，放贷者甲基于传统数据进行信用评估并作出是否放贷的决

策。若放贷者甲拒贷，借款人再向放贷者乙申请贷款，放贷者乙基于另类数据进行信用评估并作出是否放贷的决策。两类放贷者的信用评估结果 $s_j(n) \in \{h, l\}$ 是独立的私人信号，脚标 $j \in \{$ 甲，乙 $\}$，可以用如下条件概率描述：

$$P(s_j(n) = h \mid i(n) = h) = P(s_j(n) = l \mid i(n) = l) = \phi_j(n) \quad (4-1)$$
$$P(s_j(n) = l \mid i(n) = h) = P(s_j(n) = h \mid i(n) = l) = 1 - \phi_j(n) \quad (4-2)$$

其中，对于真实信用为 $i(n)$ 的借款者 n，放贷者 j 通过分析数据进行信用评估将其判定为 $s_j(n)$ 的概率为 $P(s_j(n) \mid i(n))$。当 $s_j(n) = i(n)$ 时，分析结果准确。因此 $\phi_j(n)$ 可以理解为放贷者 j 信用评估的准确程度。

假设数据越多，信用评估的准确度越高。两类放贷者信用评估的准确度 $\phi_j(n)$ 与其能够获得的数据量 $d_j(n)$ 呈正相关且连续，即 $\phi_j(n) = \phi(d_j(n)), \phi'(d_j(n)) > 0$。同时，放贷者从数据分析中能获得有用的信息，否则放贷者不会采用数据分析辅助判断借款人信用，而仅会利用公共信息 $q(n)$，因此 $\phi_j(n) > \dfrac{1}{2}$。两类放贷者给出的贷款利率报价为 $r_j(n) \in (0, \bar{r}]$，其中 $\bar{r}$ 为外生的最高利率限制（如禁止高利贷），最高利率满足：

$$q(N)(1 + \bar{r}) \leqslant 1 + R_j \quad (4-3)$$

其中，式（4-3）左侧为放贷者仅依据公共信息为贷款风险最小（即信用最好）的借款者 N 放贷的期望收益率，右侧为资金成本。这使得放贷者必须依据数据来分析借款者的真实信用，仅依据公共信息 $q(n)$ 无法实现获利。由于 $q(n) \leqslant q(N)$ 对任意 $n \in N$ 成立，当上式成立时，$q(n)(1 + \bar{r}) \leqslant 1 + R_j$ 对任意 $n \in N$ 也成立。

三、 博弈模型的均衡分析

基于贝叶斯公式，当放贷者对借款人的信用评估为低信用 $[s_j(n) = l]$

时，放出的贷款能收回来的概率为：

$$P(i(n)=h \mid s_j(n)=l) = \frac{(1-\phi_j(n))q(n)}{\phi_j(n)(1-q(n))+(1-\phi_j(n))q(n)} \qquad (4-4)$$

由 $\phi_j(n) > \frac{1}{2}$ 和 $q(n)(1+\bar{r}) \leqslant 1+R_j$ 两个假设条件，可得：

$$\frac{(1-\phi_j(n))}{\phi_j(n)(1-q(n))+(1-\phi_j(n))q(n)} < 1 \qquad (4-5)$$

因此，放贷者以最高利率向信用评估为低信用的借款人放贷获得的期望收益率与资金成本的关系为：

$$\begin{aligned} &P(i(n)=h \mid s_j(n)=l)(1+\bar{r}) \\ &= \frac{(1-\phi_j(n))q(n)(1+\bar{r})}{\phi_j(n)(1-q(n))+(1-\phi_j(n))q(n)} \leqslant 1+R_j \end{aligned} \qquad (4-6)$$

可见，放贷者即使以最高利率向信用评估结果为低信用的借款人放贷，获得的期望收益也小于资金成本，因此信用评估结果为低信用的借款人无法获得贷款。

同理，当放贷者对借款人的信用评估为高信用 $[s_j(n)=h]$ 时，放出的贷款能收回来的概率为：

$$\begin{aligned} &P(i(n)=h \mid s_j(n)=h) \\ &= \frac{\phi_j(n)q(n)}{\phi_j(n)q(n)+(1-\phi_j(n))(1-q(n))} \end{aligned} \qquad (4-7)$$

可得放贷者以利率 $r_j(n)$ 向信用评估为高信用的借款人放贷获得的期望收益率为：

$$P(i(n) = h \mid s_j(n) = h)(1 + r_j(n))$$

$$= \frac{\phi_j(n)q(n)(1 + r_j(n))}{\phi_j(n)q(n) + (1 - \phi_j(n))(1 - q(n))} \quad\quad (4-8)$$

放贷者只有在放款后的期望收益超过资金成本时才会向借款人放出贷款。即有 $\dfrac{\phi_j(n)q(n)(1 + r_j(n))}{\phi_j(n)q(n) + (1 - \phi_j(n))(1 - q(n))} \geq 1 + R_j$。由于 $\dfrac{\phi_j(n)}{\phi_j(n)q(n) + (1 - \phi_j(n))(1 - q(n))} > 1$，可得当 $r_j(n) \geq R_j + \dfrac{(1 + R_j)(1 - \phi_j(n))(1 - q(n))}{\phi_j(n)q(n)}$ 时，借款人才能获得贷款。其中，$\dfrac{(1 + R_j)(1 - \phi_j(n))(1 - q(n))}{\phi_j(n)q(n)}$ 为放贷者所要求的最低风险溢价，公共信息 $q(n)$ 越大，数据分析的准确度 $\phi_j(n)$ 越高，放贷者所要求的最低风险溢价越小。

由于放贷者甲在信贷市场的长期经营中搭建了较为完善的渠道和业务框架，服务的客群主要集中在 A 类和 B 类借款人[①]，缺乏应用数字技术拓展普惠客群的动力，且因为未支付数字化转型的费用，资金成本较低，因此借款人优先向放贷者甲申请贷款。甲根据对传统数据 $d_甲(n)$ 的分析结合公共信息 $q(n)$ 对借款人进行信用评估，若评估结果为高信用便批准借款人的贷款申请，若结果为低信用则拒绝申请。被拒绝的借款人转而向放贷者乙提出贷款申请，由于放贷者乙缺乏吸引 A 类和 B 类的借款人作为稳定客群的优势，因此具有较强的动力推进数字化转型开发数字技术以识别 C 类借款人的信用，因此可以根据对另类数据 $d_乙(n)$ 的分析结合公共信息 $q(n)$ 对借款人进行信用评估，若评估结果为高信用便批准借款人的贷款申请，若结果为低信用则拒绝申请。贷款合约到期后，真实情况为高信用的借款人如约还款，放贷者

---

① 林毅夫和李永军（2001）认为，不同的金融机构给不同规模的企业提供金融服务的成本和效率是不一样的，大银行适合服务于大企业，中小银行适合服务于中小企业。由于数字技术在信贷配置领域的应用更擅长处理大批量的小规模借款人的信用识别问题，而大客户的信用识别对数字技术的依赖程度相对较低，因此假设放贷者甲是渠道和业务框架较为完善、资金成本较低的大型银行，这些银行虽然有推进数字化转型，但将数字技术应用于信贷投放过程的动力不足。

回收本金和利息，低信用的借款人则将违约，放贷者损失本金和资金成本。博弈时序图与每种博弈结果放贷者的收益如图4-2所示。

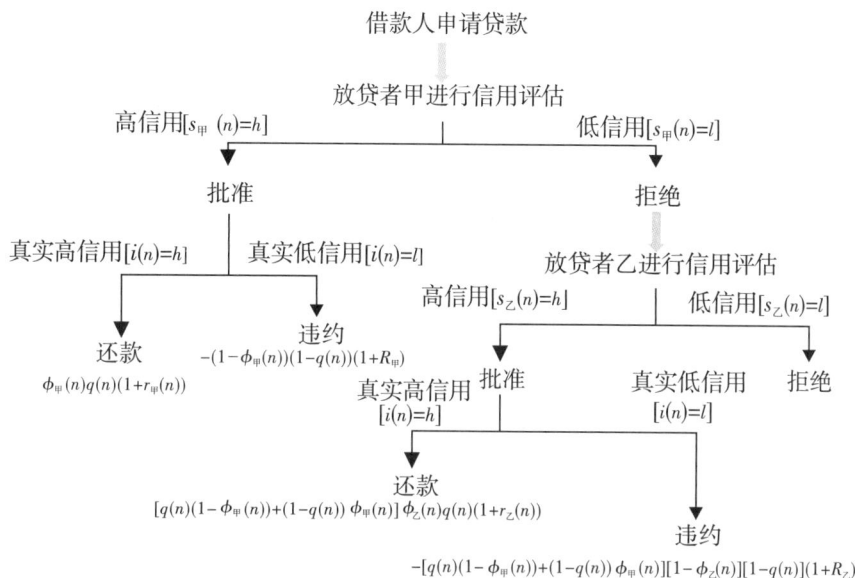

图4-2 借款人与放贷者的博弈时序

如图4-2所示，博弈将出现五种结果：

第一种结果：放贷者甲批准贷款，借款人还款，放贷者甲获得收益：

$$P(s_{甲}(n)=h)P(i(n)=h \mid s_{甲}(n)=h)(1+r_{甲}(n))$$
$$=\phi_{甲}(n)q(n)(1+r_{甲}(n))$$

第二种结果：放贷者甲批准贷款，借款人违约，放贷者甲获得收益：

$$P(s_{甲}(n)=h)P(i(n)=l \mid s_{甲}(n)=h)[-(1+R_{甲})]$$
$$=-(1-\phi_{甲}(n))(1-q(n))(1+R_{甲})$$

第三种结果：放贷者甲拒绝贷款，借款人转向放贷者乙寻求贷款，放贷者乙批准贷款，借款人如约还款，放贷者乙获得收益：

$$P(s_甲(n)=l)P(s_乙(n)=h)P(i(n)=h\,|\,s_乙(n)=h)(1+r_乙(n))$$
$$=[q(n)(1-\phi_甲(n))+(1-q(n))\phi_甲(n)]\phi_乙(n)q(n)(1+r_乙(n))$$

第四种结果：放贷者甲拒绝贷款，借款人转向放贷者乙寻求贷款，放贷者乙批准贷款，借款人违约，放贷者乙获得收益：

$$P(s_甲(n)=l)P(s_乙(n)=h)P(i(n)=l\,|\,s_乙(n)=h)[-(1+R_乙)]$$
$$=-[q(n)(1-\phi_甲(n))+(1-q(n))\phi_甲(n)][1-\phi_乙(n)][1-q(n)](1+R_乙)$$

第五种结果：放贷者甲拒绝贷款，借款人转向放贷者乙寻求贷款，放贷者乙也拒绝贷款，放贷者甲和放贷者乙获得的收益均为0。

基于此可以得到放贷者甲的期望收益为：

$$\pi_甲(n)=\phi_甲(n)q(n)(1+r_甲(n))-(1-\phi_甲(n))(1-q(n))(1+R_甲)$$

$$(4-9)$$

同理，放贷者乙的期望收益为：

$$\pi_乙(n)=[q(n)(1-\phi_甲(n))+(1-q(n))\phi_甲(n)]\times$$
$$\{\phi_乙(n)q(n)(1+r_乙(n))-[1-\phi_乙(n)][1-q(n)](1+R_乙)\}$$

$$(4-10)$$

因为 $\pi_甲(n)<\pi_乙(n)$，可知数字化转型形成的开源效应不但拓展了商业银行服务的客群规模，还可以通过优化银行信贷配置为商业银行带来新的利润增长点。

第二节　数字化转型的节流效应及其
对信贷配置的影响研究

　　由于信息不对称的存在，传统银行往往需要投入大量的尽调成本以发掘小微借款人和缺乏抵押品的实体企业的信用资质以控制违约风险，而这部分长尾客群即使能够如约还款，单笔金融合同给银行带来的利润也较为有限，一般难以覆盖银行投入的调查成本，因此从商业的角度来看，向长尾普惠客群放贷是不划算的生意。商业银行基于成本与收益的权衡不愿意向小规模借款人和实体部门放贷，信贷资源流向了有政府信用背书的预算软约束部门和具有大量硬性抵押物的房地产行业，并在传统银行信贷配置模式下青睐的优质客户群形成流动性淤积。

　　数字化转型使商业银行可以借助新型数字技术以低成本收集、存储和加工多维度的客户数据，扩大信贷市场信息共享的范围。丰富的多维度信息集可以降低商业银行筛选和监控的成本，使银行有能力及时约束借款人可能存在的有道德风险的行为，降低信贷风险（Sutherland，2018）。基于机器学习算法等新型数字技术对借款人信用风险的准确预测能力，商业银行能够更精准、更高效地搜寻潜在的合格客户，缩短产品开发周期，并提供更精细化、更便捷的金融产品（Herzenstein et al，2011）。银行通过提升金融科技的应用水平，建立批量化服务小微企业的数字金融场景和信用评估模型，强化对各类数据的整合和处理，有助于获得传统上无法沉淀和使用的细节信息，更容易甄别小微企业的信贷需求，控制信贷供给过程中的成本（王馨，2015；Livshits et al，2014）。数字化转型一方面促使银行管理结构更加扁平化，降低银行垂直管理体系下的管理费用，增加银行可贷资金；另一方面使银行得以突破在传统信贷配置模式下对物理网点的依赖，利用无人化和智能化设备逐渐降低对人工服务的依赖，并采用金融科技手段进行高效的信用评级，减少信贷评估成本、信息获取成本与人力服务成本，形成"节流效应"，使银行在业务经营中得以用成本可控的方式大规模使用数字技术批量化地处理普惠客群的信用识别问题，这有助于使在传统模式下不划算的生意变得有利可图，增加对实体经济、小规模借款人的信贷投

放，由此改善银行的信贷配置结构。

一、 理论模型构建

为了研究银行数字化转型对信贷供给的影响，本书根据微观银行经济学理论框架，将银行数字化转型引入 Freixas 和 Rochet（2009）的模型框架中，在此基础上进行改进和拓展，分析银行数字化转型对信贷供给的影响。模型的前提假定如下：

假设商业银行为追求利润最大化将可用资金全部用于发放贷款，由于本书重点关注银行的信贷配置，因此不考虑银行的其他证券投资行为，资产仅包括准备金 R 和贷款 L，银行的负债为存款 D，自有资本为 K，银行的资产负债恒等式可简化为 $L + R = D + K$，银行按照法定存款准备金率 e（$0 < e < 1$）缴纳法定存款准备金，假定银行不持有超额准备金，且准备金不付息，则 $R = eD$。银行的贷款利率为 r_L，存款利率为 r_D，资本回报率为 r_K。参考顾海峰和杨立翔（2018）的做法，假定银行的日常经营中仅存在贷款业务相关的成本，且贷款规模越大，成本越高，依据成本函数的严格凸性与二阶连续可导特征，将管理成本函数设定为：$C = (\sigma/2)L^2$，σ 为边际成本管理系数，边际成本管理系数是银行数字化转型 DT 的减函数，有 $\sigma = \sigma(DT)$，数字化转型可以提高银行的经营成本效率，从而降低成本管理系数，因此有 $\frac{\partial \sigma}{\partial DT} < 0$。

二、 数字化转型的节流效应对银行信贷供给规模的影响

按照银行资产负债恒等式得出 $K = L + R - D = L + (e - 1)D$，单个银行的利润决策和约束条件如下：

$$\text{Max}\pi = r_L L - r_D D - r_k K - C \qquad (4-11)$$

$$\text{s. t.} \begin{cases} L + R = D + K, R = eD, 0 < e < 1 \\ C = (\sigma/2)L^2, \sigma = \sigma(DT), \frac{\partial \sigma}{\partial DT} < 0 \end{cases} \qquad (4-12)$$

根据约束条件可以得到利润函数为：

$$\text{Max}\pi = r_L L - r_D D - r_k [L + (e-1)D] - (\sigma/2)L^2 \qquad (4-13)$$

银行利润最大化条件下将利润 π 对贷款 L 求一阶偏导，得到银行最优贷款函数：

$$\frac{\partial \pi}{\partial L} = r_L - r_k - \sigma L = 0 \qquad (4-14)$$

$$L = \frac{r_L - r_K}{\sigma} = \frac{r_L - r_K}{\sigma(DT)} \qquad (4-15)$$

为了检验银行数字化转型对贷款供给的影响，将贷款 L 对数字化转型求一阶偏导得到：

$$\frac{\partial L}{\partial DT} = \frac{r_L - r_K}{\sigma^2} \frac{\partial \sigma}{\partial DT} \qquad (4-16)$$

由于银行数字化转型是边际成本管理系数的减函数，有 $\frac{\partial \sigma}{\partial DT} < 0$，同时银行的贷款利率大于资本回报率，$r_L - r_K > 0$，因此 $\frac{\partial L}{\partial DT} < 0$，银行贷款供给是数字化转型的增函数，随着银行数字化转型水平的提升，银行贷款的供给越大。就此而论，银行数字化转型能够降低经营成本费用，促进信贷总供给的增加。

三、 数字化转型的节流效应对银行信贷供给结构的影响

商业银行信贷配置的方向包括实体经济和非实体经济两部分，设实体经济贷款占银行投放的信贷比例为 θ，非实体经济贷款的比例则为 $1-\theta$，实体经济企业的贷款利率为 R_S，非实体经济企业的贷款利率为 R_F，银行总体贷款的利率为 R_L。出于简化分析考虑，假设商业银行是追求利润最大化的金融企业，经营的业务仅有吸收存款和发放贷款，本章分析不涉及银行中间业务和其他证券投资行为，银行的资产仅包括发放的信贷 L，银行的负债是存款 D，自有资本是 K，因此简化的商业银

行资产负债恒等式为：

$$L = D + K \qquad (4-17)$$

假设银行向储户支付的存款利率为 r_D，资本回报率即自有资本的机会成本为 r_K，银行的管理成本为 C，由此可得商业银行的利润函数表达式为：

$$\text{Max}\pi = R_S\theta L + R_F(1-\theta)L - r_D D - r_K K - C \qquad (4-18)$$

根据约束条件可以得到利润函数为：

$$\text{Max}\pi = R_S\theta L + R_F(1-\theta)L - r_D D - r_K[L+(e-1)D] - (\sigma/2)L^2 \qquad (4-19)$$

银行利润最大化条件下将利润 π 对贷款 L 求一阶偏导，得到：

$$\frac{\partial \pi}{\partial L} = R_S\theta + R_F(1-\theta) - r_K - \sigma L \qquad (4-20)$$

整理可得出实体行业贷款的占比为：

$$\theta = \frac{\sigma L + r_k - R_F}{R_S - R_F} \qquad (4-21)$$

根据上式可得出：

$$\theta = \frac{R_L - R_F}{R_S - R_F} \qquad (4-22)$$

由上可见在银行信贷配置的行业结构中，实体行业贷款的占比主要

由银行总贷款的利率与金融业贷款的利率差比实体行业的贷款利率与金融业贷款的贷款利率差影响。文本进一步参考 Boot 和 Thakor（2000）的贷款定价模型，在模型中引入银行数字化转型，银行的贷款定价主要由无风险利率、信息生产成本和信息租金三个部分构成，由于本书分析同一家银行对不同贷款客户的贷款利率，各个贷款客户对同一家银行的信息租金相同，则银行的贷款利率、实体业贷款利率、金融业贷款利率分别为：

$$R_L = r_f + TC_L + R(q,\rho) \tag{4-23}$$
$$R_S = r_f + TC_S + R(q,\rho) \tag{4-24}$$
$$R_F = r_f + TC_F + R(q,\rho) \tag{4-25}$$

其中，r_f 为无风险利率，TC_i 为信息生产成本，$R(q,\rho)$ 为信息租金，q 为贷款业务遇到竞争者的概率，ρ 为贷款客户软信息所占的比例，有 $0<\rho<1$。参考鲁丹和肖华荣（2008）的研究，银行贷款可根据不同信息生产技术分为交易型贷款和关系型贷款，交易型贷款主要由贷款申请人的财务报表等可量化的"硬信息"决定，硬信息多为财务报表、抵押担保和信用评分等定量的数据形式；关系型贷款则是由银行和申请人之间长期多渠道的接触和积累产生的"软信息"决定，软信息多为非结构化的数据形式。银行的信息生产成本由硬信息生产成本和软信息生产成本构成，银行总贷款、实体业贷款和金融业贷款的信息生产成本分别为：

$$TC_L = (1-\rho)C_L + \rho f_L(\rho,DT) \tag{4-26}$$
$$TC_S = (1-\rho)C_S + \rho f_S(\rho,DT) \tag{4-27}$$
$$TC_F = (1-\rho)C_F + \rho f_F(\rho,DT) \tag{4-28}$$

将式（4-23）至（4-28）代入到式（4-22）中，得到：

$$\theta = \frac{(1-\rho)(C_L-C_F)+\rho[f_L(\rho,DT)-f_F(\rho,DT)]}{(1-\rho)(C_S-C_F)+\rho[f_S(\rho,DT)-f_F(\rho,DT)]} \tag{4-29}$$

其中，$f_i(\rho, DT)$ 是银行在不同贷款客户中的软信息生产成本函数，软信息生产成本主要由银行获取的软信息程度 ρ 和数字化转型的水平决定，ρ 反映的是银行与企业之间的信息不对称性，银行通过数字化转型提高了信息甄别能力，能够获取企业更多软信息，缓解银行与企业的信息不对称性，从而降低银行对企业的软信息生产成本。对于金融业贷款客户来说，银行与金融机构经常保持着频繁的接触，因此银行对金融业贷款客户的软信息生产成本较小，对硬信息依赖程度较低；而对于实体业贷款客户来说，银行不了解实体企业的信誉、经营状况等信息，对实体企业的软信息生产成本较大，对硬信息依赖程度较高。因此实体业贷款的软信息生产成本高于金融业贷款，银行数字化转型后，利用大数据等技术对用户大量数据进行归纳分析，从中提取核心信息，使软信息有效"硬化"，降低信息处理难度，增强银行的信息甄别能力，从而降低软信息生产成本。尤其对于实体业贷款客户来说，银行能够通过大数据优势获取更多的软信息，从而大幅度降低实体业贷款软信息生产成本。由于银行与金融机构之间联系密切，银行本身掌握较多的金融机构软信息，数字化转型对金融业贷款客户的软信息成本降低较少，因此数字化转型对实体业贷款软信息生产成本的边际效应大于对金融业贷款软信息成本的边际效应，则有：

$$\frac{\partial[f_L(\rho,DT)-f_F(\rho,DT)]}{\partial DT} > \frac{\partial[f_S(\rho,DT)-f_F(\rho,DT)]}{\partial DT} \quad (4-30)$$

由此可得 $\frac{\partial\theta}{\partial DT} > 0$，即：实体贷款占比是数字化转型的增函数，随着银行数字化转型水平的提升，银行投向实体业贷款的占比越大。

第三节　本章小结

本章探讨了数字化转型如何通过降本增效，发挥开源效应和节流效应影响商业银行的信贷配置行为。

就开源效应而言，数字化转型有助于增强银行的信息搜集和处理能

力，识别更多实体企业的信贷需求，使银行获得更为可靠、全面的企业信息，精准评估企业风险，提升贷款审批效率，并能利用大数据等技术对大量数据进行归纳分析，从中提取核心信息，使软信息有效"硬化"，降低信息处理难度，从而显著增强银行信息甄别能力，有效降低银行对于发放信用贷款风险的担忧。这不仅提升了银行的贷款投放意愿，也增强了企业的贷款需求，显著增强银行信息甄别能力，缓解银行与企业之间的信息不对称性。

就节流效应而言，数字化转型打破银行在传统信贷配置时对物理网点和人力成本的依赖，开展电子银行等大量线上业务替代传统线下业务，利用无人化和智能化设备取代人工服务，采用信息技术高效进行信用评级，减少信贷评估成本、信息获取成本与人力服务成本。数字化转型促使银行管理层更加扁平化，降低银行垂直管理体系下的管理费用，增加银行可贷资金，尤其是通过大幅降低实体业的信贷服务成本，从而促进银行信贷向实体行业的投放，推动信贷配置"脱虚向实"，改善银行的信贷配置结构。

第五章　商业银行数字化转型对银行信贷抵押路径影响的实证研究

　　信贷抵押路径是不确定冲击通过信贷市场中的资金供给端，影响信用关系构建过程中的银行重点关注的企业资产负债表、抵押物价值等因素，进而影响银行信贷配置决策，最终作用于宏观经济的传导通道。在上一章探讨数字化转型通过降本增效，发挥开源效应和节流效应影响商业银行的信贷配置行为的基础上，本章聚焦于数字化转型对银行信贷抵押路径的影响，研究商业银行数字化转型的宏观经济稳定器效应。

　　在信贷审核过程中，抵押品对于商业银行的意义在于克服信息不对称导致的逆向选择问题和道德风险问题，一是当商业银行无法判断借款人真实信用时，提供足值抵押品的借款人更容易通过筛选；二是当借款人无法还本付息而违约时，银行可以通过变卖债务人的抵押品弥补本金损失，因此抵押品的作用在于缓解银行的信息劣势地位。然而，不确定冲击导致企业资产负债表和资产价格发生波动，使抵押品的价值出现变化，导致银行作出惜贷、拒贷等信贷决策，银行的信贷投放表现出顺周期性的特征。因此，不确定冲击经由信贷抵押路径放大和加剧，使宏观经济产生更大的波动。数字化转型可以增强银行的信息甄别能力，通过综合运用新型数字技术并在组织架构内部进行适应数字化变革的调整，银行收集数据和处理信息的能力得到增强，因此得以对申请借款的客户和投资项目形成更加全面的画像，提升了对借款人违约概率预测的准确性。银行通过运用数字技术加强事前筛查与事后监督，降低了信贷关系形成过程中对抵押品的依赖，减弱了抵押品价值的变化对银行信贷配置的影响。

第一节　理论分析与研究假设

　　信贷抵押路径是不确定冲击通过信贷市场中的资金供给端，影响信

用关系构建过程中银行着重审查的企业资产负债表、抵押物价值等因素，进而影响银行信贷配置决策，最终作用于宏观经济的传导通道。在信贷市场中，作为贷款人的银行等金融机构与借款人之间存在信息不对称，银行无法完全了解企业经营与投资的所有内容。因此，为缓解自身的信息劣势，银行通常要求借款人提供具有市场价值的资产作为抵押品。一方面，抵押物价值代表了借款人资产负债表中可变现资产的数量，是借款人还款能力的最直接证明，将对抵押物价值的评估与借款人信用评价挂钩可以缓解逆向选择问题；另一方面，当借款人因无法偿还贷款而违约时，银行可通过变现借款人的抵押品而减少损失，从而缓解道德风险。然而，抵押品价值成为银行识别借款人信用的依据，本质上是用可观测的抵押物市场价值替代不便于观测与度量的借款人真实信用，在简化识别借款人信用资质过程的同时，也存在"物的信用"偏离"人的信用"的问题。具体而言，抵押物的市场价值波动可能导致银行判定借款人资信水平出现变化，使银行在借款人真实信用未出现变化的状态下增加或减少贷款投放。使用抵押物价值替代借款人真实信用是处于信息劣势的商业银行为缓解信息不对称问题而作出的简化选择，但抵押物价值和借款人真实信用之间还存在一定的偏差，一是抵押物价值下跌并不必然代表着借款人真实信用下降或贷款项目盈利能力或基本面状况恶化；二是一些真实信用良好、拥有优质项目投资机会的中小企业可能缺乏抵押品，因而被传统金融体系无差别地拒之门外。

资产价格波动通过抵押担保机制影响银行信贷配置。借贷双方之间存在的信息不对称导致项目投资中存在代理成本，当借款人净财富水平上升，代理成本下降（Bernanke & Gertler，1989），借款人获得贷款的可能性提高。经济景气时期，资产价格伴随着需求的旺盛而提高，借款人净财富增加，可供抵押的资产价值上升，银行批准贷款申请的可能性和发放贷款的数量增加。经济衰退时期，资产价格因需求减少而下跌，借款人净财富减少，可供抵押的资产价值下降，银行批准贷款申请的可能性和发放贷款的数量也相应下降，经济景气循环与借款人财富中可用于抵押担保的固定资产价值之间存在互动关系，外部冲击导致抵押担保资产价格出现波动将通过影响借款人的融资进而影响投资需求，这同样会影响抵押担保资产的市场需求，使其市场价格继续发生变化，通过一

定的相互反馈扩散机制导致信贷的需求与供给出现变化，最终使宏观经济出现较大波动（Kiyotaki & Moore，1997）。由此可见，资产价格波动通过这么一条传导路径影响银行信贷配置：外部不确定冲击→资产价格波动→抵押品价值变化→银行识别的借款人信用改变→银行信贷配置变动。

商业银行数字化转型可以通过提升银行的信息甄别能力减少对抵押品的依赖，从而弱化不确定冲击导致的资产价格波动通过信贷抵押路径对商业银行信贷配置的影响。数字化转型增强的是商业银行收集和分析信息的能力。通过使用新型信息技术、构建数字化的金融场景和搭建适应数字环境的组织架构，商业银行的信息渠道得到拓宽，数据范围得到拓展，信息来源得到增加。数字化转型与金融科技应用广度与深度的提高可以强化商业银行收集、处理和分析信息的能力（Cenni et al，2015；盛天翔、范从来，2020），从而使商业银行得以运用更多的数据和科技手段识别借款人的真实信用，将信贷的审核从聚焦抵押物的价值纠正回关注借款人或申请融资项目的特质，减少对抵押物的依赖，进而拓宽商业银行可以服务的借款客户的范围。同时，由于抵押物价值在信用关系构建过程中的重要性下降，不确定冲击导致的抵押物价值下跌促使银行收缩信贷供给的可能性减少，因此数字化转型可以增加银行信贷配置的稳定性。基于此，提出假设如下。

假设5-1：商业银行数字化转型程度越高，不确定冲击通过信贷抵押路径对银行信贷配置的影响越小。

第二节　研究设计

一、模型设定与实证策略

为研究商业银行数字化转型在资产价格波动通过抵押担保机制影响银行信贷配置过程中所起的缓和作用，选择房地产价格作为资产价格的代理变量，依据是以商品住宅为核心的房屋建筑物是我国银行业目前最主要的抵押资产，目前在银行经营的实务中，绝大多数面向中小企业的普惠贷款是依托债务人的房产抵押物投放的。相对于机器设备等其他抵

押资产，银行等债权人对房产的接受程度更高，房产的市场价格也更容易估算。基于此，引入房价与商业银行数字化转型的交互项，构建了如下计量模型：

$$\Delta loan_{it} = \beta_0 + \beta_1 \Delta hp_{i,t-1} + \beta_2 banktrans_{i,t-1} + \beta_3 \Delta hp_{i,t-1} \times$$
$$banktrans_{i,t-1} + \sum \beta CVs + \sum year + \mu_i + \varepsilon_{it} \qquad (5-1)$$

在式（5-1）的回归中，被解释变量是银行信贷投放余额的增长率（$\Delta loan$），核心解释变量为银行经营区域的房价变化率（Δhp）和商业银行数字化转型指数（$banktrans$），用以考察抵押物价格变化对银行信贷配置的冲击以及商业银行数字化转型在其中所起的缓和作用，CVs为控制变量，$year$为年度虚拟变量，μ_i为银行个体固定效应，ε_{it}为模型随机误差项，β_0为回归议程的常数项，β_1、β_2为回归系数，β_3为估计系数。考虑到商业银行数字化转型和房价变化冲击影响银行信贷配置可能需要一定时滞，模型中的解释变量均滞后一期，这既体现了实践中变量之间影响传递的时间损耗，又在技术上尽可能减轻了反向因果的内生性干扰问题。同时，所有回归方程均默认采用 Cluster 聚类稳健标准误调整的 t 统计量。房价变化率和商业银行数字化转型交互项的估计系数 β_3 是主要关心的参数，预期其与房价变化率的回归系数 β_1 具有相反的符号，即商业银行数字化转型可以缓和抵押品价格变化对银行信贷配置的冲击，使用数学公式表达即为：

$$\frac{\partial \Delta loan_{it}}{\partial \Delta hp_{i,t-1}} = \beta_1 + \beta_3 \times banktrans_{i,t-1} \qquad (5-2)$$

二、　变量选取与说明

1. 被解释变量的选取

银行信贷配置：贷款投放总额（$loan$）。被解释变量旨在测定银行信贷资源配置的数量和结构。使用银行信贷投放余额的增长率在数量上代表银行信贷资源配置，在异质性检验中，还使用不同类型信贷的增速

及其占总贷款的比例以衡量信贷资源的配置结构变化。综合中国商业银行年报中披露的贷款分类情况，大致可以按照贷款对象、信用结构和投向行业进行分类。由于按行业分类一般会得到 10 种以上的贷款类别，不便于分析研究，因此选取占比最大的制造业、房地产业和批发零售业作为按行业分类的研究对象。

2. 核心解释变量的选取

（1）商业银行数字化转型指数（$banktrans$）。选用北京大学中国商业银行数字化转型指数（谢绚丽、王诗卉，2022），该指数可精确匹配至银行层面，又可进一步分为认知维度的战略数字化转型（$banktrans1$）、产品维度的业务数字化转型（$banktrans2$）和组织维度的管理数字化转型（$banktrans3$）三个层面，每个层面在合成总指数时分别占比20%、40%和40%。在稳健性检验中进一步使用银行金融科技专利数据、上市金融公司数字化建设程度和银行金融科技新闻报道强度作为替代变量。

（2）资产价格波动（hp）。房地产是银行信贷业务中最为认可的抵押品，因此选用商业银行经营区域的房价变化衡量资产价格冲击。其中，对于经营区域是全国范围的国有商业银行和股份制银行的样本，使用全国平均房价的波动率作为资产价格波动的代理变量，对于经营范围是区域性的城市商业银行和农村商业银行样本，则使用银行总部所在城市房价的波动率作为代理变量。在稳健性检验中进一步使用全国平均房价（$houseprice$）的波动率、一线城市房价（$houseprice1$）均价的波动率、二线城市房价均价（$houseprice2$）的波动率和三线城市房价均价（$houseprice3$）的波动率度量资产价格冲击。

3. 控制变量的选取

本书首先控制银行层面可能影响信贷投放的诸多特征。参考刘莉亚等（2017）、邱晗等（2018）、梁方等（2022）以及余明桂等（2022）的研究，在模型中加入银行规模总资产（$asset$）、不良贷款比率（$ratio\_npl$）、净息差（nim）、核心资本充足率（$ccar$）和资产收益率（roa）。其次控制宏观层面的变量，包括 M2 的同比增长率以控制数量型货币政策、上海银行间同业拆借利率以控制价格型货币政策、银行经营区域的人均 GDP 以控制当地经济发展水平。为控制遗漏变量可能造成的内生

性问题，还控制了年份固定效应和银行个体固定效应。

表 5 - 1 展示了主要变量的具体定义。

表 5 - 1　主要变量定义

变量名称	变量符号	变量定义
贷款投放总额	*loan*	商业银行投放的所有贷款的余额
信用贷款投放	*loan_credit*	商业银行投放的信用贷款的余额
保证贷款投放	*loan_guarantee*	商业银行投放的保证贷款的余额
抵押贷款投放	*loan_mortgage*	商业银行投放的抵押贷款的余额
质押贷款投放	*loan_hypothecated*	商业银行投放的质押贷款的余额
制造业贷款投放	*loan_manufacture*	商业银行投放的制造业贷款的余额
房地产业贷款投放	*loan_realestate*	商业银行投放的房地产业贷款的余额
批发和零售业贷款投放	*loan_wholesale*	商业银行投放的批发和零售业贷款的余额
个人贷款投放	*loan_personal*	商业银行投放的个人贷款的余额
企业贷款投放	*loan_enterprise*	商业银行投放的企业贷款的余额
个人住房贷款投放	*loan_individualhouse*	商业银行投放的个人住房贷款的余额
经营性贷款投放	*loan_operating*	商业银行投放的经营性贷款的余额
个人消费贷款投放	*loan_individualconsumption*	商业银行投放的个人消费贷款的余额
信用贷款比例	*ratio_credit*	商业银行投放的信用贷款的余额占所有贷款余额的比例
保证贷款比例	*ratio_guarantee*	商业银行投放的保证贷款的余额占所有贷款余额的比例
抵押贷款比例	*ratio_mortgage*	商业银行投放的抵押贷款的余额占所有贷款余额的比例
质押贷款比例	*ratio_hypothecated*	商业银行投放的质押贷款的余额占所有贷款余额的比例

（续上表）

变量名称	变量符号	变量定义
制造业贷款比例	*ratio_manufacture*	商业银行投放的制造业贷款的余额占所有贷款余额的比例
房地产业贷款比例	*ratio_realestate*	商业银行投放的房地产业贷款的余额占所有贷款余额的比例
批发和零售业贷款比例	*ratio_wholesale*	商业银行投放的批发和零售业贷款的余额占所有贷款余额的比例
个人贷款比例	*ratio_personal*	商业银行投放的个人贷款的余额占所有贷款余额的比例
企业贷款比例	*ratio_enterprise*	商业银行投放的企业贷款的余额占所有贷款余额的比例
个人住房贷款比例	*ratio_individualhouse*	商业银行投放的个人住房贷款的余额占所有贷款余额的比例
经营性贷款比例	*ratio_operating*	商业银行投放的经营性贷款的余额占所有贷款余额的比例
个人消费贷款比例	*ratio_individualconsumption*	商业银行投放的个人消费贷款的余额占所有贷款余额的比例
本地房价	*localhouseprice*	银行所在城市的房价，其中全国性的国有银行和股份制银行使用全国均价，城市商业银行和农村商业银行使用其总部所在城市房价
全国房价	*houseprice*	全国所有城市房价的均价
一线城市房价	*houseprice*1	北京、上海、广州、深圳四座一线城市房价的均价
二线城市房价	*houseprice*2	全国所有二线城市房价的均价
三线城市房价	*houseprice*3	全国所有三线城市房价的均价
商业银行数字化转型	*banktrans*	商业银行数字化转型程度
商业银行战略数字化转型	*banktrans*1	商业银行数字化转型的认知维度
商业银行业务数字化转型	*banktrans*2	商业银行数字化转型的产品维度
商业银行管理数字化转型	*banktrans*3	商业银行数字化转型的组织维度
总资产	*asset*	商业银行资产总额

（续上表）

变量名称	变量符号	变量定义
不良贷款比率	$ratio\_npl$	商业银行不良贷款占总贷款的比例
净资产收益率	roe	净利润/净资产
净息差	nim	贷款利率和存款利率之差
核心资本充足率	$ccar$	核心资本/加权风险资产总额 $\times 100\%$
资产收益率	roa	净利润/总资产 $\times 100\%$

三、 样本选择与数据来源

实证研究以中国商业银行为分析对象，研究商业银行数字化转型是否可以缓和资产价格波动对银行信贷配置的影响，降低信贷配置决策对抵押品价值的依赖。实证检验所使用的商业银行数字化转型数据来自北京大学数字金融研究中心（谢绚丽、王诗卉，2022）。由于该数据统计时间区间为 2010 年至 2021 年，因此实证分析主要以这一时间段为样本区间。本章使用的城市房价数据和宏观经济数据来自 Wind 数据库，商业银行年度财务、信贷资源配置数据来自 CSMAR 银行研究数据库，部分缺失值的补充通过银行披露的年报手工整理获得。剔除政策性银行、外资银行、民营银行以及存续期间小于五年的样本后，最终得到的样本包括 113 家银行，共计 1364 个观测值。其中，国有商业银行 6 家，股份制商业银行 12 家，城市商业银行 67 家，农村商业银行 28 家。为了减少异常值的影响，同时对银行层面所有原始财务数据取对数，并在 1% 水平上进行缩尾处理（Winsorize）。截至 2021 年底，样本商业银行总资产 294. 62 万亿元，占我国商业银行总资产比例为 85.46%，表明样本本具有较高的代表性。

第三节　实证结果分析

一、描述性统计

表 5 - 2 报告了主要变量的描述性统计结果，报告的内容中主要变量是对数化后的值，而各类贷款占总贷款的比值则为未对数化的原始数据。由表 5 - 2 可知，样本银行中信用贷款占总贷款比例的平均值为 16.45%，担保类贷款为 28.94%，抵押类贷款为 41.28%，质押类贷款为 11.54%，制造业贷款为 17.65%，房地产业贷款为 7.47%，批发零售业贷款为 9.55%，个人贷款为 27.28%，企业贷款为 66.62%。

表 5 - 2　主要变量的基本统计特征

变量名	变量名称	观测值	均值	标准差	最小值	中位数	最大值
loan	贷款投放总额	1364	17.3843	1.8539	13.7029	17.0130	21.4492
loan_ credit	信用贷款投放	529	15.2275	2.7938	6.2126	15.0908	20.3650
loan_ guarantee	保证贷款投放	529	16.1177	1.5846	12.3075	15.7897	19.3208
loan_ mortgage	抵押贷款投放	525	16.5199	1.8139	12.5878	16.1468	20.6718
loan_ hypothecated	质押贷款投放	525	15.1212	2.0029	10.0419	14.9237	19.2502
loan_ manufacture	制造业贷款投放	529	15.5411	1.6858	11.6722	15.0390	19.0565
loan_ realestate	房地产业贷款投放	529	14.6276	2.1202	9.6816	14.4922	18.6132
loan_ wholesale	批发和零售业贷款投放	488	14.8518	1.6471	10.7499	14.5137	18.3813
loan_ personal	个人贷款投放	533	16.0173	2.1460	11.1579	15.6895	20.4973
loan_ enterprise	企业贷款投放	530	17.0164	1.7757	13.3541	16.6658	20.9217
loan_ individualhouse	个人住房贷款投放	504	15.2528	2.4294	6.4387	15.1353	20.2749
loan_ operating	经营性贷款投放	387	14.3705	1.7229	10.2103	14.3665	18.0675
loan_ individualcon-sumption	个人消费贷款投放	289	13.7613	2.1076	7.1964	13.4816	17.7208
ratio_ credit	信用贷款比例	529	0.1645	0.1066	0.0001	0.1529	0.4297
ratio_ guarantee	保证贷款比例	529	0.2894	0.1126	0.0599	0.2851	0.5820
ratio_ mortgage	抵押贷款比例	525	0.4128	0.0873	0.0960	0.4094	0.6965
ratio_ hypothecated	质押贷款比例	530	0.1154	0.0662	0.0000	0.1081	0.4081

（续上表）

变量名	变量名称	观测值	均值	标准差	最小值	中位数	最大值
ratio_ manufacture	制造业贷款比例	529	0.1765	0.1146	0.0261	0.1494	0.6582
ratio_ realestate	房地产业贷款比例	529	0.0747	0.0411	0.0018	0.0736	0.2615
ratio_ wholesale	批发和零售业贷款比例	488	0.0955	0.0502	0.0020	0.0869	0.2913
ratio_ personal	个人贷款比例	533	0.2728	0.1153	0.0257	0.2644	0.6252
ratio_ enterprise	企业贷款比例	530	0.6662	0.1119	0.3259	0.6797	0.9187
ratio_ individualhouse	个人住房贷款比例	504	0.1331	0.0757	0.0002	0.1237	0.3573
ratio_ operating	经营性贷款比例	387	0.0816	0.0667	0.0027	0.0635	0.3984
ratio_ individualcon-sumption	个人消费贷款比例	289	0.0561	0.0574	0.0007	0.0364	0.3173
hp	本地房价	1364	9.4363	0.4470	8.4116	9.3659	10.8495
houseprice	全国房价	1364	9.4132	0.1989	9.1393	9.3896	9.6915
*houseprice*1	一线城市房价	1364	10.3939	0.2726	9.9663	10.5065	10.6823
*houseprice*2	二线城市房价	1364	9.3465	0.1828	9.1081	9.3100	9.6120
*houseprice*3	三线城市房价	1364	8.9728	0.1538	8.8051	8.8992	9.2201
*banktrans*1	商业银行数字化转型	1364	136.2611	100.9113	0.0000	121.1346	497.1567
*banktrans*2	商业银行战略数字化转型	1364	105.5266	54.5752	0.0000	108.0237	191.4745
*banktrans*3	商业银行业务数字化转型	1364	44.8148	32.1937	0.0000	41.5673	137.4107
banktrans	商业银行管理数字化转型	1364	77.3945	44.1786	0.0000	75.7339	184.3866
ratio_ npl	总资产	1364	0.1611	0.4464	−1.8326	0.2231	2.6369
asset	不良贷款比率	1364	18.1232	1.8192	14.8550	17.8341	21.9809
roe	净资产收益率	1364	15.3442	4.4841	5.7600	14.6600	27.4500
nim	净息差	1364	0.8705	0.2032	0.2231	0.8629	1.4493
ccar	核心资本充足率	1364	2.3660	0.1701	1.7084	2.3547	3.6662
roa	资产收益率	1364	1.0016	0.2616	0.2815	0.9828	1.8235

　　表5-3是组间均值差异 t 检验的结果，按照商业银行数字化转型指数的中位数将样本划分为数字化转型程度高的银行样本组和数字化转型程度低的银行样本组。在信贷投放数量方面，数字化转型程度高的银行各类贷款投放皆高于数字化转型程度低的银行；在信贷投放比例方面，数字化转型程度高的银行在信用贷款和个人贷款的投放比例上更

高；在财务数据方面，数字化转型程度高的银行具有更低的不良贷款率，更高的资产规模、资产回报率和净息差。

表 5 - 3　组间均值差异 t 检验

变量名	数字化转型程度低的样本组		数字化转型程度高的样本组		均值差异	t 值
	观测值	均值	观测值	均值		
loan	640	16.655	724	17.966	-1.310***	-8.716
loan_credit	235	14.102	294	16.127	-2.024***	-8.869
loan_guarantee	235	15.512	294	16.602	-1.091***	-8.363
loan_mortgage	235	15.807	290	17.097	-1.290***	-8.654
loan_hypothecated	235	14.307	290	15.781	-1.473***	-8.998
loan_manufacture	236	15.029	293	15.954	-0.925***	-6.511
loan_realestate	237	13.805	292	15.295	-1.490***	-8.575
loan_wholesale	215	14.286	273	15.297	-1.011***	-7.064
loan_personal	237	15.115	296	16.74	-1.624***	-9.365
loan_enterprise	236	16.323	294	17.573	-1.250***	-8.594
loan_individualhouse	223	14.252	281	16.047	-1.795***	-8.848
loan_operating	171	13.651	216	14.94	-1.288***	-7.859
loan_individualconsumption	134	12.668	155	14.706	-2.038***	-9.345
ratio_credit	235	0.123	294	0.198	-0.074***	-8.493
ratio_guarantee	235	0.324	294	0.262	0.062***	6.526
ratio_mortgage	235	0.424	290	0.404	0.020**	2.576
ratio_hypothecated	238	0.11	292	0.12	-0.010*	-1.785
ratio_manufacture	236	0.215	293	0.146	0.069***	7.174
ratio_realestate	237	0.073	292	0.076	-0.003	-0.944
ratio_wholesale	215	0.117	273	0.079	0.038***	8.946
ratio_personal	237	0.231	296	0.306	-0.075***	-7.87
ratio_enterprise	236	0.704	294	0.635	0.069***	7.402
ratio_individualhouse	223	0.109	281	0.152	-0.043***	-6.64
ratio_operating	171	0.092	216	0.074	0.018***	2.709
ratio_individualconsumption	134	0.048	155	0.063	-0.015**	-2.277
ratio_npl	640	0.042	724	0.255	-0.213***	-5.601

（续上表）

变量名	数字化转型程度低的样本组		数字化转型程度高的样本组		均值差异	t 值
	观测值	均值	观测值	均值		
asset	640	17.432	724	18.672	−1.240***	−8.374
nim	640	0.979	724	0.796	0.183***	10.153
ccar	640	2.364	724	2.367	−0.003	−0.197
roa	640	1.082	724	0.937	0.146***	6.682

注：＊＊＊、＊＊和＊分别代表在1%、5%和10%的显著性水平。

二、相关性分析

表5-4报告了主要解释变量和被解释变量与控制变量的相关系数矩阵，表中可见主要解释变量房价波动与商业银行数字化转型和被解释变量样本银行各类信贷投放几乎均存在统计上显著的正相关关系。

表5-4　相关系数矩阵

	hp	houseprice	houseprice1	houseprice2	houseprice3	banktrans1	banktrans2	banktrans3	banktrans
loan	0.21*	0.16*	0.11	0.17*	0.18*	0.54*	0.62*	0.31*	0.56*
loan_credit	0.25*	0.28*	0.22*	0.28*	0.29*	0.60*	0.66*	0.39*	0.63*
loan_guarantee	0.17*	0.12	0.07	0.13	0.14*	0.51*	0.61*	0.30*	0.54*
loan_mortgage	0.21*	0.14*	0.10	0.15*	0.16*	0.51*	0.61*	0.29*	0.53*
loan_hypothecated	0.22*	0.20*	0.17*	0.21*	0.21*	0.58*	0.64*	0.35*	0.60*
loan_manufacture	0.15*	0.02	−0.03	0.03	0.05	0.38*	0.49*	0.16*	0.39*
loan_realestate	0.22*	0.10	0.07	0.10	0.11	0.55*	0.63*	0.36*	0.59*
loan_wholesale	0.14*	0.06	0.03	0.06	0.07	0.49*	0.59*	0.23*	0.50*
loan_personal	0.25*	0.24*	0.19*	0.25*	0.26*	0.57*	0.65*	0.35*	0.60*
loan_enterprise	0.19*	0.11	0.07	0.12	0.13	0.52*	0.61*	0.29*	0.54*
loan_ih	0.24*	0.24*	0.19*	0.24*	0.25*	0.53*	0.64*	0.36*	0.58*
loan_operating	0.24*	0.22*	0.15*	0.24*	0.26*	0.49*	0.56*	0.28*	0.50*
loan_ic	0.33*	0.31*	0.24*	0.32*	0.34*	0.65*	0.66*	0.36*	0.64*

（续上表）

	hp	houseprice	houseprice1	houseprice2	houseprice3	banktrans1	banktrans2	banktrans3	banktrans
ratio_credit	0.24*	0.35*	0.26*	0.36*	0.38*	0.61*	0.57*	0.43*	0.62*
ratio_guarantee	−0.25*	−0.23*	−0.20*	−0.24*	−0.24*	−0.43*	−0.46*	−0.25*	−0.44*
ratio_mortgage	0.36*	0.29*	0.27*	0.19*	0.29	−0.15*	−0.05	−0.15*	−0.14*
ratio_hypothecated	0.09	0.10	0.17*	0.09	0.04	0.27*	0.20*	0.14*	0.23*
ratio_manufacture	−0.24*	−0.42*	−0.42*	−0.41*	−0.38*	−0.55*	−0.57*	−0.47*	−0.61*
ratio_realestate	0.23*	0.01	0.02	0.00	−0.00	0.20*	0.22*	0.25*	0.26*
ratio_wholesale	−0.29*	−0.38*	−0.31*	−0.39*	−0.41*	−0.40*	−0.40*	−0.38*	−0.46*
ratio_personal	0.28*	0.51*	0.43*	0.52*	0.53*	0.44*	0.45*	0.32*	0.46*
ratio_enterprise	−0.35*	−0.61*	−0.52*	−0.62*	−0.62*	−0.40*	−0.41*	−0.33*	−0.44*
ratio_ih	0.18*	0.29*	0.26*	0.28*	0.28*	0.36*	0.48*	0.34*	0.45*
ratio_operating	0.01	0.08	0.06	0.09	0.10	−0.21*	−0.21*	−0.19*	−0.24*
ratio_ic	0.25*	0.37*	0.30*	0.38*	0.40*	0.40*	0.23*	0.22*	0.33*
asset	0.21*	0.14*	0.06	0.14*	0.15*	0.54*	0.62*	0.31*	0.56*
ratio_npl	−0.14	0.10	0.23*	0.06	−0.02	−0.10	0.17*	0.08	0.05
roe	−0.34*	−0.72*	−0.74*	−0.70*	−0.64*	−0.23*	−0.40*	−0.46*	−0.42*
nim	−0.53*	−0.65*	−0.67*	−0.63*	−0.56*	−0.51*	−0.53*	−0.54*	−0.61*
ccar	0.10	0.15*	0.10	0.15*	0.17*	0.10	0.05	0.13	0.11
roa	−0.29*	−0.68*	−0.71*	−0.66*	−0.59*	−0.24*	−0.37*	−0.42*	−0.40*

注：＊＊＊、＊＊和＊分别代表在1%、5%和10%的显著性水平。

三、 基准回归结果

表5-5报告了根据式（5-1）回归得到的基准结果，列（1）、列（2）与列（3）分别展示了银行信贷投放增长率（$\Delta loan$）对房价波动（Δhp）和银行数字化转型（$banktrans$）的回归结果，可见房价波动和商业银行数字化转型对银行信贷投放均具有显著的正向作用，但房价波动的影响作用要远大于数字化转型，即房价增长率上升或下降带来的银行信贷投放增长率增加或减少的幅度大于数字化转型。

列（4）、列（5）和列（6）在 Δhp 与 $banktrans$ 的基础上，先后加入了商业银行数字化转型与房价波动的交互项、银行层面控制变量和宏

观层面控制变量。结果表明房价波动对于银行信贷投放的增长率始终有着显著的促进作用，房价波动与商业银行数字化转型指数的交互项系数符合预期，符号始终显著为负，这说明数字化转型程度的提升确实可以缓和房价波动对于银行信贷投放的影响。

表 5 - 5　基准回归结果

变量	D. loan					
	（1）	（2）	（3）	（4）	（5）	（6）
D. hp	0.0508 **		0.0468 **	0.1178 **	0.3388 *	0.3336 *
	(2.4060)		(2.3395)	(2.4293)	(1.8362)	(1.8191)
banktrans		0.0101 **	0.0009 **	0.0121 **	0.0111 **	0.0110 *
		(2.0400)	(2.1555)	(2.0207)	(2.1349)	(1.7325)
D. hp × banktrans				− 0.0172 **	− 0.0445 ***	− 0.0429 **
				(− 2.2649)	(− 2.9100)	(− 2.3746)
ratio_npl					− 0.0701 ***	− 0.0699 ***
					(− 4.0593)	(− 4.1019)
roa					0.0326	0.0322
					(0.6843)	(0.6710)
ccar					0.0464	0.0460
					(1.0517)	(1.0484)
nim					− 0.0020	− 0.0021
					(− 0.0471)	(− 0.0503)
asset					0.0478 **	0.0489 **
					(2.4521)	(2.4357)
D. localpgdp						0.0175
						(0.2446)
D. m2						1.4676 **
						(2.1481)
D. shibor						− 0.0551
						(− 1.1179)
常数项	0.1475 ***	0.1969 ***	0.1520 ***	0.1488 ***	− 0.8880 **	− 1.1061 **
	(79.8121)	(9.7937)	(5.9168)	(4.9209)	(− 2.2258)	(− 2.2782)

（续上表）

变量	D. loan					
	(1)	(2)	(3)	(4)	(5)	(6)
个体固定效应	Yes	Yes	Yes	Yes	Yes	Yes
年份固定效应	No	No	No	No	Yes	Yes
样本量	1364	1364	1364	1364	1364	1364
调整 R^2	0.0070	0.0318	0.0059	0.0063	0.2286	0.2288

注：＊＊＊、＊＊和＊分别代表在1%、5%和10%的显著性水平，括号中是经过聚类稳健标准误调整的 t 值。

四、 稳健性检验

通过更换核心解释变量银行经营区域的房价波动与商业银行数字化转型以验证实证结果的稳健性。首先是分别使用全国所有城市和一线城市、二线城市、三线城市的房价均值替换银行经营区域的房价波动以度量资产价格冲击，依据是借款人向银行提供的抵押物可能是其他城市的房产，但对于银行而言，在本地的商品房之外，更为认可的抵押品资产是一线城市的房产，再者是二线城市的，因此其他城市的房价变化也将影响本地银行的信贷配置，使用替换数据进行式（5-1）回归，结果报告在表5-6中的列（1）至例（4）。可见，即使更换了资产价格冲击的代理变量，结果依然稳健。

其次是分别使用三种数据替换商业银行数字化转型指数：一是借鉴Zhao 等（2022）和李逸飞等（2022）的方法，采用从国家知识产权局专利检索数据库采集的银行金融科技专利数据；二是采用来源于CSMAR 建立的金融科技数据库中的"上市金融公司数字化建设程度"指标；三是使用胡俊等（2021）通过借助腾讯 AI Lab 预训练词向量模型捕捉超过 17 万条新闻媒体对银行金融科技进展的报道，构建的反映商业银行与金融科技相关的信息在新闻报道中出现强度的指数。由于银行的数字化转型行为也会受到媒体关注，因此新闻报道中出现的金融科技词频可以在一定程度上体现银行数字化转型的水平。使用替换数据进行式（5-1）回归后得到的结果报告在表5-6中的列（5）至列（7），稳健性检验结果显示系数符号和显著性与基准回归结果一致，结论依旧稳健。

表 5-6　稳健性检验：替换解释变量的回归结果

变量	D. loan						
	（1）	（2）	（3）	（4）	（5）	（6）	（7）
banktrans	0.0111 ***	0.0016 **	0.0135 *	0.0145 *			
	(2.6870)	(2.0783)	(1.9430)	(1.9035)			
D. houseprice	1.2090 ***						
	(3.1441)						
D. houseprice × banktrans	−0.0261 **						
	(−2.2168)						
D. houseprice1		0.9862 *					
		(1.6816)					
D. houseprice1 × banktrans		−0.0767 **					
		(−2.0328)					
D. houseprice2			1.4018 **				
			(1.9868)				
D. houseprice2 × banktrans			−0.0693 ***				
			(−2.6253)				
D. houseprice3				1.3388 **			
				(2.2995)			
D. houseprice3 × banktrans				−0.1910 ***			
				(−2.6516)			
ratio_npl	−0.0717 ***	−0.0694 ***	−0.0717 ***	−0.0688 ***	−0.0568 *	−0.1090 **	−0.0564
	(−3.9625)	(−3.8403)	(−3.9501)	(−3.7795)	(−1.8627)	(−2.3977)	(−0.6104)
roa	0.0305	0.0287	0.0310	0.0347	0.0418	0.0987	−0.2735
	(0.6323)	(0.6034)	(0.6455)	(0.7309)	(0.5983)	(0.7321)	(−1.1425)
ccar	0.0381	0.0424	0.0373	0.0349	0.0164	−0.0255	0.1503
	(0.8369)	(0.9460)	(0.8193)	(0.7730)	(0.2482)	(−0.2089)	(0.7093)
nim	−0.0058	−0.0064	−0.0061	−0.0084	−0.0058	−0.0521	−0.2361
	(−0.1377)	(−0.1543)	(−0.1448)	(−0.1989)	(−0.0847)	(−0.6111)	(−1.3232)

（续上表）

变量	D. loan						
	(1)	(2)	(3)	(4)	(5)	(6)	(7)
asset	0.0442**	0.0461**	0.0435*	0.0414*	0.1263*	-0.0399	-0.0301
	(2.0359)	(2.1283)	(2.0164)	(1.9400)	(1.7791)	(-0.7719)	(-0.2508)
D. localpgdp	-0.0014	0.0119	-0.0038	-0.0079	0.3970**	-0.3006	-0.2305
	(-0.0186)	(0.1675)	(-0.0519)	(-0.1045)	(2.5310)	(-1.5712)	(-0.3685)
D. m2	1.2203*	0.5145	1.3031*	0.8906	1.9790	-1.3276	7.9089*
	(1.9009)	(0.8418)	(1.9422)	(1.4846)	(0.7854)	(-0.6199)	(2.0045)
D. shibor	-0.0920***	-0.2016*	-0.0056	-0.0659	-0.5264***	0.1195	0.2063
	(-2.9543)	(-1.8585)	(-0.0707)	(-1.5114)	(-3.1756)	(0.7130)	(0.4530)
D. hp					1.0968***	1.2274**	1.2426**
					(2.6815)	(1.9725)	(2.3234)
finpatent					0.0572**		
					(2.3642)		
D. hp ×finpatent					-0.4463**		
					(-2.5169)		
csmardigital						0.0067**	
						(2.3235)	
D. hp ×csmardigital						-0.3293*	
						(-1.7023)	
Hu_fintech							0.0050
							(0.1043)
D. hp ×Hu_fintech							-0.7740**
							(-2.3548)
_cons	-1.0067*	-0.9140*	-1.0059*	-0.9116*	-2.3036*	1.0397*	1.0058**
	(-1.9238)	(-1.8366)	(-1.9224)	(-1.7690)	(-1.7209)	(1.8003)	(2.0020)
个体固定效应	Yes	Yes	Yes	Yes	Yes	Yes	Yes
年份固定效应	Yes	Yes	Yes	Yes	Yes	Yes	Yes
样本量	1364	1364	1364	1364	1344	1338	935
调整 R^2	0.2015	0.2065	0.2030	0.2150	0.1447	0.1320	0.1138

注：＊＊＊、＊＊和＊分别代表在1%、5%和10%的显著性水平。

五、 内生性问题处理

对于基准回归结果分析存在的隐含假设是，通过控制银行层面和宏观层面的变量以及加入固定效应，银行经营区域的房价波动和商业银行的数字化转型程度是外生的。然而，银行层面和宏观层面的控制变量以及固定效应很难完全控制所有同时影响房价波动和信贷投放，以及商业银行数字化转型和信贷投放的变量。将解释变量滞后一期可以在一定程度上缓解由反向因果带来的内生性问题，但为得到更稳健的结论，分别使用财政分权程度、非银行金融科技发展程度和商业银行总部所在地级市的移动电话用户数作为工具变量进行检验。

首先，使用财政分权程度作为工具变量，财政分权程度（FD1）=地级市本级预算内财政收入/全国财政预算内收入。一方面，地方政府既能通过控制土地供应规模增加或减少住房的有效供给，又能通过刺激或调控政策影响住房的有效需求，从而影响房价。1994年我国的分税制改革使地方政府的财政收入愈加依赖于土地转让。财政分权程度越大，地方政府越有动力保持和维护高房价，从而获取高额土地转让金，因此财政分权程度与房价变化率呈正相关关系。另一方面，财政分权程度与银行信贷投放没有直接的理论联系，满足外生性假设，因此可作为房价的工具变量。

其次，使用非银行金融科技发展程度作为工具变量。一方面，银行总部所在城市的非银行金融科技发展程度越高，银行越有可能从外部购买金融科技服务，或与金融科技公司合作进行技术研发与内部流程改造，因此银行的数字化转型程度可能越高；另一方面，城市居民使用传统金融体系之外的数字普惠金融服务与银行的信贷投放没有直接关系，数字普惠金融服务的客群更侧重于被传统金融拒之门外的群体，因此具有一定的外生性。基于此，选用北京大学数字金融研究中心课题组构建的数字普惠金融指数衡量非银行金融科技发展程度，用以作为工具变量具有合理性。

最后，使用商业银行总部所在地级市的移动电话用户数作为工具变量进行检验。移动电话是客户使用手机银行等数字化业务的重要载体，

因此商业银行数字化转型程度与银行总部所在城市的移动电话数紧密相关，因此满足相关性假设。同时，移动电话用户数在控制当地宏观指标后，不会通过商业银行数字化以外的因素影响银行的信贷配置，故此满足外生性假设。

表5-7报告了工具变量的2SLS检验结果，无论是否加入控制变量，Kleibergen-Paap rk LM统计量的p值均接近0，说明拒绝了工具变量识别不足的原假设，因此工具变量选取合理。考虑内生性问题后，房价波动与数字化转型交互项的系数符号及显著性相比基准回归结果没有实质性的改变，这验证了结果的稳健性。

表5-7　内生性问题处理：基于工具变量法的检验结果（2SLS）

变量	D. loan	
	2SLS	2SLS
	(1)	(2)
D. hp	0.9201***	1.7883***
	(3.1471)	(2.5829)
banktrans	0.0007**	0.1861***
	(2.0593)	(4.0082)
D. hp × banktrans	−0.1525**	−0.1739**
	(−2.3168)	(−1.9704)
ratio_npl		−0.0748***
		(−3.6795)
roa		0.1247
		(0.7309)
ccar		0.0749
		(0.7730)
nim		−0.0084
		(−0.1989)
asset		0.0414*
		(1.9400)
D. localpgdp		−0.0179
		(−0.1045)

（续上表）

变量	D. loan	
	2SLS	2SLS
	（1）	（2）
D. m2		0.8606
		（1.4846）
D. shibor		− 0.0559
		（− 1.5114）
个体固定效应	No	Yes
年份固定效应	No	Yes
观测值	1047	1047
Kleibergen-Paap rk LM p 值	0.0000	0.0457

注：＊＊＊、＊＊和＊分别代表在1%、5%和10%的显著性水平。

六、 异质性分析

在确定了商业银行数字化转型与房价波动对商业银行信贷投放总量波动的作用后，进一步探究这种影响对于商业银行数字化转型的不同细分维度和对于商业银行不同类型的贷款是否存在异质性。其中，商业银行的贷款类型按照投放对象、信用结构和投向行业进行划分。

宏观经济不确定性较高的时期往往对应着不确定冲击较为密集的时间区间。表5-8报告了基于宏观经济不确定指数中位数划分样本的检验结果。实证结果显示，房价波动始终会正向影响银行的信贷投放，但在经济不确定性较高的时期，商业银行数字化转型对这种正向促进作用的抑制更强，即银行数字化转型可以抑制宏观经济不确定性较高时期房价下跌对信贷萎缩的推动作用，而在宏观经济不确定性较低的时期，商业银行数字化转型的抑制作用相比更弱。

表5-8 异质性分析：基于宏观经济不确定性的时期差异

变量	D. loan			
	宏观经济不确定性高的时期		宏观经济不确定性低的时期	
	(1)	(2)	(3)	(4)
D. hp	0.0031 ***	0.0295 ***	0.0244 ***	0.0225 ***
	(3.0462)	(4.5222)	(4.4018)	(5.3739)
banktrans	0.0692	0.0660 ***	-0.0666	-0.0798
	(1.5375)	(3.4291)	(-0.4229)	(-0.5652)
D. hp × banktrans	-0.0315 **	-0.1700 ***	-0.0747 *	-0.0344 **
	(-2.0309)	(-4.6649)	(-1.8494)	(-2.4277)
ratio_npl		2.5900 ***		1.4739
		(3.0040)		(1.6339)
roa		-0.0058		-0.0983
		(-0.0470)		(-0.6865)
ccar		-0.0041		0.1175
		(-0.0538)		(1.3246)
nim		-0.0871		-0.0381
		(-0.9234)		(-0.5884)
asset		-0.2016 ***		0.0307
		(-2.9232)		(0.1276)
D. localpgdp		0.2168 *		0.3473 *
		(1.7009)		(1.6306)
D. m2		0.4879 **		0.2394 *
		(2.0265)		(1.7268)
D. shibor		0.0735		0.0443
		(1.1782)		(0.3266)
常数项	-0.0718	-0.2581 ***	0.3804 **	-0.2790 **
	(-0.7037)	(-2.6538)	(2.1545)	(-2.1057)
个体固定效应	Yes	Yes	Yes	Yes
年份固定效应	Yes	Yes	Yes	Yes
样本量	655	655	709	709
调整 R^2	0.0618	0.1208	0.1364	0.1981

注：＊＊＊、＊＊和＊分别代表在1%、5%和10%的显著性水平。

表 5 - 9 报告了数字化转型细分维度异质性的回归结果。北京大学中国商业银行数字化转型指数由代表数字金融认知的战略数字化转型（$banktrans1$）、代表数字金融产品的业务数字化转型（$banktrans2$）和代表数字金融组织的管理数字化转型（$banktrans3$）三个子指数按照 20%、40% 和 40% 的比例合成。表 5 - 9 可见，商业银行的战略数字化转型、业务数字化转型和管理数字化转型均能起到缓和房价波动对信贷投放影响的作用，但业务数字化转型的缓和作用最大。

表 5 - 9　异质性分析：基于银行数字化转型细分维度差异

变量	D. loan		
	(1)	(2)	(3)
$D. hp$	1. 2854 **	1. 0800 **	1. 2796 *
	(2. 1824)	(2. 1993)	(1. 9127)
$banktrans1$	0. 0133 *		
	(1. 7189)		
$D. hp \times banktrans1$	− 0. 0268 **		
	(− 1. 9929)		
$banktrans2$		0. 0292 *	
		(1. 7937)	
$D. hp \times banktrans2$		− 0. 0411 **	
		(− 2. 4393)	
$banktrans3$			0. 0014
			(0. 2114)
$D. hp \times banktrans3$			− 0. 0385 *
			(− 1. 6921)
$ratio\_npl$	− 0. 0676 ***	− 0. 0592 ***	− 0. 0629 ***
	(− 4. 2485)	(− 3. 5863)	(− 3. 1460)
roa	0. 0327	0. 0466	0. 0432
	(0. 7012)	(0. 8997)	(0. 8071)
$ccar$	0. 0494	0. 0389	0. 0600
	(1. 1335)	(0. 8649)	(1. 3742)
nim	− 0. 0020	− 0. 0041	− 0. 0216

（续上表）

变量	D. loan		
	（1）	（2）	（3）
	（−0.0501）	（−0.1068）	（−0.5045）
asset	0.0487 **	0.0780 ***	0.0559 ***
	(2.2616)	(3.3899)	(2.8327)
D. localpgdp	0.0254	−0.0075	0.0155
	(0.3444)	(−0.1015)	(0.1982)
D. m2	1.5726 ***	1.1975	1.4911 *
	(2.9287)	(1.6683)	(1.8095)
D. shibor	−0.0528	−0.0597	−0.0601
	(−1.1068)	(−1.1959)	(−1.0714)
_cons	−1.1426 **	−1.4344 ***	−1.2294 **
	(−2.3378)	(−2.8691)	(−2.4598)
个体固定效应	Yes	Yes	Yes
年份固定效应	Yes	Yes	Yes
样本量	1352	1348	1339
调整 R^2	0.2351	0.2390	0.2013

注：＊＊＊、＊＊和＊分别代表在1%、5%和10%的显著性水平。

表5-10报告了基于银行贷款投放对象异质性的分组回归结果。房价波动对个人贷款和企业贷款均产生了正向冲击。就个人贷款而言，冲击较为明显的是个人住房贷款，数字化转型程度的提高缓和了房价波动对个人住房贷款投放变化的影响，但房价波动对个人消费贷款的影响不显著。就企业贷款而言，房价波动显著影响了经营性贷款的变化，而数字化转型缓和了这一影响。

表5-10 异质性分析：基于银行贷款投放对象差异

变量	D. loan_personal	D. loan_indhouse	D. loan_indcon	D. loan_enterprise	D. loan_operating
	（1）	（2）	（3）	（4）	（5）
D. hp	0.1311 **	2.8673 **	−2.2940	0.4931 *	0.8646 **

（续上表）

变量	D. loan_personal	D. loan_indhouse	D. loan_indcon	D. loan_enterprise	D. loan_operating
	(1)	(2)	(3)	(4)	(5)
	(2.2353)	(2.0604)	(-1.3930)	(1.6824)	(2.3427)
banktrans	0.0155**	-0.0543	0.1270	0.0064*	-0.0763
	(1.9775)	(-0.8529)	(1.6196)	(1.7210)	(-0.9823)
D. hp × banktrans	-0.0588	-0.5194*	0.4837	-0.0720*	-0.1740**
	(-0.4033)	(-1.7468)	(1.2580)	(-1.9014)	(-2.2916)
ratio_npl	-0.0683	0.1108	-0.1977	-0.0883***	-0.1044
	(-1.4211)	(0.9565)	(-0.9707)	(-4.4093)	(-0.7239)
roa	0.0111	0.0795	0.5231*	0.0267	0.4883*
	(0.1667)	(0.2822)	(1.9935)	(0.4166)	(1.8181)
ccar	0.0031	-0.5026	0.5988**	0.0566	0.4950
	(0.0316)	(-1.3721)	(2.1624)	(0.8934)	(0.9217)
nim	-0.0933	0.3741	-0.1005	0.0148	-0.0136
	(-1.0325)	(1.3767)	(-0.2772)	(0.2296)	(-0.0538)
asset	-0.0164	0.3287	0.3572	0.0682*	-0.0022
	(-0.2286)	(1.1509)	(1.0761)	(1.7773)	(-0.0110)
D. localpgdp	0.1625	0.1857	-0.0431	0.2153	1.3925**
	(0.8569)	(0.4912)	(-0.0445)	(1.5979)	(2.2959)
D. m2	0.9426	-1.2361	14.1965	1.2260	-6.2899
	(0.4849)	(-0.2231)	(1.4026)	(0.9725)	(-0.7728)
D. shibor	-0.1811	-0.5205	0.5134	-0.1852*	-1.7939***
	(-1.3601)	(-1.3938)	(0.5598)	(-1.9162)	(-3.4729)
_cons	0.3548	-4.8704	-10.1734	-1.4899	-0.4721
	(0.2205)	(-0.7759)	(-1.4312)	(-1.6110)	(-0.0893)
个体固定效应	Yes	Yes	Yes	Yes	Yes
年份固定效应	Yes	Yes	Yes	Yes	Yes
样本量	355	345	191	355	278
调整 R^2	0.1788	0.1517	0.1447	0.1561	0.1966

注：＊＊＊、＊＊和＊分别代表在1%、5%和10%的显著性水平。

表 5 - 11 从贷款比例构成方面报告了基于银行贷款投放对象异质性的分组回归结果。列（2）和列（5）的回归结果显示，房价波动显著正向影响了个人住房贷款的比例，同时房价增长率的提高显著减少了经营性贷款的比例，但对个人贷款和企业贷款总额的比例均无明显影响。数字化转型在房价波动冲击个人住房贷款和经营性贷款比例的过程中起到了缓和的作用。

表 5 - 11　异质性分析：基于银行贷款投放对象的比例结构变化

变量	ratio_personal	ratio_indhouse	ratio_indcon	ratio_enterprise	ratio_operating
	（1）	（2）	（3）	（4）	（5）
D. hp	0.0323	0.1212 *	0.0880	0.0206	- 0.0141 **
	(0.0918)	(1.7761)	(0.4570)	(0.0469)	(- 2.1065)
banktrans	0.0244 *	0.0091	0.0012	- 0.0150	0.0107 *
	(1.6699)	(0.8560)	(0.1707)	(- 1.0947)	(1.8655)
D. hp × banktrans	- 0.0040	- 0.0255 ***	- 0.0135	0.0113 *	0.0082 **
	(- 0.0495)	(- 2.7085)	(- 0.2310)	(1.7133)	(2.2796)
ratio_npl	- 0.0074	- 0.0255	0.0235	0.0146	0.0012
	(- 0.3679)	(- 1.3068)	(0.9251)	(0.6511)	(0.0742)
roa	0.0556	- 0.0574 *	0.0524	- 0.0262	0.0723 **
	(1.3961)	(- 1.8347)	(0.9083)	(- 0.5915)	(2.1372)
ccar	- 0.0000	0.0297	- 0.0469	- 0.0130	- 0.0158
	(- 0.0006)	(0.9263)	(- 1.6765)	(- 0.2289)	(- 0.4906)
nim	0.0527	0.0161	- 0.0002	- 0.0327	0.0274
	(1.4015)	(0.4777)	(- 0.0029)	(- 0.8895)	(0.8688)
asset	- 0.0690 **	- 0.0487 *	0.0026	0.1084 ***	- 0.0412
	(- 2.4939)	(- 1.7934)	(0.0720)	(3.1564)	(- 1.5172)
D. localpgdp	0.0867	- 0.0267	- 0.0549	- 0.0515	0.0211
	(0.8702)	(- 0.5995)	(- 0.7453)	(- 0.4270)	(0.4192)
D. m2	- 5.6743 ***	- 2.2314 **	- 1.1108	6.7713 ***	- 1.8271 **
	(- 5.9831)	(- 2.6566)	(- 0.9932)	(5.1448)	(- 2.4718)
D. shibor	- 0.2305 ***	- 0.0523	0.0049	0.2394 ***	- 0.0425

（续上表）

变量	ratio_personal	ratio_indhouse	ratio_indcon	ratio_enterprise	ratio_operating
	（1）	（2）	（3）	（4）	（5）
	（-3.5477）	（-1.0384）	（0.1088）	（2.7017）	（-1.0212）
_cons	1.9814***	1.2323*	0.1883	-1.9537**	0.9251
	（3.0279）	（1.9750）	（0.2280）	（-2.3022）	（1.5534）
个体固定效应	Yes	Yes	Yes	Yes	Yes
年份固定效应	Yes	Yes	Yes	Yes	Yes
样本量	355	349	209	355	291
调整 R^2	0.7027	0.5447	0.2175	0.6811	0.2900

注：***、**和*分别代表在1%、5%和10%的显著性水平。

表 5-12 报告了基于银行贷款投放信用结构异质性的分组回归结果。表中可见，房价波动显著负向影响银行信用贷款的配置，同时又显著正向影响银行抵押贷款的投放，数字化转型与房价波动交乘项的系数与房价波动的系数符号均相反，意味着数字化转型在房价波动冲击银行配置两类贷款的过程中均表现出缓和作用。另外，房价波动与数字化转型及两者的交乘项对担保贷款和抵押贷款的影响均不显著。

表 5-12　异质性分析：基于银行贷款投放信用结构差异

变量	D. loan_credit	D. loan_mortgage	D. loan_guarantee	D. loan_hypothecated
	（1）	（2）	（3）	（4）
D. hp	-7.9532***	0.3979***	0.8273	-1.1007
	（-4.0030）	（2.7251）	（1.5254）	（-0.2662）
banktrans	-0.0805	0.0365*	0.0026	-0.1446
	（-0.8443）	（1.6953）	（0.1170）	（-1.2955）
D. hp × banktrans	1.8412***	-0.0283**	-0.1667	0.2958
	（4.2230）	（-2.2225）	（-1.2809）	（0.3148）
ratio_npl	0.3600	-0.0763**	-0.0865**	-0.1510
	（1.6504）	（-2.4605）	（-2.0458）	（-1.4638）
roa	0.3661	0.0297	0.1180	-0.5608*

111

（续上表）

变量	D. loan_credit	D. loan_mortgage	D. loan_guarantee	D. loan_hypothecated
	（1）	（2）	（3）	（4）
	（1.2181）	（0.4855）	（0.9493）	（-1.8447）
ccar	-0.1052	0.0397	-0.0314	-0.0210
	（-0.3804）	（0.5911）	（-0.2859）	（-0.0748）
nim	0.2069	-0.0127	-0.0548	-0.1287
	（0.9721）	（-0.1875）	（-0.6737）	（-0.6146）
asset	0.1943	0.0799	-0.0272	-0.0289
	（1.3789）	（1.1437）	（-0.5534）	（-0.1926）
D. localpgdp	0.6741	0.4062 **	-0.3153 *	0.0339
	（1.6468）	（2.5244）	（-1.7619）	（0.0509）
D. m2	1.2314	2.7260	-0.9499	5.5881
	（0.2144）	（0.9751）	（-0.4887）	（1.1957）
D. shibor	-0.3966	-0.4903 ***	0.1436	-0.0303
	（-1.1911）	（-2.8758）	（0.8947）	（-0.0650）
_cons	-3.5593	-1.9791	0.7693	1.4709
	（-1.0947）	（-1.1701）	（0.6102）	（0.4156）
个体固定效应	Yes	Yes	Yes	Yes
年份固定效应	Yes	Yes	Yes	Yes
样本量	354	351	354	351
调整 R^2	0.1520	0.1430	0.1354	0.1441

注：＊＊＊、＊＊和＊分别代表在1%、5%和10%的显著性水平。

表5-13从贷款比例构成方面报告了基于银行贷款投放信用结构异质性的分组回归结果。列（1）和列（2）的回归结果显示，房价波动显著负向影响了信用贷款的比例，同时房价增长率的提高显著增加了抵押贷款的比例，数字化转型在其中起到了明显的缓和作用。但房价波动与数字化转型及两者的交乘项对担保贷款和抵押贷款的影响均不明显。

表 5 - 13　异质性分析：基于银行贷款投放信用结构比例变化

变量	ratio_credit (1)	ratio_mortgage (2)	ratio_guarantee (3)	ratio_hypothecated (4)
D. hp	− 0. 2850 **	0. 1114 **	− 0. 0621	0. 4191
	(− 2. 3199)	(2. 2814)	(− 0. 1234)	(1. 5563)
banktrans	− 0. 0048	0. 0478 **	− 0. 0359 *	0. 0087
	(− 0. 6979)	(2. 3084)	(− 1. 8788)	(1. 1027)
D. hp × banktrans	0. 0722 *	− 0. 0482 **	0. 0275	− 0. 0842 **
	(1. 8450)	(− 2. 5396)	(0. 2464)	(− 2. 3533)
ratio_npl	0. 0267	− 0. 0313	0. 0319	− 0. 0342 *
	(1. 4579)	(− 1. 2479)	(1. 1519)	(− 1. 9673)
roa	0. 0472	− 0. 1188 ***	0. 1339 ***	− 0. 0706
	(1. 0676)	(− 3. 0595)	(3. 0798)	(− 1. 3613)
ccar	− 0. 0124	0. 0666	− 0. 1130 *	0. 0195
	(− 0. 3675)	(1. 4387)	(− 1. 9129)	(0. 5229)
nim	0. 0165	0. 0775 **	− 0. 0302	− 0. 0560 *
	(0. 3777)	(2. 0377)	(− 0. 7157)	(− 1. 7451)
asset	0. 0464	− 0. 0595 *	− 0. 0232	0. 0480
	(1. 5782)	(− 1. 9424)	(− 0. 5928)	(1. 0176)
D. localpgdp	0. 1315 *	0. 0981	− 0. 1268	− 0. 0536
	(1. 8695)	(1. 4318)	(− 1. 3165)	(− 0. 4901)
D. m2	− 1. 7692 **	1. 0057	− 0. 8738	2. 3034
	(− 2. 0683)	(0. 7817)	(− 0. 6806)	(1. 4513)
D. shibor	− 0. 0963 *	− 0. 0523	0. 0380	0. 0770
	(− 1. 9053)	(− 0. 7104)	(0. 5100)	(0. 6831)
_cons	− 0. 5031	1. 0803	1. 1196	− 0. 9848
	(− 0. 7661)	(1. 4545)	(1. 1928)	(− 0. 9189)
个体固定效应	Yes	Yes	Yes	Yes
年份固定效应	Yes	Yes	Yes	Yes
样本量	355	352	355	352
调整 R^2	0. 6446	0. 3310	0. 3915	0. 1724

注：＊＊＊、＊＊和＊分别代表在1%、5%和10%的显著性水平。

113

表 5 - 14 报告了基于银行贷款投向行业异质性的分组回归结果。表中可见，房价波动对制造业、房地产业和批发零售业的贷款投放均有显著的正向影响。在制造业贷款和批发零售业贷款的回归中，数字化转型与房价波动交乘项的系数与房价波动的系数符号均相反，意味着数字化转型在房价波动冲击银行配置两类贷款的过程中均表现出缓和作用，但数字化转型和交互项对房地产业贷款的影响不显著。

表 5 - 14　异质性分析：基于银行贷款投向行业差异

变量	D. loan_manufacture	D. loan_realestate	D. loan_wholesale
	(1)	(2)	(3)
D. hp	1.4806 ***	0.0345 **	2.5669 *
	(2.8031)	(2.0282)	(2.0046)
banktrans	-0.0075	0.0286	0.0104
	(-0.3536)	(1.0461)	(0.2974)
D. hp × banktrans	-0.3027 **	0.0918	-0.5077 *
	(-2.2119)	(0.3062)	(-1.6892)
ratio_npl	-0.1684 ***	-0.0159	-0.2587
	(-4.4751)	(-0.1844)	(-1.5548)
roa	0.0529	0.0223	0.1200
	(0.6797)	(0.1414)	(0.6785)
ccar	0.1084	0.1309	0.3562
	(1.6624)	(0.8438)	(1.1692)
nim	0.0063	0.0360	0.3269 *
	(0.0944)	(0.2223)	(1.8626)
asset	0.1793 ***	-0.0004	-0.0260
	(3.7573)	(-0.0036)	(-0.1302)
D. localpgdp	0.1467	-0.1568	-0.4078
	(0.7957)	(-0.3875)	(-1.0044)
D. m2	2.8278 **	2.4583	0.6803
	(2.4407)	(0.7455)	(0.1494)
D. shibor	-0.1410	-0.2870	0.2124
	(-1.0734)	(-1.0464)	(0.7135)

（续上表）

变量	D. loan_manufacture	D. loan_realestate	D. loan_wholesale
	（1）	（2）	（3）
_cons	− 3. 8013 ***	− 0. 7199	− 0. 6214
	（− 3. 5140）	（− 0. 3073）	（− 0. 1629）
个体固定效应	Yes	Yes	Yes
年份固定效应	Yes	Yes	Yes
样本量	354	354	325
调整 R^2	0. 3754	0. 1805	0. 2635

注：＊＊＊、＊＊和＊分别代表在1%、5%和10%的显著性水平。

表5-15 从贷款比例构成方面报告了基于银行贷款投向行业比例异质性的分组回归结果。列（1）和列（2）的回归结果显示，房价波动显著负向影响了制造业贷款的比例，同时房价增长率的提高显著增加了房地产业的贷款比例，对批发零售业的贷款比例的影响则不显著。数字化转型在房价波动影响制造业贷款的过程中起到了明显的缓和作用。行业异质性的回归结果可见攀升的房价增长速度导致银行在信贷配置中挤出了制造业的贷款，而数字化转型程度的提高使这种挤出效应得到缓解。

表5-15　异质性分析：基于银行贷款投向行业比例异质性

变量	ratio_manufacture	ratio_realestate	ratio_wholesale
	（1）	（2）	（3）
D. hp	− 0. 1223 *	0. 0082 **	0. 1242
	（− 1. 6652）	（2. 1173）	（0. 7983）
banktrans	− 0. 0224 **	0. 0066 *	0. 0028
	（− 2. 6382）	（1. 6859）	（0. 5869）
D. hp × banktrans	0. 0222 ***	− 0. 0082	− 0. 0234
	（2. 5866）	（− 0. 4631）	（− 0. 6452）
ratio_npl	0. 0195	0. 0010	− 0. 0047
	（1. 5935）	（0. 0937）	（− 0. 4520）
roa	0. 0444	− 0. 0436 **	0. 0389

（续上表）

变量	ratio_manufacture	ratio_realestate	ratio_wholesale
	(1)	(2)	(3)
	(1.5670)	(−2.4405)	(1.5112)
ccar	0.0207	0.0252*	−0.0549**
	(0.6736)	(1.8872)	(−2.1283)
nim	−0.0264	0.0393***	−0.0269
	(−1.3357)	(2.7608)	(−1.2327)
asset	0.0282	0.0223	−0.0216
	(1.2367)	(1.5445)	(−1.0139)
D. localpgdp	−0.0549	0.0207	0.0153
	(−0.8137)	(0.7345)	(0.3163)
D. m2	2.9411***	1.1375**	0.4976
	(3.9190)	(2.0486)	(0.7811)
D. shibor	0.1318***	−0.0011	0.0142
	(3.2040)	(−0.0385)	(0.4278)
_cons	−0.6564	−0.5488	0.5384
	(−1.2223)	(−1.6172)	(1.0714)
个体固定效应	Yes	Yes	Yes
年份固定效应	Yes	Yes	Yes
样本量	355	355	329
调整 R^2	0.7944	0.2358	0.6342

注：＊＊＊、＊＊和＊分别代表在1%、5%和10%的显著性水平。

第四节　进一步研究：基于商业银行
主动风险承担视角的检验

在不确定冲击增多，宏观经济不确定性程度增加时，贷款收益的不确定性也增加，这将抑制商业银行投放贷款，同时银行也会出于预防性储蓄动机更多地持有安全性和流动性较高的资产，这表现为对商业银行主动风险承担行为的抑制。商业银行数字化转型一方面可以通过增强商

业银行的信息搜集与分析能力，降低因宏观经济不确定性增加所导致的商业银行对贷款收益不确定性上升的感知，另一方面可以通过提高商业银行管理风险和流动性的能力，提高其对贷款投放的管理能力，由此削弱银行进行预防性储蓄的动机。基于此，借鉴梁方等（2022）的研究，使用风险加权资产占总资产的比例（rwatoasset）度量商业银行事前的主动风险承担行为，进一步检验商业银行数字化转型对宏观经济不确定性的缓减作用。同时，借鉴项后军等（2023）的研究，使用系统广义矩对式（5-3）进行估计并提取残差项，剔除银行信贷增长率（D. loan）和固定资产投资价格指数（FA）对银行风险加权资产比例的影响，以识别出银行主观风险偏好（riskee）。

$$rwatoasset_{i,t} = \omega_0 + \omega_1 rwatoasset_{i,t-1} + \omega_2 D. loan_{i,t} + \omega_3 FA_t + \varepsilon_{i,t}$$

$$(5-3)$$

表5-16报告的实证结果显示，宏观经济不确定性显著抑制了银行的主动风险承担，同时宏观经济不确定性的增加还会显著降低银行的风险偏好，使银行倾向于减少贷款投放。商业银行数字化转型可以显著地缓解宏观经济不确定性对商业银行主动风险承担的抑制，通过增强信息甄别能力，缓解宏观经济不确定性对银行风险偏好的削减，促进其向实体经济投放信贷。

表5-16　进一步研究：宏观经济不确定性对银行风险承担与风险偏好的影响

变量	rwatoasset		riskee	
	（1）	（2）	（3）	（4）
eu	-0.0991***	-0.1768***	-0.0869**	-0.3475***
	（-3.1939）	（-2.9270）	（-2.0790）	（-3.9531）
banktrans	0.4065***	0.0945	0.5374***	0.0356
	（8.2764）	（1.1819）	（9.8588）	（0.4371）
eu × banktrans	0.0221***	0.0807***	0.0436	0.0904**
	（3.6596）	（4.0178）	（0.8771）	（2.0272）

（续上表）

变量	rwatoasset		riskee	
	（1）	（2）	（3）	（4）
ratio_npl		− 0. 2353		− 1. 6188 ***
		（− 0. 7613）		（− 4. 7372）
roa		0. 0984 *		0. 2121 ***
		（1. 7113）		（3. 7584）
ccar		− 0. 0774 *		− 0. 2384 ***
		（− 1. 8321）		（− 4. 9487）
nim		− 0. 0087		− 0. 0169
		（− 0. 2150）		（− 0. 5277）
asset		0. 1150		0. 0431
		（1. 1684）		（0. 8869）
D. localpgdp		− 0. 2859 ***		− 0. 4698 ***
		（− 4. 6156）		（− 6. 6778）
D. m2		− 0. 1192 **		− 0. 2976 ***
		（− 2. 3937）		（− 4. 9762）
D. shibor		− 0. 0059		0. 0884 ***
		（− 0. 1507）		（2. 6581）
常数项	0. 1267 ***	0. 1682 ***	0. 1858 ***	0. 5666 ***
	（9. 9933）	（2. 6420）	（10. 2096）	（6. 0299）
银行固定效应	Yes	Yes	Yes	Yes
地区 × 时间固定效应	Yes	Yes	Yes	Yes
样本量	879	879	770	770
调整 R^2	0. 2010	0. 2325	0. 2597	0. 4287

注：＊＊＊、＊＊和＊分别代表在 1%、5% 和 10% 的显著性水平。

第五节　本章小结

本章使用中国银行层面的面板数据通过双向固定效应模型实证检验了银行数字化转型对不确定冲击传导的信贷抵押路径的影响。基准回归

结果表明，房价变化率正向影响银行信贷投放，即房价上涨促使银行信贷投放增加，房价下跌导致银行信贷投放萎缩。商业银行数字化转型程度的提高可以抑制这一正向影响，通过降低债务人和债权人构建信用关系过程中对抵押品的依赖，缓减了抵押品价格变动对银行信贷投放的影响，这意味着不确定冲击通过银行信贷抵押路径传导加剧的效果由于商业银行数字化转型程度的提高被抑制。稳健性检验和使用工具变量法处理内生性问题后的实证结果也验证了这一结论。

进一步地，异质性检验的结果发现，商业银行的战略数字化转型、业务数字化转型和管理数字化转型均能起到缓和房价波动对信贷投放影响的作用，但业务数字化转型的缓和作用最大。就贷款对象类型而言，房价变化率的提高增加了个人住房贷款和企业经营性贷款的投放，银行数字化转型在这一过程中起到了缓和的作用。就贷款信用类型而言，房价增长显著负向影响银行信用贷款的配置，减少了信用贷款的投放比例，同时又显著正向影响银行抵押贷款的投放，增加了抵押贷款的投放比例，而数字化转型在房价波动冲击银行配置两类贷款的过程中均表现出缓和作用。就贷款的行业投向而言，房价增长率的提高减少了制造业贷款的比例，同时增加了房地产业的贷款比例，对批发零售业的贷款比例的影响则不显著，银行数字化转型程度的提高抑制了房价上涨对制造业贷款的挤出效应。

最后，研究还发现，不确定冲击引致的宏观经济不确定性抑制了银行的主动风险承担和银行风险偏好，但银行数字化转型程度的提高可以缓解宏观经济不确定性对银行承担风险的抑制，数字化转型对银行信息甄别能力的提高和对银行风险管理、流动性管理等经营管理的赋能促使银行更全面地掌握借款人信用情况，因此可以在不确定冲击密集出现的不确定时期依旧根据借款人最真实的信用情况作出信贷决策，减少银行作出盲目抽贷、限贷、拒贷等顺周期信贷行为的概率。基于本章的实证检验可以得出结论，商业银行数字化转型弱化了不确定冲击通过信贷抵押路径加剧和传导的程度。

第六章　商业银行数字化转型对企业资产负债表路径影响的实证研究

资产负债表路径是不确定冲击通过信贷市场中的资金需求端，改变企业资产负债表状态，进而影响企业信贷获取能力和投资水平，最终作用于宏观经济的传导通道。企业投资需要借助外部融资的支持，而信贷市场是重要的外部融资来源。银行审核企业的贷款申请时关注的重点是企业净值，核验的是企业资产负债表中可供抵押的资产数量及已有的负债情况。不确定冲击导致的资产价格波动影响企业的资产负债表状况，致使企业净值出现变化，这使银行改变了对企业信用资质的判定，并基于此增加或减少对企业的信贷投放，进而影响企业的投资决策，大量企业同时作出增加或削减投资的行为会导致经济进一步扩张或萎缩，造成宏观经济波动幅度的扩大。

然而，不确定冲击影响下的资产价格波动导致的企业净值变化并不必然代表着企业真实经营状况的恶化，对抵押品和资产负债表的过度关注是信息不对称产生的金融摩擦衍生的信用识别扭曲，是以对"物的信用"替代对"人的信用"产生的识别偏离，也是银行为减少坏账损失而作出的选择，根源问题在于银行所处的信息劣势地位导致的信用风险识别困难。商业银行借助数字技术完成对企业更加全面的画像，对企业的还款概率形成更加准确的预测，由此降低了对资产负债表的依赖。如果数字化转型对银行信息甄别能力的提升可以降低信贷投放过程中对企业资产负债表的依赖，那么不确定冲击导致的企业资产负债表变化对企业信贷获取的影响将减弱，企业的投资因此受到的影响也将减少。

第一节　理论分析与研究假设

资产负债表路径是不确定冲击通过信贷市场中的资金需求端，改变企业资产负债表状态，进而影响企业信贷获取能力和投资水平，最终作

用于宏观经济的传导通道。根据经典的 MM 定理中关于完美资本市场环境的假设，企业的融资结构并不影响其投资决策，因此企业选择什么方式融资并不重要（Modigliani & Miller，1959）。然而，在现实世界中，由于契约不完全性导致的信息不对称，金融市场中普遍存在大量的金融摩擦，因此企业的投资决策往往要受制于其融资能力，融资能力的差异决定了不同企业之间投资水平的异质性（McConnell & Servaes，1995）。在中国特殊的金融制度背景下，以银行为主导的金融体系决定了我国企业的融资主要来源于银行信贷（Allen et al，2011）。在信用关系构建的过程中，债务人经过严格审计的资产负债表和拥有的可作为抵押品的资产发挥了重要的作用。对资产负债表的审核有助于债权人了解债务人的净值和还款能力。同时，抵押物资产作为一种外部保护机制有利于保护债权人利益，从而减少借款企业和商业银行之间的代理冲突，因此企业资产抵押能力成为其能否获取商业银行信贷融资及其获取多少的关键因素之一。

不完全契约与信息不对称理论均强调，由于债务人相对于商业银行等债权人而言具有信息优势，从而导致债务人具有利用信息优势进行机会主义行为的倾向，损害债权人的利益。就企业与银行签订的信贷合同而言，作为债务人的企业具有比银行等债权人更了解企业拟投资的项目情况和实际经营状态的信息优势，因此可以通过隐藏财务报表中对自身不利的信息以提高贷款申请获批的概率，造成逆向选择问题，损害银行等债权人的利益。基于此，债务人拥有较高的净值和资产抵押能力有助于减轻债权人的信息劣势，债权人的利益得到更好的保障将促进其投放更多的信贷资源，作为债务人的企业也因此可以获得更多的银行信贷机会，进而缓解融资约束。

然而，无论是企业资产负债表状况，还是可供抵押的资产价值均会受不确定冲击影响。企业资产价值的变化将对其融资能力产生影响，从而使企业被迫放弃一些好的投资机会。由于企业资产价值受不确定冲击影响，面临信息不对称问题的商业银行基于资产负债表和抵押品的信贷审核模式会增强信贷配置行为的顺周期性，从而阻碍资金融通的实现。金融科技的发展与商业银行业务的融合可以通过缓解信贷双方之间的信息不对称，缓减金融摩擦以弱化银行信贷配置行为的顺周期性。数字技

术与商业银行的全方位深度融合能够有效促进银行对关系型贷款、交易记录、抵押品等数据与信息的搜集和处理，由此缓减信息不对称（Cenni et al，2015；Mocetti et al，2017）。在不确定冲击增加时，由于信息处理和甄别能力的提高，商业银行对企业的情况有了更深入、更及时的了解，降低了把借款人资产价值的暂时性变化与其真实信用捆绑的可能性，商业银行的限贷、惜贷、拒贷、断贷等行为会在一定程度上得到缓解。同时，商业银行数字化转型可以减轻信贷决策对企业抵押资产价值的依赖（Gambacorta et al，2020；黄益平、邱晗，2021），降低不确定冲击导致的企业资产负债表状况变化和可供抵押的资产价值波动对商业银行信贷配置和企业信贷获取的影响。基于此，提出如下假设：

假设 6 - 1：商业银行数字化转型程度的提高可以抑制企业净值变化对信贷获取的影响。

进一步地，资本逐利规律表明，企业当前的投资机会在很大程度上决定了其未来的投资活动。当投资机会来临时，企业应扩大规模、追加投资；但当投资机会较少或较差时，企业应缩减投资规模（靳庆鲁等，2012）。然而，企业投资的实现不仅受制于其所面临的投资机会质量，也必然受制于企业的融资能力。当企业资产负债表状况良好，可供抵押的资产较多时，通过抵押资产获得银行信贷的可能性增加，这有助于改善企业面临的融资环境，更易将良好的投资机会转化为投资收益与利润。此外，投资机会的价值是企业的私有信息，作为债权人的银行由于信息劣势的缘故，难以和企业就投资机会达成共识，即银行难以确认企业认为是好的投资机会确实能带来好的投资收益，能够按期还本付息，因此在企业申请信贷融资时依旧严格依据企业资产负债表状况和抵押品资产价值进行信贷配置决策。当不确定冲击的出现导致企业资产负债表恶化或抵押品资产价值下跌时，商业银行往往作出抽贷、断贷的选择，致使企业被迫放弃投资机会，甚至在本金受损的状态下被迫撤回投资。由于信贷市场存在的金融加速器效应，不确定冲击可通过企业资产负债表路径影响企业投资，当经济中大量的企业都在经济衰退、资产价值下跌时被迫收缩经营规模，减少投资，宏观经济就将出现螺旋式的下行，进一步陷入衰退的漩涡。

数字化转型提升了商业银行获取数据、处理信息的能力和效率，这

主要来源于金融科技底层的数字技术和实践应用程度增加对商业银行经营全链条的完善与重塑。以大数据、人工智能、云计算和区块链为代表的底层技术架构通过改变传统银行内部的管理模式和经营方式，能够有效支撑银行数字化转型，并促使银行得以利用关键的数字技术提升信息甄别能力（戚聿东、肖旭，2020），全方位获取借款人的信息并形成完整的客户画像。同时，企业将以移动支付、数字营销和智能投顾等为代表的数字技术应用与自身核心市场业务相融合，通过科技手段贯通银企数据实时传输与共享的链条，这在应用层面上使银行能够与企业复杂的业务场景相联系，提升银行对企业经营的理解，增进银企互信水平。数字化转型使商业银行可以应用数字技术通过大数据分析评估企业的偿债能力和违约风险，在信贷审核过程中降低了对资产负债表和抵押品的依赖。相比传统金融，在同等抵押物规模的情况下，企业的贷款申请被予以通过的概率更大，能够获取的银行信贷也更多，因此企业融资能力在数字技术的赋能下得以提升。由于商业银行可以更全面地评估企业的经营情况与还款能力，外部冲击导致的企业净值下降对企业信贷获取能力的影响变小，银行在企业净值下降的时候盲目抽贷断贷的可能性也下降，因此对企业投资的干扰也减小，企业的投资受不确定冲击影响的可能性也下降。基于此，提出如下假设：

假设6-2：商业银行数字化转型程度的提高可以抑制企业净值变化对企业投资的影响。

第二节　研究设计

一、模型设定与实证策略

实证研究的目的是证明商业银行数字化转型对企业资产负债表路径的影响。资产负债表路径的核心是企业净值对信贷获取的正向关联，并影响企业投资，导致不确定冲击对宏观经济波动的进一步放大。基于此，为验证商业银行数字化转型对资产负债表路径的影响，引入企业可抵押资产与商业银行数字化转型的交互项，构建了如下计量模型：

$$co\_var_{i,t+1} = \alpha_0 + \alpha_1 collater_{i,t} + \alpha_2 banktrans_{b,t} +$$
$$\alpha_3 collater_{i,t} \times banktrans_{b,t} + \gamma \times controls +$$
$$\mu_i + \lambda_b + \nu_t + \varepsilon_{i,b,t} \tag{6-1}$$

在式（6-1）的回归中，被解释变量（co_var）是一系列与企业投融资和产出有关的变量，包括第 t 年银行 b 向企业 i 投放的信贷量（$loan_{i,b,t}$），第 t 年企业 i 的债务融资水平（dr）、短期债务融资水平（fr）、长期债务融资水平（lrd）、融资成本（cod）、企业投资（$invest$）、Tobin's Q（$tobinq$）、企业成长性（$growth$）。核心解释变量为企业可抵押的资产数量（$collater$）和商业银行数字化转型（$banktrans$），用以综合考察企业净值变化对企业融资能力、投资水平和实际经营的影响以及商业银行数字化转型在其中所起的调节效应。$controls$ 为控制变量，μ_i 表示企业固定效应，代表了不可观测的企业资金需求因素，λ_b、ν_t 分别表示银行固定效应和年度固定效应，$\varepsilon_{i,b,t}$ 为模型随机误差项。

考虑到商业银行审核企业信贷申请时查验的是过去的资产负债表，企业获取的信贷资金转化为投资可能存在一定时滞，因此模型中的被解释变量均前置一期，这既体现了实践中变量之间的传递耗时，又在技术上尽可能减轻反向因果的内生性干扰问题。同时，所有回归方程均默认采用 Cluster 聚类稳健标准误调整的 t 统计量。企业可抵押的资产数量和商业银行数字化转型交互项的估计系数 α_3 是实证研究主要关心的参数，实证检验意图探究的是商业银行数字化转型在企业资产负债表路径的传导机制中所发挥的作用。

二、 变量选取与说明

1. 被解释变量

（1）企业融资，具体包括以下五个指标：

① 企业信贷获取（$loan$），指企业 i 在第 t 年从银行 b 处获得的信贷投放占企业当期总资产的比值；

② 债务融资（dr），指企业流动性负债和长期负债之和占企业当期总资产的比例；

③ 短期债务融资（fr），指企业流动性负债占企业当期总资产的

比例；

④ 长期债务融资（*lrd*），指企业长期负债占企业当期总资产的比例；

⑤ 债务成本（*cod*），指企业利息支出与其占企业当期债务融资的比例。

（2）企业投资（*invest*），指企业购建固定资产、无形资产和其他长期资产支付的现金与企业当期总资产的比值。

（3）企业实际经营，包括衡量企业投资价值的 Tobin's Q 与主营收入增长率两个指标。

2. 解释变量

（1）资产可抵押性，由于在信用关系构建过程中债权人最关注的是企业资产负债表中可供抵押的资产数量，企业融资时通常会使用房产、机器设备、厂房、存款等其他资产作为信贷申请提供的抵押品（Firth et al，2012），因此使用可抵押资产（*collater*）的数量作为代理变量。借鉴 Berger 等（1996）与 Almeida 和 Campello（2007）计算资产可抵押性的实证方法，将资产可抵押性（*collater*）定义为：

$$collater = 货币资金/总资产 + 0.715 \times (应收账款/总资产) + 0.547 \times$$
$$(存货/总资产) + 0.535 \times (固定资产/总资产) \qquad (6-2)$$

（2）商业银行数字化转型（*banktrans*）选用北京大学中国商业银行数字化转型指数（谢绚丽、王诗卉，2022），该指数可精确匹配至银行层面，又可进一步分为认知维度的战略数字化转型（*banktrans*1）、产品维度的业务数字化转型（*banktrans*2）和组织维度的管理数字化转型（*banktrans*3）三个层面，每个层面在合成总指数时分别占比 20%、40% 和 40%。在稳健性检验中进一步使用银行金融科技新闻报道强度、银行金融科技专利数据和上市金融公司数字化建设程度作为替代变量。

此外，为了建立银行和企业之间的对应关系，使用来源于国泰安上市公司贷款数据库中的银行对上市公司贷款数据进行匹配。手工整理得到 A 股上市公司在 2010—2021 年向各银行贷款的信息，总计 96301 条记录。首先将贷款记录统一整理为"企业—年份—银行名称"的数据

集，接着生成银企匹配变量，然后将该数据与各银行历年的数字化转型指数和其他财务数据相匹配，得到"企业—年份—贷款银行—银企匹配—企业相关数据—商业银行数字化转型—银行财务信息"的数据集。

3. 控制变量

为控制其他因素对企业投融资与产出的影响，充分结合现有文献的通用做法，控制资产收益率、资产负债率、企业规模、企业现金流、企业年龄和企业实际控制人拥有控制权比例的影响。其中，roa 为资产收益率，定义为净利润与总资产之比，反映了企业的获利能力；alr 为资产负债率，定义为企业总负债与总资产之比，反映了企业总体的债务情况；$asset$ 为企业规模，定义为企业总资产的对数值；$cash$ 为企业现金流，定义为企业经营活动产生的现金流量净额与总资产的比值，反映了企业资产负债表的流动性状况；age 为企业年龄，定义为考察年度与公司成立年份之差；$actcon$ 实际控制人持股，定义为企业实际控制人拥有上市公司控制权的比例。实证分析中涉及的主要变量的定义及其测度见表 6-1。

表 6-1　变量的定义及其测度

变量类型	变量名称	变量定义或测度
被解释变量	信贷获取（$loan$）	企业 i 在第 t 年从银行 b 处获得的信贷投放占企业当期总资产的比值
	债务融资（dr）	（流动性负债 + 长期负债）/总资产
	短期债务融资（fr）	流动性负债/总资产
	长期债务融资（lrd）	长期负债/总资产
	融资成本（cod）	利息支出/债务融资
	企业投资（$invest$）	购建固定资产、无形资产和其他长期资产支付的现金/总资产
	Tobin's Q（$tobinq$）	（流通股市值 + 非流通股面值）/（总资产 - 无形资产净额 - 商誉净额）
	企业成长性（$growth$）	主营业务增长率

（续上表）

变量类型	变量名称	变量定义或测度
解释变量	资产可抵押性（collater）	可抵押的资产数量占总资产的比例
	商业银行数字化转型（banktrans）	匹配至企业层面的商业银行数字化转型总指数
	认知维度的商业银行数字化转型（banktrans1）	匹配至企业层面的商业银行战略数字化转型指数
	产品维度的商业银行数字化转型（banktrans2）	匹配至企业层面的商业银行业务数字化转型指数
	组织维度的商业银行数字化转型（banktrans3）	匹配至企业层面的商业银行管理数字化转型指数
控制变量	资产收益率（roa）	净利润/总资产×100%
	资产负债率（alr）	企业总负债/总资产×100%
	企业规模（asset）	企业总资产的对数值
	企业现金流（cash）	经营活动产生的现金流量净额/总资产
	企业年龄（age）	企业成立时长，即考察年度与公司成立年份之差
	实际控制人持股（act-con）	实际控制人拥有上市公司控制权比例

三、 样本选择与数据来源

实证分析以中国非金融类上市公司为研究对象，并通过从国泰安上市公司贷款数据库中手工整理得到的 96301 条逐笔银行贷款记录将上市公司与商业银行进行匹配，检验商业银行数字化转型是否可以弱化不确定冲击传导的企业资产负债表路径。实证检验所使用的商业银行数字化转型数据来自北京大学数字金融研究中心（谢绚丽、王诗卉，2022）。由于该数据统计时间区间为 2010—2021 年，因此实证分析主要以这一时间段为样本区间。实证检验使用的企业和银行原始数据主要来自国泰安（CSMAR）数据库。

关于原始数据，实证分析前做了如下预处理：①剔除所有 ST 类和退市的企业样本；②剔除了财务数据缺失严重的样本；③剔除了连续时

间小于三年的样本；④为排除异常值对回归结果的潜在干扰，对所有连续变量进行了前后1%水平的缩尾（Winsorize）处理。关于银企匹配的步骤，首先剔除了国泰安上市公司贷款数据库中银行对上市公司子公司的贷款记录；其次剔除了银团贷款的记录，仅保留单一银行授信的记录；再次，剔除了授信来源为企业财务公司等非银行金融机构和三大政策性银行的授信记录；最后剔除了贷款性质不详、贷款金额不明、贷款银行未知的记录。最终总计得到19239个样本，覆盖了2284家企业和117家银行。

第三节　实证结果分析

一、基于样本的初步经验观察

实证分析中涉及的主要变量的描述性统计见表6-2。表中提供的变量描述性统计结果显示，银行信贷投放（loan）的均值为0.0507，说明样本中单一银行向企业放贷的规模占企业总资产的比例平均约为5.07%；企业债务融资总量（dr）、短期融资水平（fr）和长期融资水平（lrd）的均值分别为0.4972、0.4139、0.0826，说明样本企业债务规模占总资产的比例为49.72%，而短期融资和长期融资占总资产的比例分别为41.39%和8.26%，大部分的企业融资均是短期融资。债务成本的均值为0.0510，说明样本企业接受的利率价格约为5.1%。企业投资占总资产的比例平均为4.51%，Tobin's Q的均值为1.8661，企业主营业务增长率均值为8.24%。同时，描述性统计结果还显示，样本企业可抵押资产占总资产比例的均值为0.4534，最大值为0.7161，最小值为0.1831，商业银行数字化转型指数的均值为113.4160，最大值为174.0000，最小值为20.0000，说明不同企业之间的资产可抵押性和获得相关信贷支持的合作银行的数字化水平具有明显差异。控制变量取值均在合理范围，在此不再赘述。

表 6-2　主要变量的基本统计特征

变量	观测值	平均值	标准差	最小值	中位数	最大值
loan	19239	0.0507	0.0531	0.0009	0.1976	0.2993
dr	19239	0.4972	0.1778	0.0954	0.5009	0.9050
fr	19239	0.4139	0.1610	0.0799	0.4080	0.8189
lrd	19239	0.0826	0.0858	0.0000	0.0566	0.3912
cod	19239	0.0510	0.0479	0.0040	0.0383	0.3412
invest	19239	0.0451	0.0410	0.0003	0.0330	0.2048
tobinq	19239	1.8661	1.0237	0.8794	1.5247	6.4730
growth	19239	0.0824	0.2484	-0.9551	0.1071	0.6111
collater	19239	0.4534	0.1002	0.1831	0.4586	0.7161
banktrans	19239	113.4160	34.5830	20.0000	108.0000	174.0000
*banktrans*1	19239	215.4757	93.6304	13.0000	193.0000	436.0000
*banktrans*2	19239	149.9326	30.6783	24.0000	160.0000	190.0000
*banktrans*3	19239	63.9670	31.8703	0.0000	59.0000	134.0000
roa	19239	0.0284	0.0606	-0.2520	0.0289	0.1769
alr	19239	0.5146	0.1765	0.0987	0.5182	0.9098
asset	19239	22.6575	1.0702	19.8351	22.5885	25.2509
cash	19239	0.0401	0.0591	-0.1074	0.0384	0.2038
age	19239	18.7521	5.4628	2.0000	18.0000	42.0000
actcon	19239	35.2959	15.0886	0.0000	34.3300	87.9200

注：＊＊＊、＊＊和＊分别代表在1%、5%和10%的显著性水平。

表 6-3 提供的变量间 Pearson 相关系数显示，企业资产的可抵押性与银行信贷获取、总的债务融资数量、短期融资水平、Tobin's Q 值和主营业务增长率呈显著的正相关关系，与企业的长期融资水平、融资成本、企业投资呈负相关关系。银行数字化转型与企业信贷获取呈正相关关系，其中产品维度的数字化转型与企业信贷获取的正相关性最高。由于解释变量与其他控制变量也存在显著的相关性，因此需要经多元回归分析才能进一步验证。另外，鉴于个别变量间相关系数大于0.5，在实证检验之前先对所有进入模型的解释变量进行方差膨胀因子（*VIF*）诊断，发现 *VIF* 最大值为7.98，且所有变量的平均 *VIF* 值仅为4.33，说

明各变量间不存在严重的多重共线性问题，即多重共线性问题未影响本书的研究结论。

表6-3　相关系数矩阵

解释变量与 控制变量	loan	dr	fr	lrd	cod	invest	tobinq	growth
collater	0.11*	0.08*	0.22*	-0.24*	-0.03*	-0.16*	0.07*	0.04*
banktrans	0.03*	-0.06*	-0.06*	0.00	-0.00	0.01	-0.07*	-0.06*
banktrans1	0.00	-0.04*	-0.04*	0.00	-0.01	0.01	-0.09*	-0.05*
banktrans2	0.11*	-0.08*	-0.09*	0.00	0.01	0.01	-0.03*	-0.03*
banktrans3	-0.02*	-0.04*	-0.04*	-0.00	-0.01	0.00	-0.06*	-0.06*
roa	0.00	-0.33*	-0.31*	-0.10*	0.30*	0.19*	0.23*	0.44*
fix	0.01	-0.09*	-0.17*	0.14*	0.09*	0.32*	-0.02*	-0.03*
alr	-0.11*	0.99*	0.86*	0.44*	-0.42*	-0.12*	-0.35*	-0.05*
asset	-0.28*	0.50*	0.32*	0.43*	-0.10*	-0.04*	-0.43*	0.09*
cash	0.00	-0.23*	-0.23*	-0.04*	0.30*	0.22*	0.13*	0.04*
age	-0.07*	0.12*	0.06*	0.15*	-0.04*	-0.08*	-0.15*	-0.11*
actcon	0.06*	-0.01	-0.01	0.00	0.09*	0.01	-0.05*	0.02*

注：***、**和*分别代表在1%、5%和10%的显著性水平。

表6-4列示的组间均值差异t检验的结果表明，向企业提供贷款的银行数字化转型程度较高的样本组相比于数字化转型程度较低的样本组而言，所服务的企业具有较高的投资水平和较低的债务成本，同时企业资产的可抵押性和固定资产比例也相对较低，初步支持了研究假设。

表6-4　组间均值差异t检验

变量	银行数字化转型 程度低的样本组		银行数字化转型 程度高的样本组		均值差异	t值
	观测值	均值	观测值	均值		
loan	8849	0.053	10390	0.049	0.005***	6.069
dr	8849	0.501	10390	0.494	0.006**	2.511
fr	8849	0.418	10390	0.411	0.007***	3.102

（续上表）

变量	银行数字化转型程度低的样本组		银行数字化转型程度高的样本组		均值差异	t 值
	观测值	均值	观测值	均值		
lrd	8849	0.082	10390	0.083	-0.001	-0.994
invest	8849	0.044	10390	0.046	-0.002***	-3.760
cod	8849	0.052	10390	0.050	0.003***	3.920
tobinq	8849	1.973	10390	1.775	0.199***	13.469
growth	8849	0.090	10390	0.076	0.014***	3.821
collater	8849	0.460	10390	0.448	0.012***	8.162
banktrans	8849	82.829	10390	139.441	-56.612***	-191.389
*banktrans*1	8849	139.625	10390	280.532	-140.907***	-153.673
*banktrans*2	8849	131.449	10390	165.480	-34.031***	-89.822
*banktrans*3	8849	38.799	10390	85.443	-46.644***	-147.408
roa	8849	0.030	10390	0.027	0.003***	3.314
fix	8849	0.208	10390	0.191	0.017***	7.823
alr	8849	0.517	10390	0.512	0.005*	1.776
asset	8849	22.565	10390	22.737	-0.172***	-11.140
cash	8849	0.032	10390	0.047	-0.015***	-17.799
age	8849	17.416	10390	19.890	-2.474***	-32.135
actcon	8502	35.355	8894	35.240	0.115	0.503

注：＊＊＊、＊＊和＊分别代表在1%、5%和10%的显著性水平。

二、　基准回归结果

表6-5报告了根据式（6-1）回归得到的基准结果，列（1）、列（2）与列（3）分别展示了企业信贷获取对企业资产可抵押性和商业银行数字化转型的回归结果。实证结果显示，企业资产可抵押性的增加有利于促进企业获取信贷，但商业银行数字化转型对企业的信贷获取表现出抑制作用。列（4）、列（5）在同时包含 *collater* 与 *banktrans* 的基础上，先后加入了商业银行数字化转型与企业资产可抵押性的交互项和控制变量。结果表明，企业资产可抵押性的提升对于信贷获取的增加始终有着显著的促进作用，企业资产可抵押性与商业银行数字化转型指数的

交互项系数符号始终显著为负，这说明银行数字化转型程度的提升可以使银行更加全面地审视借款人的信用，而不必仅仅依赖于抵押品价值，这削弱了企业资产可抵押性对信贷获取的正向影响。

表6-5　基准回归结果1：对企业信贷获取的影响

变量	F. loan				
	(1)	(2)	(3)	(4)	(5)
collater	0.0895***		0.0771***	0.0799***	0.0450**
	(4.6076)		(4.0569)	(4.1899)	(2.3324)
banktrans		-0.0874***	-0.0811***	-0.0807***	0.0273
		(-5.6830)	(-5.3768)	(-5.3276)	(1.0344)
collater × banktrans				-0.0155***	-0.0087***
				(-3.1257)	(-3.6280)
roa					-0.0886***
					(-5.6616)
alr					-0.0534*
					(-1.8741)
asset					-0.2341***
					(-4.2268)
cash					-0.0145
					(-1.2025)
age					-0.0171
					(-1.2921)
actcon					0.0015
					(1.6071)
常数项	0.0235***	0.0284***	0.0297***	0.0288***	0.2446
	(51.7697)	(23.0389)	(22.6212)	(17.9780)	(0.9700)
年份固定效应	No	No	No	No	Yes
银行固定效应	No	No	No	No	Yes
样本量	10423	10423	10423	10423	10039
调整 R^2	0.0058	0.0104	0.0147	0.0150	0.0527

注：***、**和*分别代表在1%、5%和10%的显著性水平。

表 6 - 6 报告了根据式（6 - 1）回归得到的基准结果，Panel A、Panel B 和 Panel C 分别以企业债务融资、短期债务融资和长期债务融资为解释变量。列（1）、列（2）与列（3）分别展示了反映企业融资水平的变量对企业资产可抵押性和商业银行数字化转型的回归结果。实证结果显示，企业资产可抵押性的增加总体上有助于抑制企业债务水平的提高，但在期限结构方面主要体现在对长期债务水平提升的抑制和对短期债务的促进。在 Panel B 中，交互项（$collater \times banktrans$）系数为负，但在 Panel C 中，交互项（$collater \times banktrans$）系数为正，说明数字化转型对商业银行信息甄别能力的提升有助于在信贷审核过程中减少对抵押品的依赖，更多的信用分析工具有助于缓减抵押融资导致的流动性负债占比过高的问题，提高企业长期融资的占比，缓解企业现金流管理压力，进而抑制企业短债长投，这与李逸飞等（2022）研究得出的结论基本一致。

表 6 - 6　基准回归结果 2：对企业融资的影响

Panel A	F. dr				
变量	（1）	（2）	（3）	（4）	（5）
collater	- 0. 0411 ***		- 0. 0356 **	- 0. 0338 **	- 0. 0126
	（ - 2. 9096）		（ - 2. 5313）	（ - 2. 3898）	（ - 1. 1265）
banktrans		0. 0389 ***	0. 0360 ***	0. 0363 ***	0. 0151
		（3. 4769）	（3. 1733）	（3. 1862）	（1. 1079）
collater × banktrans				- 0. 0102	0. 0005
				（ - 1. 1562）	（0. 0723）
roa					- 0. 0684 ***
					（ - 8. 1745）
alr					0. 2902 ***
					（17. 4212）
asset					0. 2516 ***
					（7. 7542）
cash					- 0. 0307 ***
					（ - 4. 5912）

（续上表）

Panel A	\multicolumn{5}{c}{F. dr}				
变量	(1)	(2)	(3)	(4)	(5)
age					−0.0425***
					(−4.8990)
actcon					−0.0016**
					(−2.2516)
常数项	0.1009***	0.0987***	0.0981***	0.0976***	0.8759***
	(306.2119)	(110.2080)	(109.0343)	(90.5567)	(5.1227)
年份固定效应	No	No	No	No	Yes
银行固定效应	No	No	No	No	Yes
样本量	10423	10423	10423	10423	10039
调整 R^2	0.0032	0.0053	0.0076	0.0080	0.1954

Panel B	\multicolumn{5}{c}{F. fr}				
变量	(1)	(2)	(3)	(4)	(5)
collater	−0.0181		−0.0118	−0.0079	0.0041**
	(−1.1208)		(−0.7378)	(−0.5012)	(2.3186)
banktrans		0.0422***	0.0413***	0.0420***	0.0059
		(3.5721)	(3.4687)	(3.5033)	(0.3452)
collater × banktrans				−0.0219**	−0.0137**
				(−2.0011)	(−2.3929)
roa					−0.0991***
					(−8.9405)
alr					0.2803***
					(13.9615)
asset					0.0959***
					(2.6900)
cash					−0.0149*
					(−1.7821)
age					−0.0173*
					(−1.7561)

（续上表）

Panel B	F. fr				
变量	（1）	（2）	（3）	（4）	（5）
actcon					−0. 0018 ***
					（−2. 6727）
常数项	0. 1530 ***	0. 1500 ***	0. 1498 ***	0. 1486 ***	0. 4711 **
	（406. 2285）	（158. 4023）	（151. 7640）	（115. 0412）	（2. 4878）
年份固定效应	No	No	No	No	Yes
银行固定效应	No	No	No	No	Yes
样本量	10423	10423	10423	10423	10039
调整 R^2	0. 0005	0. 0048	0. 0050	0. 0063	0. 1518
Panel C	F. lrd				
变量	（1）	（2）	（3）	（4）	（5）
collater	−0. 0656 ***		−0. 0649 ***	−0. 0683 ***	−0. 0504 ***
	（−3. 8177）		（−3. 8123）	（−3. 9419）	（−2. 7025）
banktrans		0. 0099	0. 0046	0. 0040	0. 0217
		（0. 6803）	（0. 3213）	（0. 2781）	（0. 9007）
collater × banktrans				0. 0194 ***	0. 0268 **
				（3. 5574）	（2. 0796）
roa					0. 0243 *
					（1. 8905）
alr					0. 1001 ***
					（4. 4759）
asset					0. 3198 ***
					（7. 4952）
cash					−0. 0421 ***
					（−4. 7917）
age					−0. 0529 ***
					（−3. 8626）

（续上表）

Panel C	F. lrd				
变量	（1）	（2）	（3）	（4）	（5）
actcon					-0.0002
					(-0.1845)
常数项	0.0373***	0.0380***	0.0369***	0.0380***	1.0060***
	(93.0455)	(32.7813)	(30.5729)	(24.5096)	(3.7320)
年份固定效应	No	No	No	No	Yes
银行固定效应	No	No	No	No	Yes
样本量	10423	10423	10423	10423	10039
调整 R^2	0.0043	0.0002	0.0043	0.0050	0.0429

注：＊＊＊、＊＊和＊分别代表在1%、5%和10%的显著性水平。

表6-7报告了根据式（6-1）回归得到的基准结果，列（1）、列（2）与列（3）分别展示了企业融资成本对企业资产可抵押性和商业银行数字化转型的回归结果。实证结果显示，企业资产可抵押性的增加对企业的融资成本总体上并不显著，但商业银行数字化转型对企业的融资成本表现出抑制作用。列（4）、列（5）在同时包含 collater 与 banktrans 的基础上，先后加入了商业银行数字化转型与企业资产可抵押性的交互项和控制变量。结果表明，企业资产可抵押性的提升对于融资成本的作用始终不显著，企业净值与商业银行数字化转型指数的交互项系数符号始终显著为负，这说明银行数字化转型程度的提升可以使银行更加全面地审视借款人的信用，通过缓解信息不对称降低代理成本减少企业的外部融资溢价。

表6-7　基准回归结果3：对企业融资成本的影响

变量	F. cod				
	（1）	（2）	（3）	（4）	（5）
collater	-0.0132		-0.0175	-0.0151	-0.0044
	(-0.6737)		(-0.9168)	(-0.7821)	(-0.2278)

（续上表）

变量	F. cod				
	(1)	(2)	(3)	(4)	(5)
banktrans		−0.0269**	−0.0283**	−0.0279**	0.0166
		(−2.0513)	(−2.2189)	(−2.1678)	(0.8346)
collater × banktrans				−0.0139**	−0.0372***
				(−2.0180)	(−2.8323)
roa					0.1237***
					(8.7707)
alr					−0.0387
					(−1.1961)
asset					−0.1708**
					(−2.4081)
cash					0.0320***
					(3.3213)
age					0.0177
					(1.4741)
actcon					0.0007
					(0.6752)
常数项	−0.0903***	−0.0878***	−0.0881***	−0.0889***	−0.4771**
	(−197.5730)	(−83.5973)	(−74.5044)	(−58.7787)	(−2.1385)
年份固定效应	No	No	No	No	Yes
银行固定效应	No	No	No	No	Yes
样本量	10423	10423	10423	10423	10039
调整 R^2	0.0002	0.0012	0.0015	0.0018	0.0609

注：***、**和*分别代表在1%、5%和10%的显著性水平。

表6-8报告了根据式（6-1）回归得到的基准结果，列（1）、列（2）与列（3）分别展示了企业投资对企业资产可抵押性和商业银行数字化转型的回归结果。实证结果显示，企业资产可抵押性的增加将显著促进企业投资。列（4）、列（5）在同时包含 *collater* 与 *banktrans* 的基础上，先后加入了商业银行数字化转型与企业资产可抵押性的交互项和控制变量。结果表明，企业资产可抵押性的提升对于企业投资的促进作

用始终显著，而企业资产可抵押性与商业银行数字化转型指数的交互项系数符号也始终显著为正，这说明银行数字化转型程度的提升可以进一步提高企业投资水平。

表 6 - 8　基准回归结果 4：对企业投资的影响

变量	F. invest				
	(1)	(2)	(3)	(4)	(5)
collater	0.1058 ***		0.0974 ***	0.0844 ***	0.0788 ***
	(5.1722)		(4.6892)	(4.0335)	(3.6853)
banktrans		-0.0630 ***	-0.0550 ***	-0.0573 ***	0.0183
		(-4.2002)	(-3.5863)	(-3.7416)	(0.7163)
collater × banktrans				-0.0741 ***	-0.0897 ***
				(-5.1748)	(-6.4154)
roa					0.0656 ***
					(6.1008)
alr					-0.1424 ***
					(-5.3638)
asset					-0.0535
					(-1.0847)
cash					0.0194 **
					(1.9619)
age					-0.0712 ***
					(-4.1921)
actcon					0.0002
					(0.2022)
常数项	-0.0664 ***	-0.0638 ***	-0.0622 ***	-0.0581 ***	1.5065 ***
	(-139.1108)	(-53.1543)	(-50.4432)	(-35.9241)	(4.4191)
年份固定效应	No	No	No	No	Yes
银行固定效应	No	No	No	No	Yes
样本量	10423	10423	10423	10423	10039
调整 R^2	0.0084	0.0056	0.0126	0.0200	0.0728

注：＊＊＊、＊＊和＊分别代表在 1%、5% 和 10% 的显著性水平。

表6-9报告了根据式（6-1）回归得到的基准结果，列（1）、列（2）与列（3）分别展示了企业投资价值对企业资产可抵押性和商业银行数字化转型的回归结果。Tobin's Q值较高意味着企业市场价值高于资本重置成本，因此企业将增加购买新的资本品，进而促进投资支出增加。表6-9列示的实证结果表明，企业资产可抵押性的增加将显著促进企业投资价值的增加。列（4）、列（5）在同时包含 *collater* 与 *banktrans* 的基础上，先后加入了商业银行数字化转型与企业资产可抵押性的交互项和控制变量。结果表明，企业资产可抵押性的提升对于企业投资的促进作用始终显著，而企业资产可抵押性与商业银行数字化转型指数的交互项系数符号也始终显著为负，这说明银行数字化转型程度的提升可以减少信贷审核中对抵押品的依赖，抑制资产可抵押性与企业投资价值的正向关系。在经济扩张期，银行数字化转型促使银行信息甄别能力的提高可以使银行更加冷静地审视企业投资潜藏的风险，减少因抵押资产价值上涨而盲目扩张信贷投放的概率；在经济紧缩期，银行也可以通过科技手段全面审视企业的经营状况，不会因企业可抵押资产价值的下降而盲目收缩信贷，这证实了商业银行数字化转型所起到的"减震器"作用。

表6-9　基准回归结果5：对企业投资价值的影响

变量	F. tobinq				
	(1)	(2)	(3)	(4)	(5)
collater	0.1362 ***		0.1280 ***	0.1369 ***	0.0201 ***
	(7.4598)		(7.1191)	(7.2546)	(7.2303)
banktrans		-0.0643 ***	-0.0539 ***	-0.0523 ***	0.0180
		(-4.5864)	(-3.9129)	(-3.8575)	(0.7918)
collater × banktrans				-0.0508 ***	-0.0248 **
				(-3.5212)	(-1.9702)
roa					-0.0563 ***
					(-5.3057)
alr					-0.0903 ***
					(-3.6369)

（续上表）

变量	F. tobinq				
	（1）	（2）	（3）	（4）	（5）
asset					-0.0551
					（-1.0642）
cash					0.0515***
					（5.3158）
age					0.0105
					（0.9922）
actcon					-0.0008
					（-0.8845）
常数项	-0.0755***	-0.0736***	-0.0714***	-0.0742***	-0.2334
	（-177.3472）	（-65.5667）	（-60.1180）	（-57.4983）	（-1.1565）
年份固定效应	No	No	No	No	Yes
银行固定效应	No	No	No	No	Yes
样本量	10423	10423	10423	10423	10039
调整 R^2	0.0140	0.0059	0.0181	0.0215	0.2744

注：＊＊＊、＊＊和＊分别代表在1%、5%和10%的显著性水平。

表6-10报告了根据式（6-1）回归得到的基准结果，列（1）、列（2）与列（3）分别展示了企业成长性对企业资产可抵押性和商业银行数字化转型的回归结果。表6-10列示的实证结果表明，企业资产可抵押性的增加将显著抑制企业主营业务的增长，这可能是因为不动产或可作为信贷抵押的资产增加占用了企业投入经营主营业务的资源，因此将抑制主营业务的增长。列（4）、列（5）在同时包含 collater 与 banktrans 的基础上，先后加入了商业银行数字化转型与企业资产可抵押性的交互项和控制变量。结果表明，企业资产可抵押性的提升对于企业主营业务的增长始终表现出显著的抑制作用，而企业资产可抵押性与商业银行数字化转型指数的交互项系数符号始终显著为正，这说明银行数字化转型程度的提升可以减少在信贷审核中对抵押品的依赖，抑制资产可抵押性对企业成长性的不利影响。

表 6 – 10 基准回归结果 6：对企业成长性的影响

变量	F. growth				
	（1）	（2）	（3）	（4）	（5）
collater	− 0. 0449		− 0. 0727 ***	− 0. 0790 ***	− 0. 1082 ***
	（ − 1. 6305）		（ − 2. 6501）	（ − 2. 8489）	（ − 3. 7779）
banktrans		− 0. 1755 ***	− 0. 1814 ***	− 0. 1825 ***	0. 0062
		（ − 9. 1042）	（ − 9. 3537）	（ − 9. 3860）	（0. 1652）
collater × banktrans				0. 0363 ***	0. 0270 ***
				（5. 5849）	（4. 1860）
roa					0. 0441 *
					（1. 8844）
alr					0. 0266
					（0. 6349）
asset					− 0. 5787 ***
					（ − 6. 1751）
cash					− 0. 0689 ***
					（ − 3. 6938）
age					0. 0704 ***
					（3. 7274）
actcon					0. 0024
					（1. 5146）
常数项	− 0. 0358 ***	− 0. 0207 ***	− 0. 0219 ***	− 0. 0199 ***	− 1. 1716 ***
	（ − 55. 7707）	（ − 13. 4290）	（ − 13. 5293）	（ − 9. 6245）	（ − 3. 3602）
年份固定效应	No	No	No	No	Yes
银行固定效应	No	No	No	No	Yes
样本量	10423	10423	10423	10423	10039
调整 R^2	0. 0006	0. 0162	0. 0176	0. 0183	0. 1430

注：＊＊＊、＊＊和＊分别代表在1%、5%和10%的显著性水平。

三、 稳健性检验

本章通过分别更换解释变量资产可抵押性和商业银行数字化转型以验证实证结果的稳健性。首先，使用企业所有者权益占总资产的比例替

换式（6-1）中的资产可抵押性。实证结果如表6-11所示，检验结果和基准回归保持一致。

表6-11　稳健性检验1：将资产可抵押性替换为所有者权益占比

变量	F. loan	F. dr	F. fr	F. lrd	F. cod	F. invest	F. tobinq	F. growth
	(1)	(2)	(3)	(4)	(5)	(6)	(7)	(8)
equity	61.2401*	-24.9708	10.1309***	-43.6506***	-189.4709***	39.4019**	-83.3793***	-65.8959**
	(1.7786)	(-1.2473)	(3.7350)	(-4.2390)	(-3.2458)	(2.5331)	(-2.7474)	(-1.9833)
banktrans	0.0300	0.0238*	0.0084	0.0330	0.0212	0.0298	0.0222	0.0381
	(1.1128)	(1.7380)	(0.4915)	(1.3753)	(1.0253)	(1.1670)	(0.9545)	(1.0226)
equity × banktrans	-0.1930***	1.0361***	-0.2358***	1.4341***	-0.0633***	1.7616***	0.2716***	3.9413***
	(3.4982)	(5.9033)	(-2.9806)	(4.0108)	(-2.1741)	(5.2094)	(2.7665)	(8.2758)
roa	-0.0880***	-0.0686***	-0.0998***	0.0264**	0.1299***	0.0665***	-0.0549***	0.0450*
	(-5.6719)	(-8.2061)	(-8.9306)	(2.0375)	(9.3478)	(6.4617)	(-5.2052)	(1.9526)
alr	-2.6882*	-0.7870	-0.1567	-1.7804	-8.1883***	-1.8398***	-3.6780***	-2.8184**
	(-1.8160)	(-0.9128)	(-0.2664)	(-1.1736)	(-3.2472)	(-2.7661)	(-2.8180)	(-1.9725)
asset	-0.2446***	0.2458***	0.0951***	0.3190***	-0.1468**	-0.1133**	-0.0533	-0.5877***
	(-4.3981)	(7.5448)	(2.6908)	(7.5893)	(-2.0455)	(-2.2850)	(-1.0550)	(-6.3268)
cash	-0.0111	-0.0298***	-0.0143*	-0.0425***	0.0337***	0.0268***	0.0538***	-0.0692***
	(-0.9219)	(-4.4632)	(-1.7061)	(-4.7235)	(3.5219)	(2.8015)	(5.5246)	(-3.8068)
age	-0.0175	-0.0414***	-0.0177*	-0.0503***	0.0157	-0.0660***	0.0095	0.0757***
	(-1.3311)	(-4.7958)	(-1.7903)	(-3.6620)	(1.2958)	(-3.8861)	(0.8969)	(4.0674)
actcon	0.0015	-0.0018**	-0.0018***	-0.0004	0.0009	-0.0005	-0.0008	0.0018
	(1.5584)	(-2.5141)	(-2.6885)	(-0.4766)	(0.8255)	(-0.4591)	(-0.8647)	(1.0981)
常数项	0.3440	0.8952***	0.4918***	1.0238***	-0.1817	1.4978***	-0.0976	-1.1666***
	(1.3375)	(5.1737)	(2.5910)	(3.7214)	(-0.7464)	(4.3781)	(-0.4629)	(-3.3649)
年份固定效应	Yes	Yes	Yes	Yes	Yes	Yes	Yes	Yes
银行固定效应	Yes	Yes	Yes	Yes	Yes	Yes	Yes	Yes
样本量	10039	10039	10039	10039	10039	10039	10039	10039
调整 R^2	0.0527	0.2005	0.1516	0.0455	0.0750	0.0623	0.2760	0.1510

注：***、**和*分别代表在1%、5%和10%的显著性水平。

其次，使用固定资产占总资产的比例替换式（6-1）中的资产可

抵押性。实证结果如表 6 - 12 所示，检验结果也和基准回归保持一致。

表 6 - 12　稳健性检验 2：将资产可抵押性替换为固定资产占比

| 变量 | F. loan | F. dr | F. fr | F. lrd | F. cod | F. invest | F. tobinq | F. growth |
	(1)	(2)	(3)	(4)	(5)	(6)	(7)	(8)
fix	0.0552*	-0.0675***	0.0453**	-0.0577*	0.0026	0.2092***	0.0923***	-0.1072***
	(1.8025)	(-3.9711)	(2.3552)	(-1.6663)	(0.0901)	(5.0774)	(3.5612)	(-2.8358)
banktrans	0.0271	0.0188	0.0104	0.0214	0.0167	0.0170	0.0158	-0.0021
	(1.0206)	(1.3944)	(0.5967)	(0.8834)	(0.8338)	(0.6770)	(0.6947)	(-0.0570)
fix×banktrans	-0.0098*	-0.0489***	-0.0548***	0.0035**	-0.0179***	0.0158**	-0.0378***	0.1059***
	(-1.8889)	(-6.1019)	(-5.4915)	(2.2425)	(-3.2769)	(2.0743)	(-3.8632)	(6.2316)
roa	-0.0941***	-0.0675***	-0.0976***	0.0239*	0.1208***	0.0573***	-0.0561***	0.0449*
	(-6.0410)	(-8.3745)	(-8.9763)	(1.8941)	(8.5332)	(5.3650)	(-5.3002)	(1.9128)
alr	-0.0533*	0.2785***	0.2673***	0.0994***	-0.0364	-0.1478***	-0.0814***	0.0530
	(-1.8553)	(17.6544)	(13.9462)	(4.3642)	(-1.1299)	(-5.4644)	(-3.2474)	(1.2526)
asset	-0.2494***	0.2301***	0.0712**	0.3249***	-0.1555**	-0.1233**	-0.0335	-0.4955***
	(-4.4098)	(7.5870)	(2.1085)	(7.5293)	(-2.2309)	(-2.5360)	(-0.6574)	(-5.2115)
cash	-0.0102	-0.0295***	-0.0136	-0.0429***	0.0315***	0.0309***	0.0498***	-0.0777***
	(-0.8544)	(-4.4361)	(-1.6326)	(-4.8686)	(3.3066)	(3.2737)	(5.2479)	(-4.2183)
age	-0.0189	-0.0361***	-0.0107	-0.0513***	0.0139	-0.0659***	0.0046	0.0580***
	(-1.4167)	(-4.4487)	(-1.0993)	(-3.8374)	(1.1705)	(-4.1583)	(0.4264)	(3.0293)
actcon	0.0014	-0.0013*	-0.0014**	-0.0002	0.0007	-0.0002	-0.0010	0.0019
	(1.4415)	(-1.8212)	(-2.1170)	(-0.1961)	(0.6729)	(-0.2012)	(-1.0484)	(1.1931)
常数项	0.2893	0.7505***	0.3398*	0.9768***	-0.4079*	1.4431***	-0.1233	-0.9382***
	(1.1369)	(4.7086)	(1.8145)	(3.7244)	(-1.8533)	(4.5503)	(-0.6027)	(-2.6696)
年份固定效应	Yes	Yes	Yes	Yes	Yes	Yes	Yes	Yes
银行固定效应	Yes	Yes	Yes	Yes	Yes	Yes	Yes	Yes
样本量	10039	10039	10039	10039	10039	10039	10039	10039
调整 R^2	0.0523	0.2080	0.1616	0.0410	0.0591	0.0685	0.2782	0.1477

注：***、**和*分别代表在1%、5%和10%的显著性水平。

最后，本书更换了商业银行数字化转型的代理变量，使用替换数据进行式（6-1）回归后得到的结果报告在表 6-13 中。分别使用四种

数据替换商业银行数字化转型指数：Panel A 是使用胡俊等（2021）通过借助腾讯 AI Lab 预训练词向量模型捕捉超过 17 万条新闻媒体对银行金融科技进展的报道，构建的反映商业银行与金融科技相关的信息在新闻报道中出现强度的指数（*bankdigitial_HUS*）①。Panel B 是借鉴 Zhao 等（2022）和李逸飞等（2022）的方法，从国家知识产权局专利检索数据库采集的银行金融科技专利数据（*bankdigital_patent*）；Panel C 是采用来源于 CSMAR 建立的金融科技数据库中的"上市金融公司数字化建设程度"指标（*bankdigital_CSMAR*）；Panel D 是采用 CNRDS 银行及金融研究数据库中的商业银行数字化词频统计（*bankdigital_CNRDS*）。稳健性检验结果显示，系数符号和显著性与基准回归结果一致，结论依旧稳健。

表 6–13　稳健性检验 3：替换其他商业银行数字化转型指数

变量	F. loan (1)	F. dr (2)	F. fr (3)	F. lrd (4)	F. cod (5)	F. invest (6)	F. tobinq (7)	F. growth (8)
collater	0.0543**	-0.0361**	0.0065***	-0.0861***	0.0134	0.0028***	0.0317***	-0.1697***
	(2.1472)	(-2.5411)	(3.4140)	(-3.9563)	(0.5513)	(3.1016)	(3.5491)	(-4.4188)
banktrans_HUS	0.0220	0.0045	0.0062	-0.0022	0.0041	-0.0134	-0.0076	-0.0152
	(1.2240)	(0.4050)	(0.5116)	(-0.1318)	(0.3117)	(-0.7167)	(-0.5529)	(-0.5973)
collater × banktrans_HUS	-0.0357***	0.0012	-0.0016*	0.0014***	-0.0048**	0.0346**	-0.0036**	0.0084**
	(-2.5817)	(0.1356)	(-2.1651)	(3.1102)	(-2.3972)	(2.2608)	(-2.3122)	(2.3642)
roa	-0.1048***	-0.0666***	-0.1041***	0.0382*	0.1100***	0.0709***	-0.0784***	0.1125***
	(-3.9523)	(-5.3173)	(-5.6742)	(1.8952)	(6.2495)	(4.5585)	(-5.0625)	(3.0985)
alr	-0.1071***	0.2046***	0.1907***	0.0900***	0.0275	-0.1438***	-0.1324***	0.0258
	(-3.2517)	(10.9685)	(8.8638)	(3.4825)	(0.6751)	(-4.2486)	(-5.4466)	(0.4468)
asset	-0.0863	0.2752***	0.1139***	0.3310***	-0.1212	0.0056	-0.2552***	-0.8188***
	(-1.3613)	(7.1096)	(3.0308)	(6.8709)	(-1.2942)	(0.0877)	(-5.0389)	(-6.6583)
cash	-0.0251	-0.0275***	-0.0245**	-0.0186*	0.0095	0.0656***	0.0456***	-0.0615***
	(-1.6061)	(-3.2492)	(-2.3421)	(-1.7152)	(0.8675)	(5.5064)	(4.5450)	(-2.7121)

①　由于银行的数字化转型行为也会受到媒体关注，因此新闻报道中出现的金融科技词频可以在一定程度上体现银行数字化转型的水平。

（续上表）

Panel A	F. loan	F. dr	F. fr	F. lrd	F. cod	F. invest	F. tobinq	F. growth
变量	(1)	(2)	(3)	(4)	(5)	(6)	(7)	(8)
age	−0.0245	−0.0495 ***	−0.0151	−0.0691 ***	0.0436 ***	−0.1014 ***	−0.0017	0.0481 **
	(−1.5145)	(−4.7698)	(−1.4186)	(−4.8418)	(2.6265)	(−5.1350)	(−0.1761)	(2.1652)
actcon	0.0022 *	−0.0022 ***	−0.0018 **	−0.0014	0.0017	0.0019	−0.0013	−0.0056 ***
	(1.9083)	(−2.7629)	(−2.3624)	(−1.5389)	(1.2622)	(1.4063)	(−1.2214)	(−3.2313)
常数项	0.3717	1.0120 ***	0.4967 **	1.2067 ***	−0.8653 ***	1.7448 ***	−0.1770	−0.7966 **
	(1.2731)	(5.2608)	(2.5112)	(4.5400)	(−3.0160)	(4.6880)	(−0.9964)	(−2.0342)
年份固定效应	Yes	Yes	Yes	Yes	Yes	Yes	Yes	Yes
银行固定效应	Yes	Yes	Yes	Yes	Yes	Yes	Yes	Yes
样本量	7089	7089	7089	7089	7089	7089	7089	7089
调整 R^2	0.0513	0.1456	0.1136	0.0440	0.0395	0.0686	0.3914	0.1515

Panel B	F. loan	F. dr	F. fr	F. lrd	F. cod	F. invest	F. tobinq	F. growth
变量	(1)	(2)	(3)	(4)	(5)	(6)	(7)	(8)
collater	0.0519 **	−0.0370 ***	−0.0071	−0.0874 ***	0.0115	−0.0013	−0.0328	0.1709 ***
	(2.0523)	(−2.6036)	(−0.4538)	(−4.0134)	(0.4714)	(−0.0451)	(−1.6175)	(4.4597)
banktrans_patent	0.0100	0.0053	0.0050	−0.0008	−0.0016	−0.0054	−0.0076	−0.0233
	(0.5872)	(0.5104)	(0.4315)	(−0.0482)	(−0.1291)	(−0.3117)	(−0.5645)	(−0.9296)
collater × banktrans_patent	−0.0199 **	0.0147	−0.0063 ***	0.0205 ***	−0.0187 ***	0.0299 *	0.0210 *	0.0033 **
	(−2.3657)	(1.4971)	(−3.6159)	(3.4957)	(−3.5005)	(1.8206)	(1.6933)	(2.1373)
roa	−0.1060 ***	−0.0670 ***	−0.1044 ***	0.0377 *	0.1093 ***	0.0717 ***	−0.0787 ***	0.1123 ***
	(−4.0111)	(−5.3308)	(−5.6800)	(1.8770)	(6.2443)	(4.6013)	(−5.0617)	(3.0924)
alr	−0.1056 ***	0.2042 ***	0.1906 ***	0.0893 ***	0.0272	−0.1453 ***	−0.1331 ***	0.0260
	(−3.1959)	(10.9232)	(8.8454)	(3.4461)	(0.6675)	(−4.2895)	(−5.4946)	(0.4502)
asset	−0.0850	0.2758 ***	0.1142 ***	0.3317 ***	−0.1206	0.0047	−0.2549 ***	−0.8191 ***
	(−1.3435)	(7.1525)	(3.0408)	(6.8918)	(−1.2863)	(0.0730)	(−5.0283)	(−6.6564)
cash	−0.0246	−0.0271 ***	−0.0243 **	−0.0180 *	0.0101	0.0654 ***	0.0461 ***	−0.0611 ***
	(−1.5739)	(−3.2059)	(−2.3232)	(−1.6680)	(0.9240)	(5.4970)	(4.6034)	(−2.6931)
age	−0.0201	−0.0486 ***	−0.0139	−0.0693 ***	0.0452 ***	−0.1039 ***	−0.0026	0.0465 **
	(−1.3176)	(−4.7925)	(−1.3438)	(−5.0775)	(2.7934)	(−5.4626)	(−0.2819)	(2.1679)

（续上表）

Panel B	F. loan	F. dr	F. fr	F. lrd	F. cod	F. invest	F. tobinq	F. growth
变量	(1)	(2)	(3)	(4)	(5)	(6)	(7)	(8)
actcon	0.0022*	−0.0021***	−0.0018**	−0.0014	0.0017	0.0019	−0.0012	−0.0056***
	(1.9554)	(−2.7219)	(−2.3270)	(−1.5019)	(1.3009)	(1.3860)	(−1.1896)	(−3.2242)
常数项	0.2968	0.9966***	0.4762**	1.2069***	−0.8946***	1.7864***	−0.1661	−0.7758**
	(1.0712)	(5.2991)	(2.4707)	(4.7164)	(−3.1954)	(4.9389)	(−0.9816)	(−2.0444)
年份固定效应	Yes	Yes	Yes	Yes	Yes	Yes	Yes	Yes
银行固定效应	Yes	Yes	Yes	Yes	Yes	Yes	Yes	Yes
样本量	7089	7089	7089	7089	7089	7089	7089	7089
调整 R^2	0.0497	0.1464	0.1137	0.0447	0.0401	0.0679	0.3920	0.1516

Panel C	F. loan	F. dr	F. fr	F. lrd	F. cod	F. invest	F. tobinq	F. growth
变量	(1)	(2)	(3)	(4)	(5)	(6)	(7)	(8)
collater	0.0532**	−0.0359**	−0.0069	−0.0850***	0.0145	−0.0021	−0.0318	−0.1702***
	(2.1127)	(−2.5405)	(−0.4416)	(−3.9088)	(0.5976)	(−0.0763)	(−1.5614)	(−4.4288)
banktrans_CSMAR	0.0198	0.0091	0.0135	−0.0057	−0.0042	−0.0196	−0.0046	0.0067
	(1.2379)	(0.9591)	(1.3147)	(−0.4062)	(−0.3398)	(−1.1948)	(−0.3758)	(0.2894)
collater × banktrans_CSMAR	−0.0268**	−0.0008	−0.0022**	0.0094***	−0.0168***	0.0281***	0.0056	−0.0010
	(−2.1913)	(−0.0979)	(−2.2496)	(2.8492)	(−3.5017)	(2.0526)	(0.5287)	(−0.0482)
roa	−0.1050***	−0.0666***	−0.1045***	0.0389*	0.1109***	0.0709***	−0.0785***	0.1120***
	(−3.9618)	(−5.3261)	(−5.6945)	(1.9287)	(6.2825)	(4.5650)	(−5.0784)	(3.0839)
alr	−0.1070***	0.2043***	0.1903***	0.0902***	0.0279	−0.1435***	−0.1325***	0.0249
	(−3.2438)	(10.9631)	(8.8439)	(3.4874)	(0.6849)	(−4.2345)	(−5.4499)	(0.4314)
asset	−0.0858	0.2753***	0.1145***	0.3301***	−0.1225	0.0048	−0.2549***	−0.8171***
	(−1.3585)	(7.1035)	(3.0463)	(6.8552)	(−1.3068)	(0.0757)	(−5.0353)	(−6.6441)
cash	−0.0249	−0.0276***	−0.0245**	−0.0189*	0.0091	0.0655***	0.0457***	−0.0613***
	(−1.6017)	(−3.2659)	(−2.3404)	(−1.7409)	(0.8374)	(5.4950)	(4.5537)	(−2.7031)
age	−0.0246	−0.0511***	−0.0176	−0.0679***	0.0461***	−0.0992***	−0.0023	0.0423*
	(−1.5039)	(−4.8620)	(−1.6298)	(−4.6930)	(2.7546)	(−5.0354)	(−0.2331)	(1.8952)
actcon	0.0022*	−0.0022***	−0.0018**	−0.0015	0.0017	0.0019	−0.0013	−0.0056***
	(1.9125)	(−2.7827)	(−2.3641)	(−1.5576)	(1.2425)	(1.4035)	(−1.2164)	(−3.2309)

（续上表）

Panel C	F. loan	F. dr	F. fr	F. lrd	F. cod	F. invest	F. tobinq	F. growth
变量	(1)	(2)	(3)	(4)	(5)	(6)	(7)	(8)
常数项	0.3723	1.0403***	0.5405***	1.1861***	-0.9066***	1.7074***	-0.1675	-0.6970*
	(1.2603)	(5.3462)	(2.6880)	(4.4046)	(-3.1388)	(4.5886)	(-0.9435)	(-1.7699)
年份固定效应	Yes	Yes	Yes	Yes	Yes	Yes	Yes	Yes
银行固定效应	Yes	Yes	Yes	Yes	Yes	Yes	Yes	Yes
样本量	7089	7089	7089	7089	7089	7089	7089	7089
调整 R^2	0.0506	0.1458	0.1139	0.0442	0.0401	0.0684	0.3914	0.1514

Panel D	F. loan	F. dr	F. fr	F. lrd	F. cod	F. invest	F. tobinq	F. growth
变量	(1)	(2)	(3)	(4)	(5)	(6)	(7)	(8)
collater	0.0534**	-0.0362**	-0.0069	-0.0853***	0.0146	-0.0028	-0.0316	-0.1693***
	(2.1204)	(-2.5715)	(-0.4444)	(-3.9432)	(0.6035)	(-0.1012)	(-1.5499)	(-4.4075)
banktrans_CNRDS	0.0165	0.0049	0.0073	-0.0022	0.0103	-0.0171	-0.0054	-0.0049
	(1.0145)	(0.5048)	(0.6869)	(-0.1555)	(0.8558)	(-1.0523)	(-0.4277)	(-0.2132)
collater × banktrans_CNRDS	-0.0278**	0.0036	-0.0039***	0.0065***	-0.0157**	0.0340**	-0.0030**	0.0124***
	(-2.1803)	(0.4488)	(-3.4403)	(3.5639)	(-2.3069)	(2.4847)	(-2.2814)	(3.5752)
roa	-0.1048***	-0.0667***	-0.1044***	0.0386*	0.1107***	0.0705***	-0.0784***	0.1128***
	(-3.9537)	(-5.3335)	(-5.6859)	(1.9138)	(6.2783)	(4.5396)	(-5.0712)	(3.1039)
alr	-0.1069***	0.2047***	0.1908***	0.0899***	0.0271	-0.1435***	-0.1325***	0.0252
	(-3.2410)	(10.9635)	(8.8639)	(3.4755)	(0.6661)	(-4.2398)	(-5.4546)	(0.4370)
asset	-0.0842	0.2752***	0.1141***	0.3309***	-0.1206	0.0031	-0.2553***	-0.8177***
	(-1.3340)	(7.1175)	(3.0297)	(6.8748)	(-1.2846)	(0.0489)	(-5.0338)	(-6.6549)
cash	-0.0249	-0.0274***	-0.0244**	-0.0188*	0.0091	0.0655***	0.0456***	-0.0616***
	(-1.5971)	(-3.2473)	(-2.3302)	(-1.7345)	(0.8381)	(5.5096)	(4.5466)	(-2.7147)
age	-0.0238	-0.0498***	-0.0157	-0.0690***	0.0416**	-0.0997***	-0.0020	0.0458**
	(-1.4711)	(-4.7697)	(-1.4598)	(-4.8929)	(2.5111)	(-5.0680)	(-0.2072)	(2.0563)
actcon	0.0022*	-0.0022***	-0.0018**	-0.0015	0.0016	0.0019	-0.0013	-0.0056***
	(1.9218)	(-2.7547)	(-2.3502)	(-1.5528)	(1.2356)	(1.4056)	(-1.2201)	(-3.2379)
常数项	0.3589	1.0178***	0.5068**	1.2059***	-0.8289***	1.7162***	-0.1717	-0.7559*
	(1.2249)	(5.2497)	(2.5369)	(4.5784)	(-2.8997)	(4.6279)	(-0.9615)	(-1.9256)
年份固定效应	Yes	Yes	Yes	Yes	Yes	Yes	Yes	Yes

（续上表）

Panel D	F. loan	F. dr	F. fr	F. lrd	F. cod	F. invest	F. tobinq	F. growth
变量	(1)	(2)	(3)	(4)	(5)	(6)	(7)	(8)
银行固定效应	Yes	Yes	Yes	Yes	Yes	Yes	Yes	Yes
样本量	7089	7089	7089	7089	7089	7089	7089	7089
调整 R^2	0.0507	0.1457	0.1137	0.0441	0.0402	0.0690	0.3914	0.1515

注：＊＊＊、＊＊和＊分别代表在1%、5%和10%的显著性水平。

四、 异质性分析

商业银行数字化转型的维度可进一步细分为认知层面的战略数字化、产品层面的业务数字化和组织层面的管理数字化，进一步使用商业银行数字化转型三个子指数检验银行数字化转型对企业资产负债表路径的影响。表6-14列示了使用商业银行认知层面的战略数字化转型指数的检验结果。实证结果中的交互项（collater × banktrans1）系数与显著性情况表明，银行战略数字化转型对信贷投放、长期债务水平和企业投资表现出正向的调节效应，对短期债务水平、债务成本、企业投资价值表现出负向的调节效应，说明银行战略数字化转型可以促进银行向企业增加基于抵押品的信贷投放，优化企业债务期限结构，降低债务成本、支持企业投资，并抑制投资的顺周期扩张。

表6-14　异质性分析1：考察银行战略数字化转型的调节效应

变量	F. loan	F. dr	F. fr	F. lrd	F. cod	F. invest	F. tobinq	F. growth
	(1)	(2)	(3)	(4)	(5)	(6)	(7)	(8)
collater	0.0449 **	-0.0115	0.0041	-0.0484 ***	-0.0071	0.0859 ***	0.0191	-0.1055 ***
	(2.3332)	(-1.0261)	(0.3134)	(-2.6125)	(-0.3760)	(4.0202)	(1.1797)	(-3.7022)
banktrans1	0.0283	0.0088	-0.0062	0.0317 *	0.0183	0.0059	-0.0115	-0.0044
	(1.3400)	(0.8241)	(-0.4464)	(1.6790)	(1.0823)	(0.3148)	(-0.7052)	(-0.1501)
collater × banktrans1	0.0121 ***	-0.0080	-0.0189 **	0.0213 *	-0.0313 **	0.0706 ***	-0.0265 **	0.0172
	(2.8319)	(-1.0806)	(-2.0195)	(1.7505)	(-2.5145)	(5.1976)	(-2.1963)	(0.7501)
roa	-0.0885 ***	-0.0681 ***	-0.0990 ***	0.0247 *	0.1232 ***	0.0669 ***	-0.0563 ***	0.0447 *
	(-5.6569)	(-8.1401)	(-8.9147)	(1.9233)	(8.7541)	(6.2313)	(-5.3026)	(1.9027)

（续上表）

变量	F. loan	F. dr	F. fr	F. lrd	F. cod	F. invest	F. tobinq	F. growth
	(1)	(2)	(3)	(4)	(5)	(6)	(7)	(8)
alr	−0.0537*	0.2903***	0.2804***	0.1002***	−0.0395	−0.1408***	−0.0904***	0.0272
	(−1.8864)	(17.4130)	(13.9623)	(4.4894)	(−1.2205)	(−5.2975)	(−3.6452)	(0.6508)
asset	−0.2349***	0.2508***	0.0964***	0.3174***	−0.1698**	−0.0574	−0.0532	−0.5799***
	(−4.2389)	(7.7425)	(2.7043)	(7.4333)	(−2.3942)	(−1.1613)	(−1.0276)	(−6.1990)
cash	−0.0145	−0.0307***	−0.0149*	−0.0420***	0.0320***	0.0195**	0.0516***	−0.0689***
	(−1.1984)	(−4.5954)	(−1.7848)	(−4.7887)	(3.3248)	(1.9705)	(5.3222)	(−3.6980)
age	−0.0157	−0.0397***	−0.0138	−0.0539***	0.0178	−0.0656***	0.0192**	0.0741***
	(−1.3452)	(−4.9155)	(−1.5232)	(−4.2364)	(1.5524)	(−4.0923)	(2.2474)	(4.4620)
actcon	0.0016	−0.0016**	−0.0018***	−0.0002	0.0008	0.0001	−0.0008	0.0024
	(1.6101)	(−2.2818)	(−2.6860)	(−0.2066)	(0.7087)	(0.1162)	(−0.8823)	(1.4918)
常数项	0.2185	0.8266***	0.4079**	1.0228***	−0.4808**	1.4094***	−0.3886**	−1.2354***
	(0.9602)	(5.1172)	(2.3222)	(3.9973)	(−2.2497)	(4.2827)	(−2.3227)	(−4.0034)
年份固定效应	Yes	Yes	Yes	Yes	Yes	Yes	Yes	Yes
银行固定效应	Yes	Yes	Yes	Yes	Yes	Yes	Yes	Yes
样本量	10039	10039	10039	10039	10039	10039	10039	10039
调整 R^2	0.0530	0.1955	0.1522	0.0430	0.0603	0.0687	0.2745	0.1428

注：＊＊＊、＊＊和＊分别代表在1%、5%和10%的显著性水平。

表6-15列示了使用商业银行产品层面业务数字化转型指数的检验结果。实证结果中的交互项（collater × banktrans2）系数与显著性情况表明，银行业务数字化转型对长期债务水平和企业投资表现出正向的调节效应，对信贷投放、短期债务水平、债务成本表现出负向的调节效应，说明银行业务数字化转型可以抑制抵押信贷的顺周期扩张，优化企业债务期限结构，降低债务成本、支持企业投资。

表6-15　异质性分析2：考察银行业务数字化转型的调节效应

变量	F. loan	F. dr	F. fr	F. lrd	F. cod	F. invest	F. tobinq	F. growth
	(1)	(2)	(3)	(4)	(5)	(6)	(7)	(8)
collater	0.0464**	−0.0121	0.0050	−0.0514***	−0.0025	0.0793***	0.0145	−0.1033***
	(2.4093)	(−1.0710)	(0.3786)	(−2.7198)	(−0.1279)	(3.6710)	(0.8920)	(−3.6092)

（续上表）

变量	F. loan (1)	F. dr (2)	F. fr (3)	F. lrd (4)	F. cod (5)	F. invest (6)	F. tobinq (7)	F. growth (8)
banktrans2	0.0326	0.0059	0.0129	−0.0067	−0.0063	−0.0039	0.0363	−0.0197
	(1.4302)	(0.3892)	(0.7915)	(−0.2932)	(−0.3488)	(−0.1665)	(1.6396)	(−0.5228)
collater × banktrans2	−0.0169**	−0.0026	−0.0183*	0.0310*	−0.0454**	0.0834***	0.0047	0.0009
	(−2.0840)	(−0.2873)	(−1.6906)	(1.9520)	(−2.4680)	(4.9624)	(0.3414)	(0.0340)
roa	−0.0889***	−0.0684***	−0.0995***	0.0250*	0.1228***	0.0684***	−0.0578***	0.0456*
	(−5.7153)	(−8.1513)	(−8.9341)	(1.9454)	(8.7466)	(6.3732)	(−5.4405)	(1.9327)
alr	−0.0531*	0.2903***	0.2802***	0.1004***	−0.0393	−0.1406***	−0.0912***	0.0275
	(−1.8676)	(17.4067)	(13.9443)	(4.4964)	(−1.2161)	(−5.2617)	(−3.6645)	(0.6571)
asset	−0.2334***	0.2519***	0.0965***	0.3194***	−0.1685**	−0.0584	−0.0515	−0.5815***
	(−4.2328)	(7.7849)	(2.7039)	(7.4878)	(−2.3751)	(−1.1743)	(−0.9935)	(−6.2334)
cash	−0.0143	−0.0306***	−0.0149*	−0.0419***	0.0319***	0.0196*	0.0519***	−0.0691***
	(−1.1893)	(−4.5779)	(−1.7776)	(−4.7672)	(3.3201)	(1.9827)	(5.3358)	(−3.7117)
age	−0.0191	−0.0395***	−0.0199**	−0.0430***	0.0242**	−0.0616***	0.0037	0.0797***
	(−1.4343)	(−4.4227)	(−2.0330)	(−3.1041)	(2.0159)	(−3.6682)	(0.3655)	(4.3123)
actcon	0.0015	−0.0016**	−0.0018***	−0.0002	0.0007	0.0002	−0.0008	0.0024
	(1.5799)	(−2.2686)	(−2.6798)	(−0.1825)	(0.6535)	(0.1811)	(−0.8124)	(1.4755)
常数项	0.2955	0.8249***	0.5245***	0.8247***	−0.5935***	1.3308***	−0.0993	−1.3432***
	(1.1439)	(4.6298)	(2.7273)	(2.9751)	(−2.6423)	(3.8906)	(−0.5030)	(−3.8329)
年份固定效应	Yes	Yes	Yes	Yes	Yes	Yes	Yes	Yes
银行固定效应	Yes	Yes	Yes	Yes	Yes	Yes	Yes	Yes
样本量	10039	10039	10039	10039	10039	10039	10039	10039
调整 R^2	0.0530	0.1953	0.1520	0.0428	0.0611	0.0691	0.2740	0.1427

注：＊＊＊、＊＊和＊分别代表在1%、5%和10%的显著性水平。

表6-16列示了使用商业银行组织层面管理数字化转型指数的检验结果。实证结果中的交互项（collater × banktrans3）系数与显著性情况表明，银行管理数字化转型对长期债务水平、企业投资、企业成长性表现出正向的调节效应，对信贷投放、债务成本和企业投资价值表现出负向的调节效应，说明银行管理数字化转型可以抑制抵押信贷的顺周期扩张，缓解企业长债融资的困难，降低债务成本，支持企业投资，同时抑

制投资的顺周期扩张，缓解企业的抵押资产增加对企业成长性的负面影响。

表 6 - 16　异质性分析 3：考察银行管理数字化转型的调节效应

变量	F. loan	F. dr	F. fr	F. lrd	F. cod	F. invest	F. tobinq	F. growth
	（1）	（2）	（3）	（4）	（5）	（6）	（7）	（8）
collater	0.0436**	-0.0136	0.0023	-0.0488***	-0.0071	0.0833***	0.0200	-0.1089***
	(2.2564)	(-1.2228)	(0.1824)	(-2.6350)	(-0.3694)	(3.8814)	(1.2411)	(-3.8114)
banktrans3	-0.0021	0.0076	0.0055	0.0035	0.0079	0.0172	0.0152	0.0205
	(-0.1232)	(0.7733)	(0.4422)	(0.1940)	(0.5130)	(0.9095)	(0.9748)	(0.7843)
collater × banktrans3	-0.0014**	0.0072	-0.0043	0.0203*	-0.0254**	0.0754***	-0.0272**	0.0367*
	(-2.1237)	(1.0955)	(-0.4781)	(1.8716)	(-2.4908)	(6.1967)	(-2.4696)	(1.8699)
roa	-0.0890***	-0.0688***	-0.0995***	0.0244*	0.1234***	0.0657***	-0.0559***	0.0434*
	(-5.6828)	(-8.1994)	(-8.9651)	(1.9056)	(8.7343)	(6.1056)	(-5.2737)	(1.8544)
alr	-0.0537*	0.2898***	0.2800***	0.1001***	-0.0389	-0.1426***	-0.0899***	0.0258
	(-1.8838)	(17.4175)	(13.9586)	(4.4839)	(-1.1986)	(-5.3664)	(-3.6157)	(0.6179)
asset	-0.2322***	0.2530***	0.0970***	0.3201***	-0.1694**	-0.0536	-0.0555	-0.5771***
	(-4.2042)	(7.8130)	(2.7269)	(7.5080)	(-2.3873)	(-1.0888)	(-1.0713)	(-6.1547)
cash	-0.0143	-0.0307***	-0.0148*	-0.0421***	0.0321***	0.0190*	0.0515***	-0.0692***
	(-1.1880)	(-4.5890)	(-1.7760)	(-4.8004)	(3.3338)	(1.9329)	(5.3211)	(-3.7020)
age	-0.0078	-0.0399***	-0.0171*	-0.0469***	0.0210*	-0.0703***	0.0128	0.0663***
	(-0.6745)	(-4.8976)	(-1.9498)	(-3.8156)	(1.8895)	(-4.3826)	(1.4665)	(4.0142)
actcon	0.0016	-0.0016**	-0.0018***	-0.0002	0.0008	0.0002	-0.0008	0.0025
	(1.6146)	(-2.2311)	(-2.6345)	(-0.2172)	(0.7071)	(0.1424)	(-0.8814)	(1.5180)
常数项	0.0798	0.8270***	0.4643***	0.8986***	-0.5399***	1.4915***	-0.2784*	-1.1016***
	(0.3540)	(5.1027)	(2.7212)	(3.6330)	(-2.6015)	(4.5581)	(-1.6560)	(-3.5976)
年份固定效应	Yes	Yes	Yes	Yes	Yes	Yes	Yes	Yes
银行固定效应	Yes	Yes	Yes	Yes	Yes	Yes	Yes	Yes
样本量	10039	10039	10039	10039	10039	10039	10039	10039
调整 R^2	0.0524	0.1955	0.1514	0.0424	0.0598	0.0714	0.2749	0.1435

注：＊＊＊、＊＊和＊分别代表在 1%、5% 和 10% 的显著性水平。

根据资本逐利规律，企业在面临较好的投资机会时制订投资计划，

提高投资水平，方能持续提高自身经营业绩。同时，依据经典的优序融资理论（Pecking Order Theory），由于信息不对称导致的代理成本存在，企业为新项目融资时将优先考虑内源融资，即优先调配企业的内部盈余满足新项目的资金需求，其次才考虑外源融资。借鉴李青原和王红建（2013）的研究，使用净资产收益率（ROE）作为企业投资机会的代理变量和企业现金流水平作为企业内源融资来源的代理变量进行分组。另外，外部环境的变化也会影响企业的投融资和产出，不确定冲击的出现导致宏观不确定性程度的提高，这一方面将影响银行和企业的预期，另一方面可能冲击企业抵押品价值与资产负债表状况，进而影响银行的信贷配置决策和企业的投资决策。基于此，使用宏观经济不确定性、净资产收益率和现金流的中位数对样本数据进行分组实证检验。

就对企业信贷获取能力的影响而言，表6–17的实证结果显示，在宏观经济不确定性较高的时期，具有较好投资机会的企业即使有更多的抵押资产也难以增加自身信贷获取能力，其中有较好投资机会但现金流水平较低（$H \times L$）的企业样本抵押资产数量的增加甚至会削弱自身的信贷获取能力，但商业银行数字化转型程度的提高可以抑制对企业信贷获取能力的削弱，由于信息甄别能力的提高，在宏观不确定性提高的时期，银行也能识别具有较好投资机会的企业，并稳定对其提供信贷支持。同时在宏观经济不确定程度较低时，具有较好投资机会的企业样本（$H \times H$ 和 $H \times L$）抵押资产比例的增加有助于增加外源信贷获取的能力。其中，对于具有较好投资机会但现金流水平较低（$H \times L$）的样本，银行数字化转型发挥了正向的调节效应，进而提高这些企业的信贷获取水平，但对于具有较好投资机会但现金流水平较高（$H \times H$）的样本，银行数字化转型发挥了负向的调节效应，抑制了其抵押资产比例增加对信贷获取能力提高的促进作用。在投资机会较一般的样本组，数字化转型对其融资能力的影响并不明显。

表6-17　依据投资机会与企业现金流水平分组的回归结果：对企业信贷获取的影响

变量	F. loan							
	宏观经济不确定性较高的样本组				宏观经济不确定性较低的样本组			
	$H \times H$	$H \times L$	$L \times H$	$L \times L$	$H \times H$	$H \times L$	$L \times H$	$L \times L$
	(1)	(2)	(3)	(4)	(5)	(6)	(7)	(8)
collater	-0.0829	-0.2128**	-0.1653*	0.0085	0.0308**	0.0345**	0.1882	0.0920
	(-1.1346)	(-2.2058)	(-1.8970)	(0.1166)	(2.3619)	(2.3832)	(1.2900)	(1.4131)
banktrans	0.1783*	-0.1078	0.1350	0.1834*	0.0028	0.0296	0.1450	0.0312
	(1.7644)	(-0.9802)	(1.4690)	(1.6701)	(0.0308)	(0.3142)	(0.6620)	(0.4243)
collater × banktrans	0.0330***	0.0244***	0.1172*	-0.0132	-0.2129**	0.0129**	-0.0119	0.0644
	(3.5530)	(3.2864)	(1.9602)	(-0.2683)	(-2.4229)	(2.2353)	(-0.0890)	(1.3721)
roa	-0.1032	-0.2882	0.0461	-0.0186	-0.1608**	0.2848*	-0.3109***	-0.0871
	(-1.6131)	(-0.8609)	(1.0943)	(-0.5332)	(-2.0767)	(1.6909)	(-2.8245)	(-1.6383)
alr	0.0068	0.1370	0.4694***	0.0075	0.0128	-0.1669	-0.1390	-0.1337**
	(0.0470)	(0.3177)	(4.0897)	(0.0586)	(0.0993)	(-1.4284)	(-0.5728)	(-1.9909)
asset	-0.2523	0.9115	0.4642*	-0.3448	-0.4939**	-0.2121	0.9138*	-0.2070
	(-0.5856)	(1.5226)	(1.6698)	(-1.0719)	(-2.1159)	(-1.0919)	(1.8487)	(-1.3420)
cash	0.0341	0.0757	-0.0241	-0.0129	-0.0158	0.0258	-0.0628	-0.0574
	(0.8412)	(1.2246)	(-0.4609)	(-0.1257)	(-0.2687)	(0.4042)	(-0.4046)	(-1.4874)
age	-0.1427**	-0.0472	0.0447	-0.1953***	-0.0098	0.0417	-0.0522	0.0146
	(-2.5095)	(-0.5168)	(1.1442)	(-2.9168)	(-0.1912)	(0.5715)	(-0.4184)	(0.3864)
actcon	-0.0036	0.0030	-0.0046	-0.0035	0.0028	-0.0042	-0.0073	0.0063***
	(-1.2887)	(0.3854)	(-1.2543)	(-0.5383)	(1.1958)	(-1.1561)	(-1.1281)	(2.6791)
常数项	2.8977***	0.4265	-1.1179	3.9297***	0.4494	-0.5354	0.8002	-0.4375
	(2.8745)	(0.2473)	(-1.4291)	(3.0096)	(0.5216)	(-0.4287)	(0.3518)	(-0.6312)
年份固定效应	Yes	Yes	Yes	Yes	Yes	Yes	Yes	Yes
银行固定效应	Yes	Yes	Yes	Yes	Yes	Yes	Yes	Yes
样本量	1472	465	1184	1185	1380	1395	997	1961
调整 R^2	0.0520	0.1145	0.0968	0.0774	0.1079	0.1123	0.2014	0.0406

注：＊＊＊、＊＊和＊分别代表在1%、5%和10%的显著性水平。

就对企业整体融资水平的影响而言，表6-18的实证结果显示，在宏观经济不确定性较高的时期，具有较好投资机会（$H \times H$ 和 $H \times L$）

的企业抵押资产比例的增加反而出现债务融资水平下降的现象，但商业银行数字化转型程度的提高可以抑制对企业债务融资水平的削弱，对于投资机会较好但现金流水平较低（$H \times L$）的样本而言，银行数字化水平的提高所发挥的正向调节作用更强，即银行数字化转型可以抑制宏观经济不确定程度较高、不确定冲击较多的时期有较好投资机会但缺少现金流的企业融资水平的下降。由于信息甄别能力的提高，在宏观不确定性提高的时期，银行也能识别具有较好投资机会的企业，并稳定对其提供信贷支持。同时在宏观经济不确定程度较低时，具有较好投资机会和现金流充足（$H \times H$）的企业抵押资产比例的增加对债务融资水平提升的作用不明显，说明此时企业寻求外部融资的动机较弱。但对于具有较好投资机会但现金流水平较低（$H \times L$）的样本，抵押资产比例的增加显著促进了债务融资水平的提升，银行数字化转型亦发挥了正向的调节效应，进而提高这些企业的融资能力。在投资机会较一般的样本组，数字化转型对其融资能力的影响并不明显。

表 6 – 18　依据投资机会与企业现金流水平分组的回归结果：对企业融资的影响

变量	$F.dr$							
	宏观经济不确定性较高的样本组				宏观经济不确定性较低的样本组			
	$H \times H$	$H \times L$	$L \times H$	$L \times L$	$H \times H$	$H \times L$	$L \times H$	$L \times L$
	(1)	(2)	(3)	(4)	(5)	(6)	(7)	(8)
collater	-0.1125***	-0.1983**	0.0175	0.1549***	0.0545	0.1492***	0.3119***	-0.0658
	(-3.6854)	(-2.1008)	(0.3596)	(2.8981)	(1.1824)	(2.9704)	(4.3329)	(-1.4376)
banktrans	0.0193	-0.0903	0.0014	0.1177*	0.0508	-0.0032	-0.0392	-0.0198
	(0.5145)	(-1.2265)	(0.0415)	(1.8264)	(0.9140)	(-0.0606)	(-0.5218)	(-0.4370)
collater × banktrans	0.0572***	0.1069*	0.0011	-0.0420	-0.0244	0.1972***	0.0077	-0.0225
	(3.2777)	(1.8348)	(0.0488)	(-1.1248)	(-0.5863)	(3.4968)	(0.1820)	(-0.6812)
roa	-0.0428	-0.7350***	-0.0027	-0.0492*	-0.0740	-0.0018	-0.0349	-0.0374
	(-1.3134)	(-3.2798)	(-0.1756)	(-1.8004)	(-1.4444)	(-0.0169)	(-0.8231)	(-1.5465)
alr	-0.1108**	-1.0588***	-0.0528	0.0673	0.1728**	-0.0751	0.0539	0.2977***
	(-2.5681)	(-3.9890)	(-0.9200)	(0.7651)	(2.2559)	(-1.0723)	(0.4114)	(7.9459)
asset	0.6583***	1.5097***	0.1152	-0.1975	0.3822*	0.3943***	0.4565***	0.1646**
	(5.4628)	(4.0273)	(0.7418)	(-1.1109)	(1.9428)	(3.3539)	(2.6439)	(1.9871)

（续上表）

变量	F.dr							
	宏观经济不确定性较高的样本组				宏观经济不确定性较低的样本组			
	$H \times H$	$H \times L$	$L \times H$	$L \times L$	$H \times H$	$H \times L$	$L \times H$	$L \times L$
	(1)	(2)	(3)	(4)	(5)	(6)	(7)	(8)
cash	−0.0678***	−0.0157	0.0986**	0.3002***	0.0076	−0.0304	0.0621	−0.0159
	(−4.0884)	(−0.3586)	(2.3354)	(5.6050)	(0.1844)	(−1.0131)	(0.9633)	(−0.6861)
age	−0.0843***	−0.2654***	−0.0906***	−0.0573*	−0.1361***	−0.1208**	0.0655*	0.0145
	(−3.9608)	(−3.9917)	(−4.6779)	(−1.6990)	(−3.4407)	(−3.3498)	(1.8260)	(0.5889)
actcon	0.0026**	0.0091	0.0062**	−0.0099***	0.0014	−0.0035	−0.0084*	−0.0013
	(1.9824)	(1.4424)	(2.1520)	(−3.5339)	(0.7153)	(−1.1819)	(−1.6888)	(−0.5730)
常数项	1.1633***	5.3796***	1.6401***	1.6993**	2.2107***	2.4985***	−0.9217	−0.1072
	(3.1112)	(3.9910)	(4.3132)	(2.5162)	(3.3064)	(3.9957)	(−1.5462)	(−0.2366)
年份固定效应	Yes	Yes	Yes	Yes	Yes	Yes	Yes	Yes
银行固定效应	Yes	Yes	Yes	Yes	Yes	Yes	Yes	Yes
样本量	1472	465	1184	1185	1380	1395	997	1961
调整 R^2	0.1797	0.5488	0.1997	0.2491	0.1780	0.1131	0.3112	0.1644

注：＊＊＊、＊＊和＊分别代表在1%、5%和10%的显著性水平。

就对企业短期融资水平的影响而言，表6-19的实证结果显示，在宏观经济不确定性较高的时期，具有较好现金流的企业（$H \times H$ 和 $L \times H$）抵押资产比例的增加对流动性负债水平的影响不明显，但对于现金流较差的企业（$H \times L$ 和 $L \times L$）而言，抵押资产的提高可以增加其短期融资能力，而银行数字化转型对于投资机会较好（$H \times L$）的企业而言发挥了正向的调节作用，即可以进一步促进企业短期融资水平的提高。在宏观经济不确定性较低的时期，抵押资产比例的增加仅对投资机会较好但现金流水平较低（$H \times L$）的样本的短期融资能力的提高作用显著，银行数字化转型水平也发挥了正向的调节效应，进一步促进了企业短期融资能力的提高。

表 6 – 19　依据投资机会与企业现金流水平分组的回归结果：对企业流动性负债的影响

变量	F. fr							
	宏观经济不确定性较高的样本组				宏观经济不确定性较低的样本组			
	$H \times H$	$H \times L$	$L \times H$	$L \times L$	$H \times H$	$H \times L$	$L \times H$	$L \times L$
	(1)	(2)	(3)	(4)	(5)	(6)	(7)	(8)
collater	– 0.0143	0.1382***	0.2178	0.0976**	– 0.0380	0.2402***	– 0.0465	– 0.0666
	(– 0.4510)	(3.8712)	(0.7727)	(2.1750)	(– 0.8332)	(3.0656)	(– 0.8895)	(– 1.5130)
banktrans	– 0.0260	0.0412**	– 0.0327	0.1106*	0.0859	– 0.0499	0.0520	– 0.0045
	(– 0.6973)	(2.1086)	(– 0.6354)	(1.7132)	(1.4227)	(– 0.5650)	(1.0483)	(– 0.0816)
collater × banktrans	0.0299	0.0685***	– 0.0222	– 0.0407	– 0.0256	0.1231**	0.0290	– 0.0364
	(1.3682)	(3.5423)	(– 0.7041)	(– 1.0966)	(– 0.4067)	(1.9665)	(0.7279)	(– 0.9443)
roa	– 0.0994***	– 0.3230**	0.0029	– 0.1515***	– 0.1810***	0.0077	– 0.1508***	– 0.1271***
	(– 2.8887)	(– 2.5248)	(0.1332)	(– 4.2101)	(– 3.3258)	(0.0754)	(– 2.9218)	(– 3.2078)
alr	0.0420	– 0.1495**	– 0.0681	– 0.2327***	0.3362***	– 0.1383**	0.5230***	0.3247***
	(0.9091)	(– 2.1614)	(– 0.8402)	(– 2.7220)	(4.0341)	(– 2.1006)	(4.5557)	(8.2133)
asset	– 0.0347	– 0.9005***	– 0.0055	0.5758**	– 0.2398	0.1930*	0.7763***	– 0.1246
	(– 0.3869)	(– 4.5880)	(– 0.0331)	(2.4337)	(– 1.5395)	(1.6729)	(3.0376)	(– 1.4070)
cash	– 0.0100	0.0046	0.1604***	0.2868***	0.0056	– 0.0061	– 0.0811	– 0.0479
	(– 0.5974)	(0.1300)	(2.8306)	(5.4342)	(0.1261)	(– 0.1869)	(– 1.0460)	(– 1.3676)
age	– 0.0679***	0.0785**	– 0.0875***	– 0.0227	– 0.0221	– 0.0614	0.0951**	0.0507*
	(– 3.1598)	(2.4573)	(– 3.3454)	(– 0.7214)	(– 0.5616)	(– 1.5688)	(2.4963)	(1.8422)
actcon	– 0.0031*	0.0014	– 0.0013	– 0.0124***	– 0.0025	– 0.0065**	– 0.0001	0.0023
	(– 1.8888)	(0.6229)	(– 0.5492)	(– 3.3242)	(– 1.5717)	(– 2.2428)	(– 0.0286)	(0.8397)
常数项	1.4630***	– 0.3726	2.0197***	1.0655*	0.6446	1.8884***	– 1.9512***	– 0.7827
	(3.7446)	(– 0.6213)	(4.0795)	(1.7461)	(0.9129)	(2.7749)	(– 2.8833)	(– 1.5064)
年份固定效应	Yes	Yes	Yes	Yes	Yes	Yes	Yes	Yes
银行固定效应	Yes	Yes	Yes	Yes	Yes	Yes	Yes	Yes
样本量	1472	465	1184	1185	1380	1395	997	1961
调整 R^2	0.1698	0.7506	0.1118	0.2601	0.1641	0.1264	0.4216	0.1956

注：***、**和*分别代表在 1%、5%和 10%的显著性水平。

就对企业长期融资水平的影响而言，表 6 – 20 的实证结果显示，在宏观经济不确定性较高的时期，具有较好投资机会（$H \times H$ 和 $H \times L$）

的企业抵押资产比例的增加难以支持其长期融资能力的提高，但银行数字化转型发挥了正向调节效应，抑制了对企业长期债务融资水平的削弱。对于投资机会较好但现金流水平较低（$H \times L$）的样本而言，银行数字化水平的提高所发挥的正向调节作用更强，即银行数字化转型可以抑制宏观经济不确定较大、不确定冲击较多的时期有较好投资机会但缺少现金流的企业长期融资水平的下降。由于信息甄别能力的提高，在宏观不确定性提高的时期银行也能识别具有较好投资机会的企业，并稳定对其提供信贷支持。同时在宏观经济不确定程度较低时，具有较好投资机会的企业（$H \times H$ 和 $H \times L$）抵押资产比例的增加显著促进了长期债务融资水平的提升，同时银行数字化转型进一步发挥了正向的调节作用，说明银行数字化转型进一步支持了企业长期融资水平的提升。但对于投资机会较少的企业而言，抵押资产比例的增加对其长期融资水平提升的影响不显著，银行数字化转型的影响亦不明显，一方面可能是因为这部分企业缺少投资机会而欠缺寻求外源融资的动机，另一方面是银行信息甄别能力的提升可以全方位地了解企业的经营与资金需求，进而减少对盈利能力一般的企业的信贷资金支持。

表 6-20　依据投资机会与企业现金流水平分组的回归结果：对企业长期负债的影响

变量	F. lrd							
	宏观经济不确定性较高的样本组				宏观经济不确定性较低的样本组			
	$H \times H$	$H \times L$	$L \times H$	$L \times L$	$H \times H$	$H \times L$	$L \times H$	$L \times L$
	(1)	(2)	(3)	(4)	(5)	(6)	(7)	(8)
collater	-0.2119***	-0.1570	-0.3674***	0.1505**	0.1214*	0.2206***	0.1014	-0.0234
	(-3.8643)	(-0.7839)	(-5.7477)	(2.4159)	(1.7536)	(3.6539)	(0.9846)	(-0.3999)
banktrans	0.0893	0.2640*	0.0634	0.0391	-0.0416	-0.1111	0.0178	-0.0307
	(1.5030)	(1.7524)	(0.9433)	(0.5900)	(-0.4094)	(-1.3319)	(0.1529)	(-0.4285)
collater × banktrans	0.0654*	0.3490***	0.0434	-0.0160	0.0220**	0.0283***	0.1236	0.0142
	(1.9306)	(3.2066)	(0.9970)	(-0.4090)	(2.2385)	(3.6179)	(1.5211)	(0.2437)
roa	0.0944*	-0.9320**	-0.0108	0.1568***	0.1570	-0.0123	0.0429	0.1549***
	(1.8770)	(-2.1963)	(-0.3392)	(3.5544)	(1.4244)	(-0.1072)	(0.8542)	(2.9421)

（续上表）

变量	F. lrd							
	宏观经济不确定性较高的样本组				宏观经济不确定性较低的样本组			
	$H \times H$	$H \times L$	$L \times H$	$L \times L$	$H \times H$	$H \times L$	$L \times H$	$L \times L$
	(1)	(2)	(3)	(4)	(5)	(6)	(7)	(8)
alr	-0.3107***	-1.9267***	0.0154	0.5332***	-0.1693*	0.0978	-0.8643***	0.0374
	(-4.2102)	(-4.0143)	(0.1440)	(4.1377)	(-1.7251)	(1.4556)	(-4.1335)	(0.5745)
asset	1.4557***	4.8064***	0.2428	-1.3454***	0.9298***	0.4722***	-0.5751*	0.5611***
	(5.9957)	(7.1401)	(0.9151)	(-4.3100)	(3.7133)	(3.1785)	(-1.7066)	(6.1615)
cash	-0.1206***	-0.0412	-0.0920**	0.1036	-0.0147	-0.0499	0.2671***	0.0448
	(-4.3862)	(-0.6865)	(-2.1490)	(1.6204)	(-0.1780)	(-1.3554)	(2.6275)	(1.1306)
age	-0.0543	-0.6973***	-0.0258	-0.0812**	-0.2067***	-0.1392***	-0.0489	-0.0608*
	(-1.4323)	(-5.5534)	(-0.8276)	(-2.1523)	(-4.2447)	(-2.8602)	(-0.7770)	(-1.8514)
actcon	0.0112***	0.0163	0.0154***	0.0043	0.0049**	0.0047	-0.0194**	-0.0068**
	(3.3203)	(1.2349)	(4.6609)	(0.9552)	(2.4846)	(1.1440)	(-2.9406)	(-2.1700)
常数项	-0.0934	12.0016***	-0.2177	1.6865**	3.0805***	1.8320**	1.8963*	1.2546**
	(-0.1441)	(4.7242)	(-0.3456)	(2.2747)	(3.7132)	(2.2014)	(1.7152)	(2.0680)
年份固定效应	Yes	Yes	Yes	Yes	Yes	Yes	Yes	Yes
银行固定效应	Yes	Yes	Yes	Yes	Yes	Yes	Yes	Yes
样本量	1472	465	1184	1185	1380	1395	997	1961
调整 R^2	0.2804	0.6718	0.2920	0.2802	0.1295	0.1866	0.2853	0.1021

注：***、**和*分别代表在1%、5%和10%的显著性水平。

就对企业融资成本的影响而言，表6-21的实证结果显示，在宏观经济不确定性较高的时期，具有较好投资机会但缺少现金流（$H \times L$）的企业抵押资产比例的增加可以减少融资成本，在投资机会较高的样本组中，交互项系数为负，说明商业银行数字化转型程度的提高可以进一步减少具有较好投资机会企业的融资成本。在宏观经济不确定性较低的时期，缺少投资机会和现金流（$L \times L$）的企业需要接受更高的融资成本，同时银行数字化转型有助于具有较好投资机会的企业降低融资成本。

表 6-21　依据投资机会与企业现金流水平分组的回归结果：对企业债务成本的影响

变量	F. cod							
	宏观经济不确定性较高的样本组				宏观经济不确定性较低的样本组			
	$H \times H$	$H \times L$	$L \times H$	$L \times L$	$H \times H$	$H \times L$	$L \times H$	$L \times L$
	(1)	(2)	(3)	(4)	(5)	(6)	(7)	(8)
collater	-0.0679	-0.2947***	-0.0458	0.0105	-0.0418	0.0859	0.0923	0.0874**
	(-0.5797)	(-2.6912)	(-0.6728)	(0.3685)	(-0.5124)	(1.4985)	(0.6328)	(2.3654)
banktrans	-0.0133	-0.0657	0.0692	0.0115	-0.1088	-0.0245	-0.1166	0.0018
	(-0.1444)	(-1.1187)	(1.3711)	(0.2836)	(-0.9708)	(-0.4891)	(-0.8138)	(0.0533)
collater × banktrans	-0.2071***	-0.1502***	0.0259	-0.0483**	-0.1553**	0.0069	-0.1357	0.0429
	(-3.3850)	(-2.9243)	(0.4541)	(-2.0647)	(-2.2073)	(0.2247)	(-1.1698)	(1.1725)
roa	0.0326	-0.0005	0.2811***	0.0489**	0.4229***	0.0635	-0.1260**	-0.0887***
	(0.4813)	(-0.0024)	(2.5868)	(2.1923)	(4.1306)	(0.6599)	(-2.3089)	(-4.2502)
alr	0.4379***	-0.0021	0.3825*	0.2063***	-0.4298***	0.0120	-0.1864	0.0919**
	(3.1771)	(-0.0147)	(1.6742)	(3.8820)	(-4.1862)	(0.2479)	(-0.8879)	(2.3041)
asset	-0.7770**	0.9597***	-1.5762**	0.0708	0.4157	0.0708	0.4158	0.5126***
	(-1.9797)	(2.9969)	(-2.1656)	(0.4523)	(1.4482)	(0.8265)	(1.3727)	(6.1385)
cash	0.2193***	-0.0583**	-0.1860***	-0.0571**	-0.1242	0.0201	-0.1600	0.0358**
	(3.9947)	(-2.4920)	(-3.4290)	(-2.1212)	(-1.3549)	(0.7473)	(-1.4638)	(2.5729)
age	0.1512**	-0.1789***	-0.0255	-0.1027***	0.0389	0.0283	0.4405***	-0.0767***
	(2.0670)	(-3.1601)	(-0.7732)	(-4.2918)	(0.6702)	(1.0192)	(5.0379)	(-3.9750)
actcon	-0.0059	0.0224***	0.0003	-0.0052	0.0041	0.0116***	0.0384*	0.0006
	(-1.1084)	(4.8358)	(0.0573)	(-1.4802)	(1.3845)	(2.5956)	(1.8477)	(0.3340)
常数项	-2.2320*	1.9113*	0.8430	1.8365***	-0.9722	-0.9734*	-9.7553***	0.9389***
	(-1.9479)	(1.8117)	(1.6401)	(3.3940)	(-1.0272)	(-1.6879)	(-7.5683)	(2.5807)
年份固定效应	Yes	Yes	Yes	Yes	Yes	Yes	Yes	Yes
银行固定效应	Yes	Yes	Yes	Yes	Yes	Yes	Yes	Yes
样本量	1472	465	1184	1185	1380	1395	997	1961
调整 R^2	0.1044	0.6915	0.3081	0.2240	0.1596	0.1952	0.2802	0.1761

注：＊＊＊、＊＊和＊分别代表在1%、5%和10%的显著性水平。

就对企业投资水平的影响而言，表6-22的实证结果显示，在宏观经济不确定性较高的时期，抵押资产比例的增加可以显著促进具有较好

投资机会和现金流与投资机会和现金流均不佳（$H \times H$ 和 $L \times L$）的企业投资水平的提高，但同时也会抑制具有较好投资机会但缺少现金流与缺少投资机会但具有较好现金流（$H \times L$ 和 $L \times H$）的企业投资水平的提高，商业银行数字化转型可以缓减对企业投资水平的抑制作用，发挥"稳定器"的作用。在宏观经济不确定性较低的时期，抵押资产比例的增加可以显著促进企业投资水平的提高，且银行数字化转型表现出正向的调节效应，可以进一步促进企业投资水平的提高。

表6 - 22　依据投资机会与企业现金流水平分组的回归结果：对企业投资的影响

变量	F. cod							
	宏观经济不确定性较高的样本组				宏观经济不确定性较低的样本组			
	$H \times H$	$H \times L$	$L \times H$	$L \times L$	$H \times H$	$H \times L$	$L \times H$	$L \times L$
	(1)	(2)	(3)	(4)	(5)	(6)	(7)	(8)
collater	0.3673 ***	− 0.5599 *	− 0.4080 ***	0.7349 ***	0.3326 ***	0.1732 **	0.2130 **	0.2165 ***
	(5.0794)	(− 1.8378)	(− 5.5508)	(9.4827)	(3.3292)	(2.4546)	(2.3721)	(3.0557)
banktrans	0.0028	− 0.3758 **	0.1107	0.1388 *	− 0.1208	− 0.0471	0.0022	− 0.0707
	(0.0385)	(− 2.4356)	(1.1963)	(1.7913)	(− 0.9590)	(− 0.4706)	(0.0195)	(− 1.1068)
collater × banktrans	− 0.0408	0.5728 ***	0.1482 ***	0.1061 *	0.2532 ***	0.0214 **	0.1058	0.3189 ***
	(− 0.9988)	(5.1202)	(2.9106)	(1.9331)	(3.0500)	(2.2878)	(1.2654)	(6.5437)
roa	− 0.0389	− 0.6459	0.1697 ***	0.1792 ***	0.3499 ***	− 0.0003	0.0151	− 0.0676 ***
	(− 0.6198)	(− 1.2081)	(4.6571)	(3.3697)	(3.4259)	(− 0.0017)	(0.3248)	(− 2.9004)
alr	− 0.0361	− 1.2803 ***	0.2542 *	0.0988	0.1617	− 0.0470	− 0.6401 ***	− 0.1281 **
	(− 0.4357)	(− 3.7623)	(1.7301)	(0.8296)	(1.2465)	(− 0.4748)	(− 3.7579)	(− 2.2168)
asset	− 1.2045 ***	2.7596 ***	− 0.0549	− 0.6375	− 0.6621 **	− 0.5187 **	0.1129	0.2916 **
	(− 6.0313)	(3.3815)	(− 0.2237)	(− 1.5790)	(− 2.0736)	(− 2.0641)	(0.4923)	(2.3401)
cash	0.0183	0.1763 **	− 0.0284	− 0.1674 *	0.1354 *	− 0.0392	0.0630	0.0624 **
	(0.4742)	(2.0417)	(− 0.4581)	(− 1.8056)	(1.7128)	(− 0.7850)	(0.5499)	(2.5209)
age	0.1957 ***	− 0.6147 ***	0.0324	0.0628	− 0.0356	0.0382	− 0.3686 ***	0.0128
	(4.3518)	(− 3.8650)	(0.6671)	(1.5015)	(− 0.5861)	(0.5494)	(− 5.6202)	(0.3861)
actcon	− 0.0243 ***	0.0266 *	− 0.0029	0.0053	0.0053 **	0.0071	0.0063	− 0.0031
	(− 4.5513)	(1.7069)	(− 1.4455)	(1.0504)	(2.0285)	(1.4581)	(0.8286)	(− 0.8116)

（续上表）

变量	F. cod							
	宏观经济不确定性较高的样本组				宏观经济不确定性较低的样本组			
	$H \times H$	$H \times L$	$L \times H$	$L \times L$	$H \times H$	$H \times L$	$L \times H$	$L \times L$
	(1)	(2)	(3)	(4)	(5)	(6)	(7)	(8)
常数项	-1.9376**	10.4097***	-0.7723	-1.4147*	0.5659	-0.8589	6.8277***	-0.4779
	(-2.1664)	(3.4091)	(-0.8339)	(-1.6605)	(0.5286)	(-0.6814)	(5.8255)	(-0.8456)
年份固定效应	Yes	Yes	Yes	Yes	Yes	Yes	Yes	Yes
银行固定效应	Yes	Yes	Yes	Yes	Yes	Yes	Yes	Yes
样本量	1472	465	1184	1185	1380	1395	997	1961
调整 R^2	0.2283	0.6659	0.2014	0.4832	0.2702	0.1119	0.2590	0.1278

注：＊＊＊、＊＊和＊分别代表在1%、5%和10%的显著性水平。

就对企业投资价值的影响而言，表6-23的实证结果显示，在宏观经济不确定性较高的时期，抵押资产比例的增加可以显著促进具有较好投资机会和现金流与投资机会和现金流均不佳（$H \times H$和$L \times L$）的企业投资价值的提高，但银行数字化转型发挥了负向的调节作用。在宏观经济不确定性较低的时期，抵押资产比例的增加可以显著促进具有较好投资机会但缺少现金流（$H \times L$）的企业投资价值的增加，银行数字化转型发挥了正向的调节效应，因此可以进一步推动这类企业增加投资。

表6-23　依据投资机会与企业现金流水平分组的回归结果：对企业投资价值的影响

变量	F. tobinq							
	宏观经济不确定性较高的样本组				宏观经济不确定性较低的样本组			
	$H \times H$	$H \times L$	$L \times H$	$L \times L$	$H \times H$	$H \times L$	$L \times H$	$L \times L$
	(1)	(2)	(3)	(4)	(5)	(6)	(7)	(8)
collater	0.4710***	0.0295	-0.0178	0.1687***	-0.0333	0.0515*	-0.2498***	-0.0263
	(3.9707)	(0.3319)	(-0.2801)	(5.1182)	(-0.5487)	(1.7408)	(-2.6890)	(-0.6610)
banktrans	-0.0911	0.0258	0.0116	-0.0329	0.0278	0.0924	-0.0355	0.0350
	(-0.8383)	(0.4796)	(0.1829)	(-0.4979)	(0.3330)	(0.8874)	(-0.2620)	(0.5630)
collater × banktrans	-0.2395***	-0.0893**	0.0215	-0.0430*	0.0386	0.0562**	-0.1340	0.0445
	(-2.9512)	(-2.0875)	(0.6238)	(-1.8606)	(0.5486)	(2.1441)	(-1.6234)	(1.0884)

(续上表)

变量	F. tobinq							
	宏观经济不确定性较高的样本组				宏观经济不确定性较低的样本组			
	$H \times H$	$H \times L$	$L \times H$	$L \times L$	$H \times H$	$H \times L$	$L \times H$	$L \times L$
	(1)	(2)	(3)	(4)	(5)	(6)	(7)	(8)
roa	−0.3458***	−0.0694	−0.0451*	−0.0170	−0.0191	0.2345	−0.4983***	−0.1161***
	(−4.0135)	(−0.3240)	(−1.8150)	(−0.6914)	(−0.3140)	(1.3882)	(−7.7977)	(−4.4064)
alr	−0.1427	0.3346**	−0.0816	−0.2133**	0.0430	−0.2813***	0.0480	−0.1482***
	(−1.2564)	(2.0886)	(−1.1053)	(−2.2967)	(0.6014)	(−3.6285)	(0.2697)	(−3.8162)
asset	0.7286*	−0.2521	−0.7550***	0.2076	−0.3118	−0.4651***	0.2037	−0.1534*
	(1.6503)	(−0.6929)	(−3.8182)	(1.4230)	(−1.5969)	(−3.2643)	(0.6276)	(−1.8339)
cash	0.1579***	−0.0004	0.0315	0.0122	−0.0777	0.0546	0.1576	0.0759***
	(3.2415)	(−0.0077)	(0.4990)	(0.2741)	(−1.2507)	(1.4768)	(1.5330)	(3.1484)
age	0.0444	0.0612	0.0940**	0.1935***	−0.0257	−0.0033	0.0065	−0.0256
	(0.7366)	(1.1059)	(2.1607)	(5.7752)	(−0.6346)	(−0.0554)	(0.1070)	(−1.1061)
actcon	0.0179***	−0.0044	0.0028	−0.0074***	−0.0117***	0.0007	0.0156***	−0.0023
	(3.1305)	(−0.8848)	(1.5679)	(−3.0115)	(−4.6426)	(0.3747)	(2.8612)	(−0.7561)
常数项	−1.5379	−1.4146	−2.1007***	−3.9337***	0.7812	−0.1279	−1.5946	0.0290
	(−1.5762)	(−1.3389)	(−2.7230)	(−5.9072)	(1.1683)	(−0.1269)	(−1.4214)	(0.0671)
年份固定效应	Yes	Yes	Yes	Yes	Yes	Yes	Yes	Yes
银行固定效应	Yes	Yes	Yes	Yes	Yes	Yes	Yes	Yes
样本量	1472	465	1184	1185	1380	1395	997	1961
调整 R^2	0.1687	0.3213	0.2116	0.3455	0.4828	0.5473	0.5665	0.4740

注：***、**和*分别代表在1%、5%和10%的显著性水平。

就对企业成长性的影响而言，表6-24的实证结果显示，在宏观经济不确定性较高的时期，具有较好投资机会但缺少现金流与缺少投资机会但具有较好现金流（$H \times L$和$L \times H$）的企业抵押资产比例的增加可以促进主营业务的增长。在宏观经济不确定性较低的时期，具有较好投资机会和现金流与投资机会和现金流均不佳（$H \times H$和$L \times L$）的企业抵押资产比例的增加均会抑制企业主营业务收入的增长，商业银行数字化转型程度在较好投资机会但缺少现金流的样本组中发挥显著的负向调节效应，在投资机会较低的样本组（$L \times H$和$L \times L$）中发挥正向的调节效应。

表6－24　依据投资机会与企业现金流水平分组的回归结果：对企业主营业务收入的影响

变量	F. growth							
	宏观经济不确定性较高的样本组				宏观经济不确定性较低的样本组			
	$H \times H$	$H \times L$	$L \times H$	$L \times L$	$H \times H$	$H \times L$	$L \times H$	$L \times L$
	(1)	(2)	(3)	(4)	(5)	(6)	(7)	(8)
collater	−0.0611	0.2271***	0.3783**	0.0477	−0.1698*	−0.1019	0.4241***	−0.2796***
	(−0.6924)	(2.6374)	(2.0777)	(0.3252)	(−1.8782)	(−0.9507)	(3.0665)	(−2.8973)
banktrans	0.0553	−0.0710	0.2538*	−0.0541	0.0800	−0.0102	−0.0106	0.1449
	(0.4510)	(−0.3547)	(1.7128)	(−0.2486)	(0.8906)	(−0.0885)	(−0.0476)	(1.0352)
collater × banktrans	0.0218	−0.0967	0.0847	0.2745***	−0.1779	−0.1771*	0.2096*	0.2001**
	(0.3078)	(−0.5981)	(0.8444)	(2.6678)	(−1.3283)	(−1.8846)	(1.6579)	(2.0563)
roa	−0.4766***	1.2208	−0.0720	0.0537	−0.3571***	−0.4794***	0.9559***	−0.4358***
	(−6.6317)	(1.2321)	(−0.9327)	(0.5389)	(−4.2491)	(−2.3705)	(8.2582)	(−4.5073)
alr	−0.4966***	−2.3434***	0.7981***	−0.2071	0.0741	0.2654**	0.8726***	−0.6820***
	(−7.3522)	(−3.9639)	(3.9080)	(−0.6845)	(0.7825)	(2.1228)	(2.5852)	(−6.5550)
asset	0.3750	2.5963**	−2.6100***	−2.7645***	−0.0370	−1.0730***	−3.0530***	0.4386
	(1.3580)	(1.9825)	(−4.5505)	(−3.7275)	(−0.1294)	(−4.4095)	(−5.3589)	(1.3877)
cash	0.0252	−0.0099	−0.1851	0.0249	0.1116	−0.0466	−0.0199	−0.1571*
	(0.5604)	(−0.0644)	(−1.2471)	(0.1112)	(1.4502)	(−0.6391)	(−0.1227)	(−1.8620)
age	−0.0959	−0.4919***	0.1274*	0.4573***	0.0205	0.0690	0.4730***	−0.1513**
	(−1.5504)	(−2.7898)	(1.7416)	(4.5453)	(0.4826)	(0.8517)	(4.0532)	(−2.3541)
actcon	0.0200***	−0.0697***	0.0193**	−0.0163	0.0006	−0.0008	−0.0103	−0.0086
	(5.9949)	(−5.8427)	(2.2197)	(−1.2843)	(0.3783)	(−0.1096)	(−0.9157)	(−1.6106)
常数项	1.4280	12.1017***	−2.8452**	−8.3897***	−0.2758	−0.9784	−7.3989***	2.3917**
	(1.2943)	(3.6793)	(−1.9649)	(−4.1775)	(−0.4198)	(−0.6973)	(−3.5803)	(2.0303)
年份固定效应	Yes	Yes	Yes	Yes	Yes	Yes	Yes	Yes
银行固定效应	Yes	Yes	Yes	Yes	Yes	Yes	Yes	Yes
样本量	1472	465	1184	1185	1380	1395	997	1961
调整 R^2	0.3366	0.5610	0.3361	0.2690	0.1904	0.4340	0.4306	0.2418

注：＊＊＊、＊＊和＊分别代表在1%、5%和10%的显著性水平。

第四节　本章小结

本章通过国泰安上市公司贷款数据库中 96301 条逐笔银行贷款记录将上市公司与商业银行进行匹配，使用带交互项的双向固定效应模型检验商业银行数字化转型对企业资产负债表路径的影响。基准回归结果表明，企业资产可抵押性的提升有助于增强企业的信贷获取能力，在期限结构方面则表现为对短期融资能力的提高和长期融资能力的抑制，同时还可以促进企业投资水平的提高，增加企业的投资价值，但可能对企业的成长性形成负面影响。商业银行数字化转型程度的提升可以使银行更加全面地审视借款人的信用，而不必仅仅依赖于抵押品价值，这削弱企业资产可抵押性对信贷获取的正向影响，更多的信息源和数据分析工具有助于银行增加期限较长信贷的投放，提高企业长期融资的占比，缓减抵押融资导致的流动性负债占比过高的问题，这可以进一步抑制企业短债长投，并抑制企业债务融资成本的上升，同时还可以促进企业投资水平的增加，并缓减企业资产可抵押性对企业投资价值的促进作用和对企业成长性的抑制作用。

异质性分析的结果表明，银行认知层面的战略数字化转型可以促进银行向企业增加基于抵押品的信贷投放，优化企业债务期限结构，降低债务成本、支持企业投资，并抑制投资的顺周期性。银行业务数字化转型可以抑制抵押信贷的顺周期性，优化企业债务期限结构，降低债务成本、支持企业投资。银行管理数字化转型可以抑制抵押信贷的顺周期性，缓解企业长债融资的困难，降低债务成本、支持企业投资，同时抑制投资的顺周期性，缓解企业的抵押资产增加对企业成长性的负面影响。在宏观经济不确定性较高的时期，银行数字化转型有助于缓减不确定冲击对具有较好投资机会的企业融资能力的负面影响，降低具有较好投资机会的企业的融资成本，减缓不确定冲击对缺少现金流企业投资水平的影响，稳定企业投资价值。在宏观经济不确定性较低的时期，商业银行数字化转型有助于提高具有较好投资机会但缺少现金流企业的融资能力并提升其投资价值，支持具有较好投资机会的企业提高投资水平。就此而论，商业银行数字化转型对企业资产负债表路径的影响主要体现

在宏观经济不确定性较高的时期，银行信息甄别能力的提高可以使银行在不确定冲击较多的时期依旧稳定对具有较好投资机会但缺少现金流的企业提供信贷支持，降低了对抵押品的依赖，缓减了宏观经济不确定性对企业投资水平提高的抑制作用，因此银行数字化转型可以发挥"减震器"的作用。

第七章　商业银行数字化转型对经济波动影响的实证研究

商业银行数字化转型程度的提高可以增强银行收集和处理数据的能力，进而提升银行的信息甄别水平，将对借款人信用识别的依托从抵押物价值逐渐拓展至数字化的实时资金流水、税费缴纳记录等其他结构化数据甚至是"数字足迹"等非结构化数据，这降低了信用关系构建中对房产等硬性抵押物的依赖。金融加速器理论认为，不确定冲击的出现会导致企业资产负债表和作为抵押物的资产价值出现波动，进而影响银行的信贷决策行为。即使借款人的真实信用没有出现变化，信贷获取能力也会在不确定冲击的影响下出现改变，这会对企业正常的经营与投资行为产生干扰。经济系统中大量的企业同时受不确定冲击导致的信贷市场状态变化影响将进一步增加宏观经济波动的程度。

第一节　理论模型框架构建

模型设定的经济环境如下：

（1）经济中存在着企业、商业银行两类经济主体。企业是资金赤字部门，其内部资金 η 不足以弥补项目投资资金 i 所需，故必须向商业银行借款 L。

（2）企业的投资项目面临不确定性冲击 θ，市场的不完全性表现在商业银行与企业对这种冲击所产生的结果存在着信息上的不对称，企业外部的商业银行要获得企业经营的真实信息必须支付监督或核验成本 Ω。

（3）企业在借款当期以净值作为抵押，但企业净值在不确定冲击的影响下发生波动，而且企业未来产出的所有权益也不能以证券的形式提前质押，因而企业存在因道德风险引发违约的可能性。

（4）为防止信息获取搭便车行为，假定一家企业只能向一家商业

银行融资。

　　企业自有资金的使用成本可记为 $r_{内} = r_f + \theta$，其中 θ 表示由企业投资不确定性所产生的资金成本溢价。如果金融市场没有摩擦，企业可以以价格为 $r_{内}$ 的利率从外部获得任何规模所需的资金。然而，由于借贷双方信息不对称，商业银行核实借款人信息必须支付一定的核验成本 Ω，因此存在金融市场摩擦的情况下，企业外部融资的边际成本变为 $r_{外} = r_f + \theta + \Omega$。其中，$\Omega$ 的大小取决于几个方面，一是不确定冲击 θ 的大小，不确定冲击越大，商业银行对于借款人是否能回收投资偿还贷款的疑虑越重，因此越需要投入更多的资源验证企业信用的真实性；二是企业的贷款数量 L，贷款数量越大，借款人将资金用于高风险项目的激励越大，违约风险越大，且相较于小额贷款，大额贷款违约给银行带来的冲击更大，因此银行需要投入更多的核验成本确保贷款的安全性；三是金融科技赋能商业银行业务的程度 $ftech$，数字技术的应用可以提高银行收集数据、获取信息的能力，因此数字化转型程度的提高可以提升商业银行的信息甄别水平，缓解金融摩擦，降低核验企业信用所需要的成本投入。因此 Ω 的函数形式为：

$$\Omega = \Omega\ (\theta,\ L,\ ftech) \tag{7-1}$$

　　在式（7-1）中，$\frac{\partial \Omega}{\partial \theta} > 0$，$\frac{\partial \Omega}{\partial L} > 0$，$\frac{\partial \Omega}{\partial ftech} < 0$。借鉴 Oliner 等（1996）的做法，假定商业银行的核验成本函数 $\Omega = \Omega\ (\theta,\ L,\ ftech)$ 是对数线性的，同时企业的贷款数量 $L = i - \eta$，其中 i 为企业投资需要的资金，η 为企业净值，可作为企业自有资金投入项目。因此将商业银行核验成本函数的形式设定为 $\Omega = \frac{\delta\theta\ (i - \eta)}{ftech}$。基于此，企业的均衡投资由如下供需方程决定：

$$r = a - ki \tag{7-2}$$

$$r = r_f + \theta + \frac{\delta\theta\ (i - \eta)}{ftech} \tag{7-3}$$

其中，式（7-2）是企业投资的资金需求方程，式（7-3）是资金供给方程。联合（7-2）和（7-3）两式可得企业净值与均衡投资的关系如下：

$$\phi = \frac{\partial i^e}{\partial \eta} = \frac{\delta\theta}{kftech + \delta\theta} > 0 \qquad (7-4)$$

式（7-4）的含义是企业净值的资产价格和企业投资存在正向关联，而这种关联程度的大小还受不确定冲击 θ 和商业银行数字化转型的程度 $ftech$ 影响。因此，进一步探讨不确定冲击和商业银行数字化转型对企业均衡投资关于企业净值边际效应的影响如下：

$$\chi = \frac{\partial \phi}{\partial \theta} = \frac{k \times ftech}{\left(k \times ftech + \delta\theta\right)^2} > 0 \qquad (7-5)$$

$$\gamma = \frac{\partial \phi}{\partial ftech} = -\frac{k\delta\theta}{\left(k \times ftech + \delta\theta\right)^2} < 0 \qquad (7-6)$$

式（7-5）的含义是不确定冲击对企业净值的边际均衡投资倾向有着显著的正向影响，在不确定冲击的影响下，企业净值的变化对投资影响的边际效应增加。同时，式（7-6）意味着商业银行数字化转型程度的提高可以减弱企业净值的边际均衡投资倾向。

由于企业使用自有资金投资在融资成本方面不需要承担信贷市场金融摩擦产生的核验费用，因此式（7-3）仅是在 $[\eta, +\infty)$ 区间上资金供给曲线的函数形式，企业融资成本中的核验成本部分在区间 $[0, \eta]$ 与资金供给曲线无关，同时也与资金需求曲线无关。在坐标轴上画出企业投资的资金需求曲线与资金供给曲线如图7-1所示。

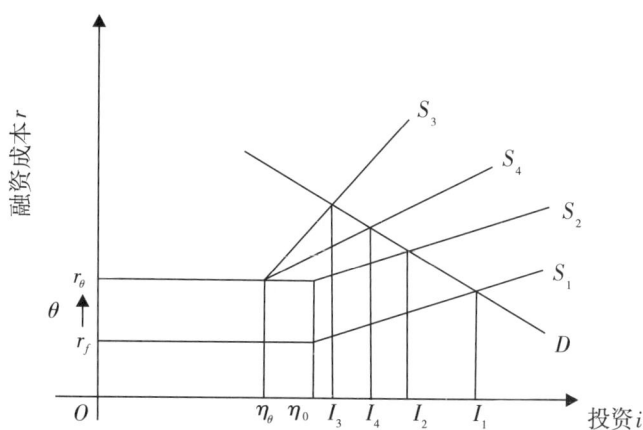

图 7 - 1　不确定冲击传导的作用机制

在不存在不确定冲击的状态下，企业可以以无风险利率 r_f 使用内部资金投资项目。当项目所需投资大于企业自有资金时，企业需要在信贷市场寻求外部融资支持。由于信贷市场存在信息不对称，商业银行需要收集信息确认企业的信用资质，核验信用的费用构成了企业融资成本的一部分，并且贷款数额越大融资成本越高，因此资金供给曲线 S_1 在区间 $[\eta, +\infty)$ 向上倾斜，此时企业投资的均衡点为 I_1。当经济中出现不确定冲击时，一是内源融资的成本因为企业投资的不确定性由 r_f 提高至 r_θ，资金供给曲线向上移动至 S_2；二是不确定冲击会导致企业净值从 η_0 缩水至 η_θ，因此资金供给曲线向上倾斜的转折点前移；三是不确定冲击增大了资金供给曲线在区间 $[\eta, +\infty)$ 上的斜率，进而使资金供给曲线进一步向左上方旋转移动至 S_3，因此由于信贷市场金融摩擦的存在，不确定冲击的出现导致企业投资的均衡点从 I_1 迁移至 I_3，而非 I_2，I_2 至 I_3 的距离体现出信贷市场金融摩擦对不确定冲击的放大效应。同时，由于商业银行数字化转型提升了银行的信息甄别水平，降低了信用核验成本，表现为减小了资金供给曲线在区间 $[\eta, +\infty)$ 上的斜率，因此商业银行数字化转型使资金供给曲线迁移至 S_4，企业投资的均衡点回升至 I_4。

图 7 - 1 展示的作用机制正是信贷市场不完美产生的金融摩擦放大了不确定冲击对企业外部融资溢价的影响，并因此进一步抑制企业投资。同时，商业银行数字化转型缓解信贷市场的信息不对称有助于削弱

不确定冲击抑制企业投资的作用。经济系统中存在大量的企业，不确定冲击的出现增加了经济系统中企业的融资成本，促使企业纷纷减少投资，进一步加剧衰退。这一发现有助于理解商业银行数字化转型在宏观经济运行中发挥"减震器"作用的内在机理。

上述分析表明，商业银行数字化转型通过提升银行信息甄别能力，降低了信贷市场的金融摩擦，减少了银行的信息核验成本，这有助于缓减不确定冲击通过信贷市场传递并加剧导致的对企业投资的进一步抑制。由于投资是企业产出和经济增长的重要动能，投资的稳定性和宏观经济的稳定性息息相关。企业净值与企业投资存在正向关联，不确定冲击的出现影响了企业净值，在资金供给端表现为抵押品价值下降，银行信贷投放萎缩。在资金需求端则表现为企业资产负债表状况受到冲击，信贷获取能力下降，进而使企业的投资、产出和企业价值均受到影响。经济系统中大量企业的净值受不确定冲击影响而导致融资能力下降和投资萎缩，在宏观上表现为整体经济的进一步衰退。因此，商业银行数字化转型对企业投资下降的缓减有助于抑制宏观经济波动，发挥"减震器"的作用。

第二节　理论分析与研究假设

金融系统的冲击对实体经济的影响在 2008 年美国次贷危机后逐步被理论界所重视，大量学者循着 Bernanke 等（1999）构建的金融加速器理论展开研究，这类文献基本都认为来自金融系统的冲击才是经济波动的冲击源，譬如 Jermann 和 Quadrini（2012）认为金融冲击能够解释发达国家 50% 以上的经济波动，国内的研究如王国静和田国强（2014）则认为金融冲击能够解释我国近 80% 的产出增长波动。鉴于金融系统在冲击传导过程中的重要作用，且中国资本市场发展相对滞后，企业的大部分外部融资都需要通过银行获得，中国的金融体系是银行主导型的，因此对商业银行信贷投放规模的管理成为政府稳定经济的重要措施之一。

然而，金融机构调整信贷供给规模的原因有很多，既可能受央行货币政策或地区产业政策的影响，也可能受银行自身经营情况变化如资本

充足率（刘斌，2005）、负债结构（周开国等，2022）等的影响，还可能受宏观经济周期变化影响，如梁方等（2022）认为处于衰退期时由于宏观经济不确定性增加，商业银行经营将趋于保守，减少信贷投放，降低风险承担水平。无论出于何种原因，由于企业经营普遍具有信贷支持的需求，因此银行信贷供给的变化会影响经济中企业的正常生产活动，从而影响总投资，进而影响总产出。商业银行投放信贷的目的是按期如约回收本金和利息，信贷资金投放和回收的时间不一致性容易衍生风险。若借款人到期违约，银行就要承担本金无法回收的损失，因此银行只会将资金借给还款概率高的贷款申请人，在传统银行风控体系下，信用资质表现不佳的申请人即使愿意支付更高的利息也无法获得贷款，即存在信贷配给现象。当出现信贷配给时，有一部分企业的贷款申请虽然可以得到批准，但获得的贷款数额低于它所希望获得的数额，即使它愿意支付更高的利率，银行也未能满足其全部资金需求。由于信贷市场普遍存在各种信息不对称产生的金融摩擦，银行为了克服信息劣势地位，借款人为了证明自己的信用以便增加贷款申请获批的概率，通常会使用房产等具有较高市场价值或市场较为认可的硬资产作为抵押品，因此具有足值抵押品的借款人通常拥有十足的信用，相比于缺少抵押品的借款人更容易获得银行贷款，然而，抵押品的市场价值极易受市场行情的波动影响，房产的市场价格出现下跌将令使用房产作为抵押物的借款人信用受损，信贷获取能力因此下降。企业的经营和投资是一个具有连续性的过程，信贷获取能力的下降将迫使这部分借款人冒着损失前期投入的风险缩减投资规模，大量受影响的企业作出类似的经营决策必然使宏观经济中的总投资减少，从而加剧经济的衰退，放大经济波动。因此，抵押品价值变化造成的信贷市场扰动会对实体经济产生重大的影响。

金融科技的发展提升了金融机构的信息甄别能力，数字技术与传统金融业务结合产生的金融创新极大地改变了金融业的商业模式。譬如，中国某头部金融科技公司基于电商平台的数字生态场景与大数据风控模型可以大批量地为缺乏信用记录和抵押品的借款人放贷，由于这类数字信贷产品减弱了企业对抵押品的依赖，数字信贷投放不会受房价变化的影响，金融加速器机制也就被弱化了（黄益平、邱晗，2021）。随着数

字技术与金融科技公司业务的结合形成的数字金融新业态令房地产等资产的抵押作用逐步下降，金融加速器的传导机制可能会失效（战文清、刘尧成，2022）。处于传统金融体系之外的金融科技公司运用数字技术投放信贷可以弱化金融加速器机制，但这主要表现在微观层面的资金需求端和资金供给端，在宏观层面上由于金融科技公司的规模相对于传统金融体系而言还比较小，因此影响还不太明显。由于我国的金融体系是银行主导型的，银行贷款占社会融资规模的比例很高，因此传统金融体系之内的商业银行将数字技术与信贷业务结合可以在宏观层面实现稳定经济的效果。从作用机理上看，商业银行数字化转型具有一定程度稳定宏观经济的效果，主要源于以下几个方面：

首先，数字化转型进程的推进使银行在开展业务的过程中大量增加数字技术的应用，并基于数字技术构建有利于触达客户、发掘市场金融需求和沉淀借款人数据的金融场景。基于此，金融科技的赋能与驱动得以拓宽商业银行获取信息的渠道，扩大了商业银行在分析与评判借款人信用时可以使用的数据范围，增加银行的信息来源。更多的信息使银行能够提高判断借款人违约概率的精确度，从而减少对抵押品的依赖，这弱化了不确定冲击经由抵押担保渠道对宏观经济的影响。

其次，数字技术的赋能可以增强银行的信息处理能力。金融科技的应用能够有效促进银行对行为数据、交易记录、抵押品等信息的搜集和处理，进而缓减信贷市场中的信息不对称程度（Cenni et al，2015；Mocetti et al，2017）。现阶段已有金融机构利用大数据和人工智能等分析方法挖掘海量数据中的非线性关系（Fuster et al，2018），人工智能算法的应用甚至可以揭示借款人看似无关的数据点与借款人还款能力之间的相关性，而这是简单的人工分析无法做到的（Odinet，2019）。数字技术的广泛应用使银行得以形成对融资需求端客户的全方位评级，数据收集和处理能力的质变能够显著提升银行信息甄别能力，准确把握企业基本面信息并精准描摹用户画像，而非只是将对借款人信用的识别寄托于对抵押物价值的确认。在宏观经济不确定性增加时，由于银行对借款人的情况有了更深入而及时的了解，商业银行的惜贷、限贷、拒贷等顺周期信贷行为会在一定程度上得到缓解，信贷决策受抵押品价值变化的影响减少，企业的经营受到的冲击减小，宏观经济的稳定性也因此而增加。

最后，金融科技赋能促进银行信息甄别能力的提升有利于降低银企信息不对称水平，助力银行提升风控能力并优化不良贷款率等资产质量指标。就银行贷款的安全性和盈利性要求而言，数字技术的应用和组织结构的数字化改造对银行信息甄别能力的提升能够帮助银行在不违背安全性原则的前提下提高信用贷款资产比重，这拓宽了银行可以服务的对象范围，使大量缺少抵押品但经营业务和现金流稳定的借款人也可以获得银行的信贷支持。数字技术的应用可以帮助银行挖掘优质企业客户，通过科技手段识别出潜在盈利对象，降低对抵押品的依赖。由于信用贷款的利率普遍比抵押贷款高，因此在安全性原则得到保证的前提下盈利性要求进一步促进银行为企业发放信用贷款，形成科技赋能的良性循环，这进一步弱化了抵押品在银企信用关系构建中的重要性，降低了信贷市场放大不确定冲击影响宏观经济波动的作用。基于此，提出假设如下：

假设 7 - 1：商业银行数字化转型程度越高，不确定冲击导致的抵押物价值变化对宏观经济波动的影响越小。

第三节　研究设计

一、模型设定与实证策略

本书以中国地级市的经济波动为被解释变量，引入城市层面的商业银行数字化转型水平与房价波动的交互项，构建了如下基准计量模型：

$$Vol_{it} = \beta_0 + \beta_1 banktech_{i,t-1} + \beta_2 houseVol_{i,t-1} +$$
$$\beta_3 banktech_{i,t-1} \times houseVol_{i,t-1} + \lambda Controls_{i,t-1} + \mu_i + \rho_t + \varepsilon_{it}$$

$$(7-7)$$

其中，被解释变量 Vol_{it} 是城市 i 在第 t 年的 GDP 波动指标。$banktech$ 和 $houseVol$ 分别表示城市层面的商业银行数字化转型水平和城市房价波动程度。$Controls$ 表示宏观层面的控制变量，包括城市人均 GDP 增长率、政府支出规模、第二产业占比、国有经济投资占比和对外开放程度

等可能影响经济波动的变量。此外，模型还控制了城市和年份的双向固定效应（μ_i 和 ρ_t），控制城市固定效应可以剔除一个城市不随时间变动的固有因素，控制年份固定效应可以剔除全国层面宏观经济形势的影响。预期系数 β_1 为负，β_2 为正，交互项系数 β_3 为负，即商业银行数字化转型程度的提高能够抑制抵押品价值波动对宏观经济稳定性的冲击。ε_{it} 为随机扰动项。另外，模型还对被解释变量前置一期进行回归，以缓解可能的由反向因果带来的内生性问题。

二、 变量选取与说明

1. 被解释变量

被解释变量为经济波动（Vol）。参考已有文献的做法（Klomp & Haan，2009；Jaimovich & Siu，2009；Brückner & Gradstein，2013；郭婧、马光荣，2019），使用如下两个指标度量宏观经济波动程度。首先，对于城市 i 在第 t 年的 GDP 波动指标 Vol_{it}，使用 $t-2$ 年到 $t+2$ 年之间共 5 年窗口期内的 GDP 增长率标准差来表示。具体而言，构造公式如下：

$$Vol_{it} = \sqrt{\frac{1}{5}\sum_{t-2}^{t+2}(GR_{it} - \overline{GR_{it}})^2} \qquad (7-8)$$

其中，GR_{it} 是经过价格平减之后的实际 GDP 增长率，$\overline{GR_{it}}$ 是 $t-2$ 年到 $t+2$ 年之间 GDP 增长率的平均值，即 $\overline{GR_{it}} = \frac{1}{5}\sum_{t-2}^{t+2}GR_{it}$。经济波动程度是以第 t 年为中心的时间窗口期内标准差。除了使用 5 年窗口期之外，在稳健性检验中还使用 3 年和 7 年窗口期计算得到的经济波动。

衡量宏观经济波动的第二个指标构造方式是使用 HP 滤波方法将经过价格平减之后的各城市实际 GDP 数据的对数值去除趋势后得到周期性部分 $GRHP_{it}$，然后计算 5 年窗口期内 $GRHP_{it}$ 的标准差。具体而言，城市 i 在第 t 年的经济波动指标构造公式如下：

$$VolHP_{it} = \sqrt{\frac{1}{5}\sum_{t-2}^{t+2}(GRHP_{it} - \overline{GRHP_{it}})^2} \qquad (7-9)$$

Ravn 和 Uhlig（2002）认为，对年度数据进行 HP 滤波时，将平滑参数设置为 6.25 是最佳的。因此在基准回归中将平滑参数设置为 6.25。

2. 核心解释变量

首先是商业银行数字化转型。本书使用谢绚丽和王诗卉（2022）构建的中国商业银行数字化转型指数，该指数涵盖了 228 家商业银行，分为数字金融认知、数字金融组织和数字金融业务三个层面，每个层面在合成总指数时分别占比 20%、40% 和 40%。由于该指数是精确匹配至银行层面的，因此进一步使用银行网点数量占城市网点总数的比率构建城市层面的商业银行数字化转型指数以衡量样本城市的商业银行数字化转型程度，具体构造公式如下：

$$banktech_{i,t} = \sum_{b=1}^{N} \frac{branch_{b,i,t}}{branch_{i,t}} \times banktrans_{b,t} \tag{7-10}$$

在上式中，$branch_{b,i,t}$ 表示第 t 年银行 b 在城市 i 的网点数量，$branch_{i,t}$ 则表示第 t 年城市 i 的网点总数，因此比值 $\frac{branch_{b,i,t}}{branch_{i,t}}$ 可近似表示银行 b 在城市 i 的市场占比。将城市 i 所有银行的分支网点数量占比与银行的数字化转型指数加权求和即得到表示城市 i 商业银行数字化转型程度的指数 $banktech_{i,t}$。银行 b 在七年的数字化转型程度用 $banktech_{b,t}$ 表示。

其次是房价波动。金融加速器机制的核心是抵押担保渠道，即不确定冲击通过影响抵押品资产价值对银行信贷配置行为产生干扰，进而通过信贷市场放大对宏观经济稳定性的冲击。由于房产是银行最为认可的抵押资产，因此使用不确定冲击导致的房价波动作为表示冲击源的解释变量。影响房产价格变化的因素有很多，借鉴 Clark 和 Coggin（2011）的研究，将影响房地产价格变化的因素分类为内生因素和外生因素。其中，内生因素指的是基本面因素，主要指影响房地产基础价值的供求关系变量，需求因素有城镇居民人均可支配收入、人口密度，供给因素有中长期贷款利率水平、住宅建造成本、房地产开发投资，内生因素之外的其他影响房价变化的因素归类为外生因素。基于此，构建如下回归模型以估计不确定冲击导致的房价波动：

$$houseprice_{i,t} = \alpha_0 + \alpha_1 y_{i,t} + \alpha_2 pd_{i,t} + \alpha_3 i_{i,t} + \alpha_4 r_t + \alpha_5 c_{i,t} + \tau_{i,t}$$

$$(7-11)$$

其中，$houseprice_{i,t}$ 表示城市 i 第 t 年的房价年变化率，$y_{i,t}$ 为城镇居民人均可支配收入的年变化率、$pd_{i,t}$ 为人口密度的年变化率、r_t 为中长期贷款利率水平的年变化率、$c_{i,t}$ 为住宅建造成本的年变化率、$i_{i,t}$ 为房地产开发投资的年变化率。回归模型的残差 $\tau_{i,t}$ 代表了内生因素所无法解释的房价变化的部分，将 $\tau_{i,t}$ 代入式（7-8）计算得到衡量不确定冲击导致的房价波动 $houseVol$。

3. 控制变量

充分结合已有研究（郭婧、马光荣，2019；战文清、刘尧成，2022），对可能影响经济波动的因素进行控制。具体而言，包括人均收入水平（折算为 2000 年不变价的城市人均 GDP 增长率）、政府支出规模（地方财政支出占 GDP 的比例）、产业结构（第二产业增加值占 GDP 的比例）、国有经济投资占比（国有全社会固定资产投资与全社会固定资产投资的比值）、对外开放程度（进出口总额占 GDP 的比重）。

三、 样本选择与数据来源

实证分析使用的样本涵盖 2010—2018 年中国 208 座城市的年度非平衡面板数据。由于计算 GDP 波动率指标需要 $t-2$ 年到 $t+2$ 年的数据，因此搜集的原始 GDP 数据的时间跨度为 2008—2020 年。

使用的商业银行数字化转型指数来源于谢绚丽和王诗卉（2022）构建的中国商业银行数字化转型指数，商业银行城市网点数量、住宅建造成本、房地产开发投资来源于中国研究数据服务平台（CNRDS），中长期贷款利率、城市房价数据来源于万得数据库（WIND），地区生产总值、地方财政支出规模、全社会固定资产投资和进出口总额数据来源于国泰安数据库（CSMAR）。为降低极端值对实证结果的影响，对实证分析涉及的连续变量进行了 1% 的缩尾处理（Winsorize，令连续变量中小于 1% 或大于 99% 的分位数取值等于 1% 或 99% 的分位数）。表 7-1 展示了主要变量的具体定义。

表 7 - 1 主要变量的定义及其测度

	变量名称		变量测度
被解释变量	经济波动	*Vol*	GDP 增长率的前后五年滚动标准差
		VolHP	HP 滤波剔除趋势后的 GDP 增长率的前后五年滚动标准差
解释变量	房价波动	*houseVol*	外生因素导致的城市房价变化率
	城市商业银行数字化转型	*banktech*	经过网点占比加权获得的城市层面的商业银行数字化转型指数
控制变量	人均收入水平	*pgdpgrow*	人均 GDP 增长率
	政府支出规模	*govspend*	地方财政支出/GDP
	产业结构	*secondgdp*	第二产业增加值/GDP
	国有经济投资占比	*sir*	国有全社会固定资产投资/全社会固定资产投资
	对外开放程度	*openratio*	进出口总额/GDP

第四节 实证结果分析

一、描述性统计

表 7 - 2 提供的变量描述性统计结果显示，样本城市的经济波动代理变量 *Vol* 和 *VolHP* 的均值分别为 2.3758 和 0.0384，中位数分别为 1.9666 和 0.0314，最大值与最小值之差分别为 7.9530 和 0.1295，说明不同城市之间的经济波动程度具有明显的差异。房价波动（*houseVol*）的均值为 0.0470，表明外生因素导致的房价变化年均约为 4.7%。城市层面的商业银行数字化转型指数（*banktech*）均值为 35.4229，最大值为 92.3875，最小值为 11.3860，表明不同城市间银行业的数字化转型程度存在较大差异。控制变量的取值均在合理范围内，在此不再赘述。

表7-2　主要变量的基本统计特征

变量名称	观测值	均值	标准差	最小值	中位数	最大值
Vol	1222	2.3758	1.6783	0.2329	1.9666	8.1859
VolHP	1222	0.0384	0.0251	0.0064	0.0314	0.1359
houseVol	1222	0.0470	0.0150	-0.0084	0.0475	0.0865
banktech	1222	35.4229	16.2983	11.3860	31.7463	92.3875
pgdpgrow	1222	0.1051	0.1057	-0.2357	0.0981	0.5218
govspend	1222	0.2048	0.1137	0.0665	0.1768	1.1336
secondgdp	1222	0.4819	0.1086	0.1930	0.4850	0.6870
sir	1222	0.2962	0.1223	0.1179	0.2745	0.7218
openratio	1222	0.2752	0.3418	0.0200	0.1488	1.7102

　　表7-3列示的组间均值差异检验结果显示，商业银行数字化转型程度高的城市样本组与转型程度低的城市样本组的经济波动指标的均值差异均在1%水平上显著为正，初步支持研究假设。

表7-3　组间均值差异 t 检验

变量名称	银行数字化转型程度低的城市样本组		银行数字化转型程度高的城市样本组		均值差异	t 值
	观测值	均值	观测值	均值		
Vol	611	2.518	611	2.234	0.284***	2.971
VolHP	611	0.048	611	0.039	0.009***	3.726
houseVol	611	0.045	611	0.048	-0.003***	-3.553
banktech	611	22.260	611	48.585	-26.325***	-47.889
pgdpgrow	611	0.157	611	0.053	0.105***	19.894
govspend	611	0.202	611	0.207	-0.005	-0.773
secondgdp	611	0.503	611	0.461	0.043***	6.999
sir	611	0.300	611	0.292	0.008	1.182
openratio	611	0.307	611	0.244	0.063***	3.225

　　注：***、**和*分别代表在1%、5%和10%的显著性水平。

二、 相关性分析

表 7-4 列示的相关性分析结果中，房价波动与经济波动指标的相关性均显著为正，初步说明不确定冲击导致的房价波动与经济波动呈正相关关系；城市层面的商业银行数字化转型指数与经济波动指标的相关性均显著为负，说明城市层面的商业银行数字化转型程度与经济波动呈负相关关系，相关系数矩阵列示的结果均与研究假设的观点一致。另外，各解释变量间的相关系数均小于 0.5，说明各变量间不存在严重的多重共线性问题。

表 7-4 相关系数矩阵

	Vol	VolHP	houseVol	banktech	pgdpgrow	govspend	secondgdp	sir	openratio
Vol	1								
VolHP	0.64*	1							
houseVol	0.32*	0.29*	1						
banktech	−0.20*	−0.16*	0.05	1					
pgdpgrow	−0.19*	−0.23*	−0.04	−0.47*	1				
govspend	0.05	0.04	0.04	−0.02	−0.03	1			
secondgdp	0.08*	0.12*	0.04	−0.25*	0.16*	−0.45*	1		
sir	0.13*	−0.00	−0.08*	0.03	0.08*	−0.06*	−0.15*	1	
openratio	−0.02	−0.08*	−0.01	−0.12*	0.09*	−0.02	−0.02	−0.35*	1

注：***、**和*分别代表在1%、5%和10%的显著性水平。

三、 基准回归分析

表 7-5 报告了根据式（7-7）回归得到的基准结果，其中 Panel A 和 Panel B 分别以经济波动代理指标 *Vol* 和 *VolHP* 的前置一期为被解释变量。在 Panel A 中，列（1）、列（2）与列（3）分别展示了宏观经济波动对 *houseVol* 和 *banktech* 的回归结果。可见商业银行数字化转型对经济波动有着显著的负向作用，而外生因素导致的房价波动对经济波动有着显著的正向影响，这与理论分析的结果和前期相关文献的观点相符。列（4）和列（5）在同时包括 *houseVol* 和 *banktech* 的基础上，先后

加入商业银行数字化转型与房价波动的交互项和控制变量。结果表明，外生因素导致的房价波动对于经济波动始终有着显著的促进作用；房价波动与商业银行数字化转型的交互项系数符合预期，符号始终为负，这说明一个城市中商业银行数字化水平的提升确实可以减缓外生因素导致的抵押品资产价格波动对当地经济波动的推动作用。Panel B 的实证结果中交互项的系数也显著为负，实证结果与 Panel A 基本保持一致，这说明商业银行数字化转型在不确定冲击传导至宏观经济过程中确实发挥了"稳定器"的作用。

表 7 - 5　基准回归结果

Panel A	F. Vol				
变量	(1)	(2)	(3)	(4)	(5)
houseVol	0.6244 ***		0.4695 ***	0.4772 ***	0.5205 **
	(3.4715)		(3.1931)	(2.6187)	(2.2963)
banktech		-0.0046 **	-0.0048 **	-0.0048 **	-0.0209 ***
		(-2.1618)	(-2.1036)	(-2.1029)	(-2.6130)
houseVol × banktech				-0.1563 **	-0.1325 **
				(-2.0189)	(-2.1409)
pgdpgrow					-0.2691
					(-1.4015)
govspend					-1.9457 **
					(-2.8103)
secondgdp					7.4004 ***
					(3.1360)
sir					1.3067
					(1.2826)
openratio					1.0922
					(0.8964)
常数项	1.7170 ***	2.2722 ***	2.4168 **	2.4164 **	1.8258 ***
	(11.0109)	(3.7089)	(2.5456)	(2.5105)	(2.8848)
年份固定效应	Yes	Yes	Yes	Yes	Yes
银行固定效应	Yes	Yes	Yes	Yes	Yes

（续上表）

Panel A	F. Vol				
变量	（1）	（2）	（3）	（4）	（5）
样本量	1046	1046	1046	1046	1046
调整 R^2	0.1912	0.1914	0.1953	0.1958	0.2397

Panel B	F. VolHP				
变量	（1）	（2）	（3）	（4）	（5）
houseVol	0.0022 ***		0.0034 ***	0.0109 **	0.0089 **
	(2.6782)		(2.8092)	(2.5034)	(2.2811)
banktech		-0.0002	-0.0007 *	-0.0007 *	-0.0007
		(-1.3599)	(-1.7649)	(-1.7755)	(-1.5109)
houseVol × banktech				-0.0042 ***	-0.0031 *
				(-2.6324)	(-1.7094)
pgdpgrow					-0.0316 ***
					(-3.4496)
govspend					-0.0077
					(-0.7682)
secondgdp					-0.0842 *
					(-1.7998)
sir					-0.0372
					(-1.4273)
openratio					0.0369 *
					(2.0062)
常数项	0.0462 ***	0.0387 ***	0.0454 ***	0.0367 ***	0.0892 ***
	(15.8602)	(10.3504)	(7.1623)	(3.8524)	(3.5556)
年份固定效应	Yes	Yes	Yes	Yes	Yes
城市固定效应	Yes	Yes	Yes	Yes	Yes
样本量	1046	1046	1046	1046	1046
调整 R^2	0.0812	0.0722	0.0812	0.0844	0.2016

注：＊＊＊、＊＊和＊分别代表在1%、5%和10%的显著性水平,括号中是经过聚类稳健标准误调整的 t 值。

四、 稳健性检验

通过更换变量构造方法和数据来源以检验实证结果的稳健性。首先是重新构造了经济波动指标，基准回归中的被解释变量是计算 5 年窗口期 $t-2$ 年到 $t+2$ 年内 GDP 增长率的标准差。为了验证结果的稳健性，使用 3 年窗口期 $t-1$ 年到 $t+1$ 年和 7 年窗口期 $t-3$ 年到 $t+3$ 年的滚动标准差重新计算了经济波动指标（$Vol3$ 和 $Vol7$），结果如表 7 - 6 列（1）和列（2）所示，从中可见交互项系数仍然显著为负。另外，基准回归中对年度数据进行 HP 滤波时将平滑参数设置为 6.25，稳健性检验中将参数分别设置为 10 和 100（$VolHP10$ 和 $VolHP100$），结果如表 7 - 6列（3）和列（4）所示，房价波动与商业银行数字化转型交互项系数仍然显著为负，结论依然成立。

表 7 - 6　稳健性检验：重新构造经济波动指标

变量	F. Vol3 (1)	F. Vol7 (2)	F. VolHP10 (3)	F. VolHP100 (4)
houseVol	0.8800**	0.4905*	0.1179*	0.0598**
	(1.9838)	(1.8787)	(1.6755)	(2.3165)
banktech	-0.0006*	-0.0011**	0.0007	0.0006
	(-1.8402)	(-2.0613)	(1.0202)	(1.0315)
houseVol × banktech	-0.0107**	-0.0023**	-0.0051*	-0.0031**
	(-2.4144)	(-2.5582)	(-1.8106)	(-2.4526)
pgdpgrow	-0.0335*	-0.0291**	-0.0511***	-0.0789***
	(-1.7993)	(-2.3173)	(-2.8678)	(-3.3214)
govspend	0.0122	-0.0148	-0.0429	-0.0471
	(0.8432)	(-1.0272)	(-1.2539)	(-1.2332)
secondgdp	0.1624**	0.0328	-0.0864	0.0030
	(2.2444)	(0.7404)	(-0.4902)	(0.0162)
sir	0.0293	-0.0181	0.0062	0.0783
	(0.1932)	(-0.3088)	(0.1116)	(0.7876)

（续上表）

变量	F. Vol3 （1）	F. Vol7 （2）	F. VolHP10 （3）	F. VolHP100 （4）
openratio	−0.0008	0.0087	0.0099	−0.0087
	（−0.0183）	（0.4119）	（0.3856）	（−0.2600）
常数项	−0.0009	0.1828 ***	0.1319 **	0.0887 **
	（−0.0105）	（3.5648）	（2.4152）	（2.2212）
年份固定效应	Yes	Yes	Yes	Yes
城市固定效应	Yes	Yes	Yes	Yes
样本量	1046	975	1046	1046
调整 R^2	0.1650	0.4217	0.2514	0.2501

　　注：＊＊＊、＊＊和＊分别代表在1%、5%和10%的显著性水平，括号中是经过聚类稳健标准误调整的 t 值。

　　其次，替换解释变量房价波动。基准回归检验的是不确定冲击导致的房价波动对经济波动的推动作用和商业银行数字化转型对这一推动作用的抑制。事实上，不确定冲击除了通过影响抵押品价值波动干扰商业银行的信贷决策外，还可能直接影响商业银行管理层和信贷员的预期，进而继续循着"银行信贷投放—企业信贷获取—企业投资与经营—宏观经济波动"的路径作用于经济波动。当形式各异的不确定冲击较多时，宏观经济不确定性增加，银行的信贷决策行为趋于保守，倾向于降低风险承担水平（梁方等，2022）。基于此，借鉴 Jurado 等（2015）测度经济不确定性的方法，并选取中国宏观经济变量构建测度中国宏观经济不确定性的指数（*eu*）[①] 和斯坦福大学与芝加哥大学联合发布的月度中国经济政策不确定指数（*epu*）[②] 替换基准回归中的解释变量房价波动。由于这两个指数在横截面上均没有差异，无法控制时间固定效应，

　　[①]　该指数在构建时包含的宏观经济变量详见表3-2。该指数表示处于当期时，未来 *h* 期的不确定性，实证研究中采用了该指数的向前3期不确定性，并对月度数据求算术平均以得到年度指数。

　　[②]　该指数以香港最大的英文报纸《南华早报》（*South China Morning Post*，SCMP）为分析对象，识别出该报纸每月刊发的有关中国经济政策不确定性的文章，并将识别出的文章数量除以当月刊发的文章总数量，最终得到月度中国经济政策不确定指数（具体的构建方法可查阅 http://www.policyuncertainty.com/ research.html）。同样地，对月度数据求算术平均以得到年度指数。

因此加入随城市而异的时间趋势项以控制随时间变动的其他因素。稳健性检验的结果如表 7 - 7 所示，可见检验结果与基准回归一致。

表 7 - 7　稳健性检验：替换解释变量

变量	F. Vol (1)	F. VolHP (2)	F. Vol (3)	F. VolHP (4)
banktech	- 0. 0381 ***	- 0. 0015 ***	- 0. 0164 *	- 0. 0002 *
	(- 3. 3015)	(- 3. 8146)	(- 1. 8144)	(- 1. 7239)
eu	0. 0047 ***	0. 0011 *		
	(3. 0193)	(1. 7905)		
eu × banktech	- 0. 0055 ***	- 0. 0003 **		
	(- 3. 3548)	(- 2. 2200)		
epu			0. 0014 ***	0. 0007 **
			(2. 8125)	(2. 0835)
epu × banktech			- 0. 4451 ***	- 0. 0050 ***
			(- 7. 3637)	(- 4. 7127)
pgdpgrow	- 0. 3803 **	- 0. 0034 ***	- 0. 0132	- 0. 0017
	(- 2. 1282)	(- 3. 3317)	(- 0. 0370)	(- 0. 3144)
govspend	- 0. 3145 **	- 0. 0039 ***	- 0. 5786 ***	- 0. 0035 ***
	(- 2. 7332)	(- 3. 6577)	(- 5. 3887)	(- 2. 9847)
secondgdp	7. 4109 *	- 0. 1131 *	8. 2355 *	- 0. 1063 *
	(2. 0229)	(- 1. 8346)	(2. 0599)	(- 1. 9085)
sir	- 0. 6182	0. 0003	- 0. 5439	0. 0074
	(- 0. 5511)	(0. 0151)	(- 0. 3574)	(0. 5152)
openratio	0. 3646 *	0. 0034 **	2. 4603	- 0. 0110
	(1. 7653)	(2. 4367)	(1. 6954)	(- 0. 7914)
常数项	- 6. 2033	- 4. 8045 ***	2. 0992	0. 7551
	(- 1. 2749)	(- 3. 1083)	(0. 1078)	(0. 3065)
城市固定效应	Yes	Yes	Yes	Yes
年份 × 城市	Yes	Yes	Yes	Yes
样本量	1046	1046	1046	1046
调整 R^2	0. 6299	0. 5395	0. 6193	0. 5427

注：＊＊＊、＊＊和＊分别代表在 1%、5% 和 10% 的显著性水平，括号中是经过聚类稳健标准误调整的 t 值。

最后，本书更换了商业银行数字化转型的代表变量，分别使用四种数据替换商业银行数字化转型指数：一是借鉴 Zhao 等（2022）和李逸飞等（2022）的方法，从国家知识产权局专利检索数据库采集的银行金融科技专利数据（*banktech_patent*）；二是采用来源于 CSMAR 建立的金融科技数据库中的"上市金融公司数字化建设程度"指标（*banktech_CSMAR*）；三是采用 CNRDS 银行及金融研究数据库中的商业银行数字化词频统计（*banktech_CNRDS*）；四是使用胡俊等（2021）通过借助腾讯 AI Lab 预训练词向量模型捕捉超过 17 万条新闻媒体对银行金融科技进展的报道，构建的反映商业银行与金融科技相关的信息在新闻报道中出现强度的指数（*banktech_HUS*）[1]。使用替换数据进行式（7 - 7）回归后得到的结果报告在表 7 - 8 中，稳健性检验结果显示系数符号和显著性与基准回归结果一致，结论依旧稳健。

表 7 - 8　稳健性检验：替换银行数字化数据

变量	F. Vol	F. VolHP	F. Vol	F. VolHP	F. Vol	F. VolHP	F. Vol	F. VolHP
	(1)	(2)	(3)	(4)	(5)	(6)	(7)	(8)
houseVol	3.3078**	0.0639***	2.9535**	0.1086***	1.2666**	0.0367**	2.2002**	0.0469*
	(2.4789)	(2.6468)	(2.3026)	(2.7295)	(2.2960)	(2.5085)	(2.4984)	(1.6602)
banktech_patent	-2.3222***	-0.0152***						
	(-2.5827)	(-2.6008)						
houseVol × *banktech_patent*	-6.0560***	-0.0295**						
	(-2.7070)	(-2.1958)						
banktech_CSMAR			-3.1061**	-0.0072**				
			(-2.5448)	(-2.1472)				
houseVol × *banktech_CSMAR*			-10.0138**	-0.1504**				
			(-2.4769)	(-2.3854)				
banktech_CNRDS					-2.0086***	-0.0094**		
					(-2.9294)	(-2.2412)		
houseVol × *banktech_CNRDS*					-11.5734***	-0.0092***		
					(-3.7934)	(-3.0332)		
banktech_HUS							-4.1941***	-0.0467**
							(-2.8631)	(-2.0170)

①　由于银行的数字化转型行为也会受到媒体关注，因此新闻报道中出现的金融科技词频可以在一定程度上体现银行数字化转型的水平。

（续上表）

变量	F. Vol	F. VolHP	F. Vol	F. VolHP	F. Vol	F. VolHP	F. Vol	F. VolHP
	(1)	(2)	(3)	(4)	(5)	(6)	(7)	(8)
houseVol × banktech_HUS							−14.2398 ***	−0.0190 ***
							(−3.8155)	(−3.0642)
pgdpgrow	−0.7877	−0.0461 ***	−0.7625	−0.0458 ***	−0.7022	−0.0450 ***	−0.7234	−0.0460 ***
	(−1.0791)	(−3.4474)	(−1.0279)	(−3.4716)	(−0.9665)	(−3.4786)	(−1.0007)	(−3.4950)
govspend	−3.3391 ***	−0.0344 ***	−3.4625 ***	−0.0351 ***	−3.4537 ***	−0.0359 ***	−3.3014 ***	−0.0333 ***
	(−3.4906)	(−3.7191)	(−3.5068)	(−3.6770)	(−3.6654)	(−3.8085)	(−3.7476)	(−3.7966)
secondgdp	4.7948 **	0.0603	4.9098 **	0.0609	4.7162 **	0.0582	4.4710 **	0.0578
	(2.4344)	(1.1282)	(2.4492)	(1.1704)	(2.3510)	(1.1109)	(2.4205)	(1.0855)
sir	2.4337	0.0174	2.4463	0.0173	2.1915	0.0169	2.3937	0.0173
	(0.5330)	(0.3769)	(0.5205)	(0.3709)	(0.4836)	(0.3675)	(0.5430)	(0.3708)
openratio	0.5737	−0.0050	0.4534	−0.0061	0.5550	−0.0053	0.6112	−0.0040
	(0.4092)	(−0.2460)	(0.3188)	(−0.3025)	(0.3924)	(−0.2790)	(0.4401)	(−0.1946)
常数项	2.5756	0.0486 **	2.7933	0.0548 **	3.8741 *	0.0585 ***	3.1723	0.0490 **
	(1.1375)	(2.0270)	(1.1952)	(2.3597)	(1.6985)	(2.7662)	(1.4499)	(1.9895)
年份固定效应	Yes	Yes	Yes	Yes	Yes	Yes	Yes	Yes
城市固定效应	Yes	Yes	Yes	Yes	Yes	Yes	Yes	Yes
样本量	1046	1046	1046	1046	1046	1046	1046	1046
调整 R^2	0.3071	0.1339	0.3000	0.1322	0.2951	0.1316	0.3058	0.1367

注：＊＊＊、＊＊和＊分别代表在1%、5%和10%的显著性水平，括号中是经过聚类稳健标准误调整的 t 值。

五、 内生性问题处理

对于基准回归结果分析的隐含假设是，通过控制宏观层面可能影响经济波动的变量和加入时间与城市固定效应，商业银行的数字化转型程度和房价波动是外生的。然而事实上实证检验中选用的控制变量以及固定效应很难控制所有同时影响商业银行数字化转型程度与经济波动，以及同时影响房价波动与经济波动的变量。由反向因果或遗漏变量导致的内生性问题会直接影响估计结果。尽管在基准回归中通过将被解释变量相对于解释变量前置一期以在一定程度上缓解由反向因果带来的内生性问题（Wooldridge，2010），但为了得到更稳健的结论，本书在此基础上使用工具变量法进行检验。

鉴于供求关系是影响房价的最根本因素，而一个城市土地供应弹性的大小直接影响该城市可开发土地的面积，进而影响房产的供给。当不

确定冲击产生导致住房需求增加时，土地供应弹性小的城市房价波动的程度更大，满足相关性假设。同时，城市的地形坡度与当地的经济活动相关度很小，因此不会影响经济波动，满足外生性假设。根据 Saiz（2010）的定义，土地供应弹性界定为"城市中坡度大于 15 度的土地占未开发土地的比例"，这是因为坡度大于 15 度的土地难以开发为住宅用地。因此一个城市坡度大于 15 度土地的比例越大，土地供应越缺乏弹性。由于中国城市的市辖区边界可能因撤县并区等原因而发生变动，因此假设城市为单中心城市结构，定义地级市土地供应弹性为"城市中心 30km 半径范围内坡度大于 15 度土地面积占未开发土地的比例"[①]。另外，移动电话是客户使用手机银行等数字化业务的重要载体，因此一个城市的商业银行数字化转型程度与城市当地的移动电话数紧密相关，因此满足相关性假设。同时，移动电话用户数在控制当地宏观指标后，不会通过商业银行数字化以外的因素影响经济波动，故此满足外生性假设。基于此，选择中国城市土地供应弹性、城市移动电话年末用户数和二者的交互项作为工具变量，并使用面板工具变量两阶段最小二乘法检验结论的稳健性。

检验结果如表 7 - 9 所示。无论是否加入控制变量，Kleibergen-Paap rk LM 统计量的 p 值均接近 0，说明拒绝了工具变量识别不足的原假设，因此工具变量的选取合理。考虑了内生性问题后，银行数字化转型水平与房价波动交互项的系数符号及显著性与基准回归的结果基本一致，验证了结果的稳健性。

表 7 - 9　内生性问题处理：工具变量法（2SLS）

变量	F. Vol		F. VolHP	
	(1)	(2)	(3)	(4)
houseVol	5. 6605 ***	6. 7173 ***	0. 9265 **	0. 5703 ***
	(4. 3874)	(3. 1321)	(2. 4571)	(3. 0140)

---

① 根据《中国城市统计年鉴》的数据显示，中国地级市市辖区的平均面积约为 2611 平方公里，即城市半径约为 28 公里。另外，借鉴 Small 等（2009）的研究，把未开发土地定义为夜晚灯光数据值小于 20 的地区。

（续上表）

变量	F. Vol		F. VolHP	
	(1)	(2)	(3)	(4)
banktech	−0.4508*	−0.2852**	−0.0007**	−0.0027**
	(−1.8711)	(−2.1289)	(−2.0547)	(−2.0602)
houseVol × banktech	−1.0941***	−1.5480**	−0.2379**	−0.0073***
	(−3.5238)	(−2.1299)	(−2.4771)	(−3.4084)
控制变量	No	Yes	No	Yes
年份固定效应	Yes	Yes	Yes	Yes
城市固定效应	Yes	Yes	Yes	Yes
样本量	954	954	954	954
Kleibergen-Paap rk LM p 值	0.0000	0.0181	0.0000	0.0247

注：＊＊＊、＊＊和＊分别代表在1%、5%和10%的显著性水平，括号中是经过聚类稳健标准误调整的 t 值。

六、 异质性分析

1. 基于银行数字化转型细分维度异质性的实证检验

商业银行数字化转型涉及的内容非常丰富，既包括数字技术应用程度和深度的提高，亦包括对组织架构的数字化适应性的改造等。本书基于谢绚丽和王诗卉（2022）的维度分类，按照战略层面、组织层面和业务层面对银行数字化转型的细分维度进行划分，并进一步分析银行不同维度的数字化转型对不确定冲击传导的抑制作用。由表7–10可见，房价波动对经济波动的影响始终为正且显著。就战略层面数字化的影响而言，列（1）和（2）的结果显示，战略数字化（banktech1）及其与房价波动交互项（houseVol × banktech1）对房价波动的影响不显著，说明如果数字化转型仅停留在战略层面，未能落地为业务和管理的数字化，则银行信贷投放依旧保持固有的以抵押品为核心的金融模式，对于冲击传导的信贷抵押路径而言无法产生影响，难以对宏观经济形成显著的影响。从列（3）和列（4）与列（5）和列（6）则分别可以发现，业务层面的数字化转型和管理层面的数字化转型及其交互项的系数显著为负，业务层面的数字化转型和管理层面的数字化转型对经济波动均有

显著的抑制作用，这说明商业银行将新型信息技术融入自身金融业务，并增加组织架构的数字化适应程度，可以抑制不确定冲击导致的房价波动对宏观经济波动的影响。

表 7 - 10　异质性分析：基于银行数字化转型细分维度差异的检验

变量	F. Vol (1)	F. VolHP (2)	F. Vol (3)	F. VolHP (4)	F. Vol (5)	F. VolHP (6)
houseVol	1.6186**	0.0480*	10.1736*	0.0025**	6.4943*	0.0081**
	(2.2123)	(1.5907)	(1.7256)	(2.0226)	(1.6863)	(2.0648)
banktech1	-0.0163	-0.0002				
	(-1.3393)	(-1.4815)				
houseVol × banktech1	-0.0959**	-0.0007				
	(-2.2068)	(-1.1473)				
banktech2			-0.0218*	-0.0022*		
			(-1.9186)	(-1.7861)		
houseVol × banktech2			-0.0923*	-0.0014**		
			(-1.6733)	(-2.2083)		
banktech3					-0.0241*	-0.0002*
					(-1.6733)	(-1.9154)
houseVol × banktech3					-0.0340**	-0.0005**
					(-2.2366)	(-2.2404)
pgdpgrow	-0.5660	-0.0346***	-0.6671	-0.0365***	-0.7637	-0.0368***
	(-0.7038)	(-3.5935)	(-0.8339)	(-3.5352)	(-0.9561)	(-3.5628)
govspend	-2.1859***	-0.0209	-2.1965***	-0.0211	-2.1158**	-0.0207
	(-2.8826)	(-1.3333)	(-2.6379)	(-1.3068)	(-2.4440)	(-1.2881)
secondgdp	5.0850***	0.0485	5.3674***	0.0542	5.4701***	0.0538
	(2.7184)	(1.0294)	(3.0406)	(1.1781)	(2.9801)	(1.1411)
sir	2.2983	0.0172	2.3397	0.0162	1.7647	0.0129
	(0.5159)	(0.4319)	(0.5389)	(0.3990)	(0.4455)	(0.3064)
openratio	1.0606	0.0052	1.1724	0.0052	1.0858	0.0045
	(0.8646)	(0.2978)	(0.9249)	(0.2843)	(0.8857)	(0.2406)
常数项	2.7107	0.0706***	1.7411	0.0579***	1.8939	0.0585***
	(0.9543)	(5.5531)	(0.5638)	(3.8906)	(0.6318)	(3.5703)
年份固定效应	Yes	Yes	Yes	Yes	Yes	Yes
城市固定效应	Yes	Yes	Yes	Yes	Yes	Yes
样本量	1046	1046	1046	1046	1046	1046
调整 R^2	0.2470	0.1094	0.2518	0.1104	0.2569	0.1109

注：＊＊＊、＊＊和＊分别代表在1%、5%和10%的显著性水平，括号中是经过聚类稳健标准误调整的 t 值。

2. 基于周期异质性的实证检验

金融加速器理论认为，信贷市场对不确定冲击的传导作用在经济上升期和经济下行期是不对称的（Gertler & Gilchrist，1993；袁申国、陈平，2010）。基于此，按照经济增长速度的中位数将实证样本划分为经济上升期和经济下行期，表7-11汇报了周期异质性的实证检验结果。列（1）和列（3）报告的经济上升期样本的检验结果与列（2）和列（4）报告的经济下行期样本的检验结果对比显示，在经济上行期房价波动对经济波动的影响大于经济下行期，但就数字化转型稳定经济的效果而言，在经济下行期交互项（houseVol × banktech）的系数绝对值更大，说明银行数字化转型在经济衰退时更能起到稳定经济的作用。

表7-11 异质性检验：根据宏观经济周期差异分组的检验

变量	F. Vol		F. VolHP	
	经济上升期	经济下行期	经济上升期	经济下行期
	（1）	（2）	（3）	（4）
houseVol	16. 3939 **	8. 7688 ***	0. 0482 **	0. 2741 **
	(2. 1791)	(3. 5658)	(2. 1952)	(2. 1592)
banktech	- 0. 0293 ***	- 0. 2086 **	- 0. 0005 ***	- 0. 0006 **
	(- 2. 9433)	(- 2. 1213)	(- 2. 9580)	(- 2. 4098)
houseVol × banktech	- 0. 6259 ***	- 1. 2509 *	- 0. 0034 **	- 0. 0058 **
	(- 3. 3181)	(- 1. 7365)	(- 2. 4068)	(- 2. 1470)
pgdpgrow	- 0. 5779	- 1. 4829 **	0. 0030	- 0. 0325 ***
	(- 1. 0092)	(- 1. 9921)	(0. 2324)	(- 2. 9181)
govspend	- 0. 3703	- 3. 3046 ***	- 0. 0008	- 0. 0263
	(- 0. 5623)	(- 3. 0881)	(- 0. 0812)	(- 1. 4917)
secondgdp	5. 3514 *	3. 3362 **	- 0. 0256	0. 1012 ***
	(1. 6454)	(2. 3818)	(- 0. 4439)	(2. 9892)
sir	7. 4613 ***	- 2. 2163	- 0. 0241	0. 0326
	(3. 0301)	(- 0. 6729)	(- 0. 7964)	(0. 8018)
openratio	1. 7745	- 0. 6876	0. 0229	- 0. 0297 ***
	(1. 5952)	(- 0. 3939)	(1. 0419)	(- 2. 6113)

（续上表）

变量	F. Vol		F. VolHP	
	经济上升期	经济下行期	经济上升期	经济下行期
	（1）	（2）	（3）	（4）
常数项	0.8588	7.4748 *	0.1494 ***	−0.0095
	(0.3671)	(1.8995)	(3.5343)	(−0.5427)
年份固定效应	Yes	Yes	Yes	Yes
城市固定效应	Yes	Yes	Yes	Yes
样本量	634	588	634	588
调整 R^2	0.2498	0.3703	0.1828	0.1486

注：＊＊＊、＊＊和＊分别代表在1%、5%和10%的显著性水平，括号中是经过聚类稳健标准误调整的 t 值。

3. 基于区域异质性的实证检验

中国经济的发展存在区域不均衡的特点，金融科技的发展与商业银行应用数字技术的程度也存在明显的地区差异性。表7－12报告了将样本城市划分为东部地区、中部地区和西部地区后分组检验的结果。表中可见，东、中、西部地区的房价波动对经济波动均具有推动作用，而东部地区的推动作用又远大于中西部地区，这可能是因为东部地区的房价变化远大于中西部地区，东部地区的房产更加具有作为抵押品的价值。就东部地区而言，商业银行数字化转型（banktech）和数字化转型与房价波动交互项（houseVol × banktech）均为负数且显著，说明东部地区商业银行的数字化转型在增强经济稳定性方面的作用更加明显。就中西部地区而言，银行数字化转型稳定经济的作用相对不够明显，这一方面是中西部地区市场化程度和经济开放度较东部地区要低，不确定冲击影响的程度较东部地区小，经济波动的程度相对较小；另一方面是中西部地区的银行数字化转型进程相比东部地区更为滞后，银行数字化转型稳定经济的外部效果尚未显现。

表 7 - 12　异质性检验：基于区域异质性的分组检验

变量	F. Vol			F. VolHP		
	东部地区	中部地区	西部地区	东部地区	中部地区	西部地区
	(1)	(2)	(3)	(4)	(5)	(6)
houseVol	23.2549**	14.7885***	9.2390***	0.1044*	0.0911**	0.0913***
	(2.5157)	(3.9342)	(3.3377)	(1.7890)	(2.4608)	(2.8169)
banktech	-0.0644*	-0.0016	-0.0245	-0.0005*	-0.0007	-0.0010
	(-1.9042)	(-0.0800)	(-0.3490)	(-1.9941)	(-1.5888)	(-1.4472)
houseVol × banktech	-0.4623*	-0.2894*	-0.3071	-0.0048***	-0.0017**	-0.0029
	(-1.8395)	(-1.9363)	(-0.4946)	(-3.1176)	(-2.3374)	(-0.9224)
pgdpgrow	-1.9043	0.4156	-0.6714	-0.0586***	-0.0343	-0.0351***
	(-1.1980)	(0.3683)	(-0.7561)	(-2.7289)	(-0.8012)	(-3.3004)
govspend	-0.6738	0.3088	-2.5639**	0.0036	-0.0115	-0.0291**
	(-1.3737)	(0.7456)	(-2.1085)	(0.3443)	(-1.1376)	(-2.5159)
secondgdp	5.3680***	-0.7713	6.3688***	-0.0668**	0.0296	0.1381***
	(3.9208)	(-0.8069)	(3.1542)	(-1.9659)	(1.3896)	(3.8968)
sir	6.0176***	-3.6193	-9.6731**	0.0671	-0.0733***	0.0270***
	(3.0169)	(-1.1690)	(-2.1559)	(1.0106)	(-3.6111)	(6.2206)
openratio	1.6357***	4.9926***	4.7729	-0.0284	0.0517***	-0.0319
	(3.0736)	(4.4996)	(1.4475)	(-1.1894)	(4.1812)	(-0.4862)
常数项	-2.7195**	5.8914***	9.4538**	0.0836***	0.0620***	0.0482***
	(-2.1429)	(2.6343)	(2.0430)	(2.7905)	(2.8611)	(4.4126)
年份固定效应	Yes	Yes	Yes	Yes	Yes	Yes
城市固定效应	Yes	Yes	Yes	Yes	Yes	Yes
样本量	493	351	378	493	351	378
调整 R^2	0.2395	0.3811	0.5249	0.2214	0.1895	0.2052

注：＊＊＊、＊＊和＊分别代表在1%、5%和10%的显著性水平，括号中是经过聚类稳健标准误调整的 t 值。

4. 基于金融发展水平异质性的实证检验

金融发展水平较高的地区金融机构更有动力通过数字化转型提高运营效率获取行业竞争力。按照金融增加值占 GDP 比例的中位数将实证样本划分为金融发展水平高的样本组和金融发展水平低的样本组，分组检验的结果如表 7 - 13 所示。列（1）和列（3）报告的金融发展水平

高的检验结果与列（2）和列（4）报告的金融发展水平低的样本的检验结果对比显示，金融发展水平低的样本组房价波动（houseVol）对经济波动的助推作用高于金融发展水平高的样本组，这是因为金融发展水平低的地区借款人可选择的金融工具不丰富，银行接受的抵押品类型较为单一，因此房产价格波动对经济波动的影响较大。同时，银行数字化水平的提高在金融发展水平低的地区稳定经济的作用更小。银行数字化转型的过程本质上就是金融的发展，银行运用数字技术可以提高金融服务的质量，推出更多创新型的融资工具，进而减少对房产等抵押品的依赖，因此可以起到稳定经济的作用。

表 7 - 13　异质性检验：根据金融发展水平差异分组的检验

变量	F. Vol		F. VolHP	
	金融发展水平高	金融发展水平低	金融发展水平高	金融发展水平低
	（1）	（2）	（3）	（4）
houseVol	5.4021***	18.8182***	0.0212**	0.3042**
	(3.4214)	(3.2563)	(2.1559)	(2.0173)
banktech	-0.1291**	-0.0608*	-0.0255**	-0.0063**
	(-1.9830)	(-1.9334)	(-2.1032)	(-2.4236)
houseVol × banktech	-0.9806**	-0.4844***	-0.0112**	-0.0025**
	(-2.2618)	(-3.5263)	(-2.0785)	(-2.4374)
pgdpgrow	-2.1566*	0.6450	-0.0386**	-0.0221
	(-1.7257)	(0.9468)	(-2.4647)	(-1.3965)
govspend	-0.9435*	-8.4639**	0.0024	-0.1348*
	(-1.6591)	(-2.3543)	(0.2233)	(-1.9298)
secondgdp	5.6004***	2.7877	0.0304	0.0042
	(2.7761)	(1.0978)	(0.6843)	(0.0656)
sir	2.6169	2.5760	0.0350	0.0173
	(0.5792)	(0.6243)	(0.7565)	(0.3658)
openratio	-0.2564	1.3166	0.0176	-0.0111
	(-0.1421)	(1.1976)	(0.8129)	(-0.5329)

（续上表）

变量	F. Vol		F. VolHP	
	金融发展水平高	金融发展水平低	金融发展水平高	金融发展水平低
	(1)	(2)	(3)	(4)
常数项	-0.1184	4.1855	0.0561 **	0.1038 ***
	(-0.0431)	(1.4010)	(2.3278)	(3.4245)
年份固定效应	Yes	Yes	Yes	Yes
城市固定效应	Yes	Yes	Yes	Yes
样本量	631	591	631	591
调整 R^2	0.1867	0.3300	0.1296	0.1527

注：＊＊＊、＊＊和＊分别代表在1%、5%和10%的显著性水平，括号中是经过聚类稳健标准误调整的 t 值。

5. 基于非国有经济发展程度异质性的实证检验

在我国特殊的经济体制背景下，国有企业具有政府的隐性担保和非常优良的信用资质，可以优先获得银行信贷支持，受到信贷配给影响的概率较小，因此并不依赖银行通过数字化转型提高信息甄别能力以缓解融资约束。基于此，依据樊纲等（2003）构建的市场化指数中的非国有经济发展程度指标将样本城市划分为非国有经济发展程度高的样本组和发展程度低的样本组，实证结果如表7-14所示。结果发现，非国有经济发展程度较高的地区，房价波动对经济波动的影响程度更大。就商业银行数字化转型与房价波动交互项（ $houseVol \times banktech$ ）的系数而言，非国有经济发展程度较高的地区商业银行数字化转型对不确定冲击经由抵押担保渠道影响宏观经济波动的抑制作用更大。

表7-14　异质性检验：根据非国有经济发展程度差异分组的检验

变量	F. Vol		F. VolHP	
	非国有经济发展程度高	非国有经济发展程度低	非国有经济发展程度高	非国有经济发展程度低
	(1)	(2)	(3)	(4)
houseVol	17.1160 **	4.1722 ***	0.0458 **	0.0359 **
	(2.2172)	(3.2573)	(2.1834)	(2.1824)

（续上表）

变量	F. Vol		F. VolHP	
	非国有经济发展程度高	非国有经济发展程度低	非国有经济发展程度高	非国有经济发展程度低
	(1)	(2)	(3)	(4)
banktech	-0.0341***	-0.0014***	-0.0015***	-0.0005***
	(-3.5895)	(-3.0276)	(-4.7821)	(-3.1662)
houseVol × banktech	-0.3434**	-0.1268**	-0.0121***	-0.0029**
	(-2.3191)	(-2.3069)	(-3.5479)	(-2.4382)
pgdpgrow	-1.1180	0.0571	-0.0675***	-0.0168
	(-0.8472)	(0.0852)	(-2.6250)	(-1.0742)
govspend	-0.3929	-1.6341**	0.0126*	-0.0356***
	(-0.6248)	(-2.0375)	(1.8743)	(-3.2344)
secondgdp	8.2558***	4.1466***	-0.0198	0.0940***
	(4.4138)	(2.8868)	(-0.2173)	(3.1066)
sir	8.9089***	-6.7976***	0.0673	-0.0122
	(6.2904)	(-2.6540)	(0.7701)	(-0.6575)
openratio	-2.7837	2.2433*	-0.0065	0.0025
	(-1.3004)	(1.7284)	(-0.1576)	(0.2028)
常数项	3.4861**	7.9195***	0.0654**	0.0459***
	(2.0158)	(2.7991)	(2.2084)	(2.9483)
年份固定效应	Yes	Yes	Yes	Yes
城市固定效应	Yes	Yes	Yes	Yes
样本量	632	590	632	590
调整 R^2	0.2855	0.4020	0.2032	0.1405

注：＊＊＊、＊＊和＊分别代表在1%、5%和10%的显著性水平，括号中是经过聚类稳健标准误调整的 t 值。

6. 基于市场化程度异质性的实证检验

市场化改革推进了中国资源配置效率的改善，而这伴随着信息流动效率的提高。在市场化程度较高的地区，银行具有较多的信息来源，因此在信用审核中对抵押品的依赖程度降低。使用樊纲等（2003）构建的市场化指数将样本城市划分为高市场化组和低市场化组，实证结果如表7-15所示。结果发现，房价波动对经济波动的影响在市场化程度较

低的地区更大。同时，市场化程度较高的地区，商业银行数字化转型对经济波动的抑制作用也更大，交互项系数的绝对值也大于市场化程度较低的地区，这也反映市场化程度较低的地区更需要商业银行通过数字化转型提高信息甄别能力，这有助于更大程度地降低信用关系构建过程中对抵押品的依赖，从而增强经济的稳定性。

表 7 – 15 异质性检验：根据市场化程度差异分组的检验

变量	F. Vol		F. VolHP	
	高市场化	低市场化	高市场化	低市场化
	(1)	(2)	(3)	(4)
$houseVol$	1.3232 **	8.0449 **	0.1795 ***	0.3029 ***
	(2.0898)	(2.3791)	(3.8775)	(3.0101)
$banktech$	– 0.0089 **	– 0.0127 **	– 0.0013 ***	– 0.0005 *
	(– 2.2385)	(– 2.1983)	(– 2.7265)	(– 1.7416)
$houseVol \times banktech$	– 0.2006 **	– 0.1564 **	– 0.0117 **	– 0.0018 **
	(– 2.0022)	(– 2.2441)	(– 2.5256)	(– 2.1695)
$pgdpgrow$	– 1.9226 *	0.4259	– 0.0580 ***	– 0.0096
	(– 1.8814)	(0.4162)	(– 3.0923)	(– 0.7254)
$govspend$	– 1.3854	– 1.4032 *	– 0.0032	– 0.0280 ***
	(– 0.7912)	(– 1.7288)	(– 0.1529)	(– 3.2035)
$secondgdp$	4.1446 ***	3.6048 **	0.0197	0.0663 ***
	(3.0770)	(2.1442)	(0.2650)	(4.4227)
sir	5.0398 *	– 11.0472 ***	0.0338	0.0120
	(1.8812)	(– 3.3098)	(0.5250)	(0.3059)
$openratio$	– 4.7946 *	3.0925 ***	– 0.0026	– 0.0015
	(– 1.9053)	(2.8351)	(– 0.0607)	(– 0.0953)
常数项	1.7392 ***	9.6220 ***	0.0632 ***	0.0561 *
	(2.6834)	(3.6857)	(2.9046)	(1.8123)
年份固定效应	Yes	Yes	Yes	Yes
城市固定效应	Yes	Yes	Yes	Yes
样本量	743	479	743	479
调整 R^2	0.2256	0.4369	0.1981	0.1299

注：＊＊＊、＊＊和＊分别代表在1%、5%和10%的显著性水平，括号中是经过聚类稳健标准误调整的 t 值。

第五节　拓展性研究：基于信贷波动和投资波动视角的再检验

商业银行数字化转型稳定经济的效果需要分别经过银行信贷投放和企业投资方能作用于宏观经济。前文检验了商业银行数字化转型增强经济稳定性的效果，那么这种效果的实现是不是通过降低信贷波动和投资波动实现的呢？本节基于式（7-8）和（7-9）构建经济波动指标的方法构造信贷波动（Vol_credit_{it} 和 $VolHP\_credit_{it}$）和投资波动指标（Vol_invest_{it} 和 $VolHP\_invest_{it}$），替换式（7-7）中的经济波动（Vol_{it}）进行实证检验。

一、商业银行数字化对信贷波动的影响

表7-16报告了商业银行数字化转型对信贷波动影响的实证结果，其中 Panel A 和 Panel B 分别以信贷波动代理指标 Vol_credit 和 $VolHP\_credit$ 的前置一期为被解释变量。在 Panel A 中，列（1）、列（2）与列（3）分别展示了信贷波动对 $houseVol$ 和 $banktech$ 的回归结果。可见商业银行数字化转型对信贷波动有着显著的负向作用，而外生因素导致的房价波动对经济波动有着显著的正向影响，这与理论分析和前期文献的结论基本一致。列（4）和列（5）在同时包括 $houseVol$ 和 $banktech$ 的基础上，先后加入商业银行数字化转型与房价波动的交互项和控制变量。结果表明，外生因素导致的房价波动对于信贷波动始终有着显著的助推作用；房价波动与商业银行数字化转型的交互项系数符合预期，符号始终为负，这说明一个城市中商业银行数字化水平的提升确实可以减缓外生因素导致的抵押品资产价格波动对当地金融信贷投放量波动水平的推动作用。而 Panel B 的实证结果中交互项的系数也显著为负，实证结果与 Panel A 基本保持一致，这说明商业银行数字化转型确实减缓了不确定冲击对信贷波动的影响。

表 7 – 16　拓展性研究：商业银行数字化转型对信贷波动影响的实证检验

Panel A	F. Vol_credit				
变量	(1)	(2)	(3)	(4)	(5)
houseVol	0.2529***		0.0947**	1.8098**	3.7322**
	(2.6267)		(2.2204)	(2.2787)	(2.3777)
banktech		-0.0047***	-0.0035***	-0.0013**	-0.0012**
		(-2.6058)	(-2.7438)	(-2.4002)	(-2.2199)
houseVol × banktech				-0.0418**	-0.0854**
				(-2.1411)	(-2.4641)
pgdpgrow					-0.0881**
					(-2.2750)
govspend					1.8023*
					(1.7813)
secondgdp					0.6055
					(1.2556)
sir					-0.3463*
					(-1.6741)
openratio					0.4083*
					(1.6944)
常数项	0.1878***	0.2750**	0.0643**	0.1578*	0.2943*
	(4.6633)	(2.3048)	(2.4587)	(1.8536)	(1.7478)
年份固定效应	Yes	Yes	Yes	Yes	Yes
城市固定效应	Yes	Yes	Yes	Yes	Yes
样本量	1046	1046	1046	1046	1046
调整 R^2	0.1072	0.1040	0.1059	0.1064	0.1684
Panel B	F. VolHP_credit				
变量	(1)	(2)	(3)	(4)	(5)
houseVol	0.2530**		0.2112*	0.1700**	0.1628**
	(2.0197)		(1.7879)	(2.3456)	(2.4234)
banktech		-0.0005**	-0.0002**	-0.0002**	-0.0005**
		(-2.4041)	(-2.1268)	(-2.0894)	(-2.1574)

（续上表）

Panel B	F. VolHP_credit				
变量	(1)	(2)	(3)	(4)	(5)
houseVol × banktech				−0.0010	−0.0024*
				(−1.4399)	(−1.7327)
pgdpgrow					0.0139**
					(2.1621)
govspend					−0.0695**
					(−2.5221)
secondgdp					−0.0356
					(−0.1925)
sir					−0.0792
					(−0.8248)
openratio					0.1086
					(1.0748)
常数项	0.0702***	0.0592**	0.0570*	0.0593*	0.1434*
	(5.4577)	(2.2038)	(1.9883)	(1.8796)	(1.8885)
年份固定效应	Yes	Yes	Yes	Yes	Yes
城市固定效应	Yes	Yes	Yes	Yes	Yes
样本量	1046	1046	1046	1046	1046
调整 R^2	0.1222	0.1055	0.1105	0.1105	0.1253

注：***、**和*分别代表在1%、5%和10%的显著性水平，括号中是经过聚类稳健标准误调整的 t 值。

二、 商业银行数字化对投资波动的影响

表7－17 报告了商业银行数字化转型对投资波动影响的实证结果，其中 Panel A 和 Panel B 分别以投资波动代理指标 Vol_invest 和 VolHP_invest 的前置一期为被解释变量。在 Panel A 中，列（1）、列（2）与列（3）分别展示了投资波动对 houseVol 和 banktech 的回归结果。可见商业银行数字化转型对投资波动有着显著的负向作用，而外生因素导致的房价波动对投资波动有着显著的正向影响，这与理论和文献相符。列（4）和列（5）在同时包括 houseVol 和 banktech 的基础上，先后加入商

业银行数字化转型与房价波动的交互项和控制变量。结果表明，外生因素导致的房价波动对于投资波动始终有着显著的助推作用；房价波动与商业银行数字化转型的交互项系数符合预期，符号始终为负，这说明一个城市中商业银行数字化水平的提升确实可以减缓外生因素导致的抵押品资产价格波动对当地投资波动水平的推动作用。而 Panel B 的实证结果中交互项系数也显著为负，实证结果与 Panel A 基本保持一致，这说明商业银行数字化转型确实减缓了不确定冲击对投资波动的影响。

表 7 - 17　拓展性研究：商业银行数字化转型对投资波动影响的实证检验

Panel A	F. Vol_invest				
变量	(1)	(2)	(3)	(4)	(5)
houseVol	0.0489 ***		0.0972 ***	2.5600 ***	1.2252 ***
	(3.1183)		(3.3079)	(3.2901)	(3.1453)
banktech		-0.0070 ***	-0.0050 ***	-0.0081 ***	-0.0058 **
		(-2.6172)	(-2.6026)	(-2.6354)	(-2.4243)
houseVol × banktech				-0.0600 **	-0.0284 **
				(-2.3521)	(-2.1253)
pgdpgrow					-0.0596 *
					(-1.7179)
govspend					-0.0061 **
					(-2.0349)
secondgdp					-0.2428
					(-0.6891)
sir					0.0229
					(0.1189)
openratio					-0.0501 **
					(-2.2597)
常数项	0.3166 ***	0.1600 **	0.1970 **	0.0626 **	0.2736 **
	(8.2286)	(2.4838)	(2.1944)	(2.3574)	(2.4201)
年份固定效应	Yes	Yes	Yes	Yes	Yes
城市固定效应	Yes	Yes	Yes	Yes	Yes
样本量	1046	1046	1046	1046	1046
调整 R^2	0.1232	0.1371	0.1279	0.1397	0.2295

（续上表）

Panel B	F. VolHP_invest				
变量	（1）	（2）	（3）	（4）	（5）
houseVol	0.5259*		0.4041**	0.2766***	0.5767***
	（1.8764）		（2.4915）	（3.3614）	（2.7895）
banktech		-0.0026**	-0.0034**	-0.0025**	-0.0016**
		（-2.4954）	（-2.1625）	（-2.1806）	（-2.1444）
houseVol × banktech				-0.0030**	-0.0017**
				（-2.1790）	（-2.0929）
pgdpgrow					-0.0326
					（-1.2153）
govspend					-0.2073**
					（-1.9925）
secondgdp					-0.0039
					（-0.0143）
sir					0.1008*
					（1.7697）
openratio					-0.1433*
					（-1.9421）
常数项	0.2018***	0.1481***	0.1703***	0.1635*	0.2116**
	（11.8534）	（4.7866）	（2.6481）	（1.7730）	（2.2593）
年份固定效应	Yes	Yes	Yes	Yes	Yes
城市固定效应	Yes	Yes	Yes	Yes	Yes
样本量	1046	1046	1046	1046	1046
调整 R^2	0.1182	0.1164	0.1158	0.1158	0.1444

　　注：＊＊＊、＊＊和＊分别代表在1%、5%和10%的显著性水平，括号中是经过聚类稳健标准误调整的 t 值。

第六节　本章小结

　　本章使用中国城市层面的面板数据，通过双向固定效应模型实证检验了商业银行数字化转型增强宏观经济稳定性的作用。由于房产具有较好的市场流通价值，在信用关系构建的过程中通常作为银行认可的抵押

品，成为识别借款人信用的替代物，当不确定冲击导致作为抵押物的房产价值出现变化时，借款人的信用也随之变化，信贷获取能力的变化将对其正常的投资与经营产生影响。经济中大量的借款人遭遇信用收缩导致的限贷、拒贷问题后被迫同时缩减生产规模，必将进一步加剧经济的衰退。

基准回归结果显示，不确定冲击导致的房价波动对经济波动存在正向影响，银行数字化转型程度的提高可以抑制不确定冲击导致的房价波动对经济波动的助推效果。稳健性检验和使用工具变量法处理内生性问题后的实证结果也验证了这一结论。

进一步地，异质性检验的结果发现，如果数字化转型仅停留在战略层面，未能落地为业务和管理的数字化，则难以对宏观经济形成显著的影响，商业银行应根据自身业务特点制定数字化赋能的战略，将新型信息技术融入自身金融业务，并增加组织架构的数字化适应程度，才可以抑制不确定冲击导致的抵押品价值变化对宏观经济波动的影响。异质性检验的结果还发现，银行数字化水平的提高在经济衰退时期、东部地区、非国有经济发展程度较高的地区、金融发展水平和市场化程度较高的地区发挥稳定经济的效果更加明显，说明银行数字化转型还需要较好的外部经济环境，方能有效发挥良性的外部经济效应。数字化转型对银行信息甄别能力的提升能够弱化信贷市场作为不确定冲击放大器的效果，进而起到平抑经济波动的"减震器"作用。

第八章　推进商业银行数字化转型平抑宏观经济波动

基于金融加速器理论的思想，本书探究了商业银行近年持续推进的数字化转型可能产生的经济效应。基于理论分析，并通过分别构建银行层面、企业层面和宏观层面的年度面板，采用固定效应模型检验了商业银行数字化转型在不确定冲击经由信贷市场传导过程中发挥的宏观经济"减震器"效应。研究得出的主要结论如下：

第一，在微观层面的资金供给端，商业银行数字化转型可以弱化不确定冲击经由银行信贷抵押路径传导被加剧的程度，降低不确定冲击对银行信贷配置行为的影响，并缓解不确定冲击对银行风险承担与风险偏好的抑制作用。商业银行数字化转型通过提升银行信息甄别能力促使银行将信贷审核的重点落于借款人的真实信用而非外在的抵押物价值，因此抵押物价值的变化对银行信贷配置的影响将减弱，金融摩擦的缓减将弱化不确定冲击在银行信贷抵押路径传递过程中被加剧的效果。

第二，在微观层面的资金需求端，商业银行数字化转型程度的提高有助于商业银行获取和处理企业更多的信息，全方位形成更加完整的企业画像，获得准确度更高的信用评估结果，减弱信用评估过程中对企业资产负债表中可抵押资产的依赖。更多的信息源和数据分析工具有助于银行增加期限较长信贷的投放，提高企业长期融资的占比，缓减抵押融资导致的流动性负债占比过高的问题，进一步抑制企业短债长投，减少不确定冲击导致企业债务融资成本上升的现象，同时还可以提高企业投资水平。因此商业银行数字化转型程度的提高使不确定冲击对企业信贷获取能力的影响减少，进而减少对企业投资和产出的干扰，弱化了不确定冲击经由企业资产负债表路径传导过程中的放大效应。

第三，在宏观层面，商业银行数字化转型进程的推进可以缓减不确定冲击经由信贷市场加剧产生的对经济波动的影响，这种缓减作用在控制了诸多可能影响经济波动的变量后依然显著。无论是更换变量构造方

式还是考虑内生性问题，都不影响该结论的稳健性。传统上，由于房产具有较好的市场流通价值，在信用关系构建的过程中通常作为银行认可的抵押品，成为识别借款人信用的替代物，当不确定冲击导致作为抵押物的房产价值出现变化时，借款人的信用也随之变化，信贷获取能力的变化将对其正常的投资与经营产生影响。经济中大量的借款人遭遇信用收缩导致的限贷、拒贷问题后被迫同时缩减生产规模，必将进一步加剧经济的衰退。商业银行数字化转型的缓减作用通过弱化抵押品价值在信贷评估中的重要性实现，信用甄别能力的提高使银行得以将信用评估的重点聚焦于借款人内在的真实信用而非外在的抵押品价值，商业银行数字化转型使借款人外在的抵押品价值受不确定冲击影响变化对其信贷获取能力的抑制减弱，借款人投资和生产经营受到的影响也减小，因此银行数字化转型程度的提高可以缓减不确定冲击导致的抵押品价值波动对经济波动的助推效果，发挥宏观经济"减震器"的作用。

由此可见，以金融科技的开发和应用为核心的商业银行数字化转型发挥宏观经济稳定器作用的关键，就在于利用金融科技的赋能降低商业银行在信贷投放过程中对抵押品的依赖，银行基于抵押品之外更多维度的信息识别借款人信用，即使抵押品价值发生波动，借款人信用也不会因与抵押品捆绑而大幅贬值，银行因抵押品价格下跌而催债、断贷的可能性也下降。因此，推进商业银行数字化转型以平抑宏观经济波动的重点就在于如何提升金融科技赋能银行信贷投放的效能，通过强化商业银行甄别借款人信用资质的能力，促进银行向缺乏抵押品的中小规模客群投放更多的信用贷款和中长期贷款。基于此，政府部门应加强金融基础设施建设，完善社会征信体系，培育诚实守信、以义取利、稳健审慎、守正创新、依法合规的中国特色金融文化，商业银行应紧扣数据生成、搜集和处理三个环节，提升金融科技与银行业务的融合度，着力打造有利于数据沉淀的数字金融场景，并结合生成式人工智能技术（AIGC）逐渐成熟的技术背景，强化数据治理，深度挖掘数据的潜在价值，提升数据的使用效率，全面推进商业银行的智能化发展。

第一节　建立健全自主可控安全
高效的金融基础设施体系

　　金融基础设施是金融机构开展金融业务的基础，是承载金融资源运行的中介。建立健全、自主、可控、安全、高效的金融基础设施体系，是构建中国特色现代金融体系和建设金融强国的题中应有之义，更是加快推进中国式现代化进程的重要保障。2024年1月16日，习近平总书记在省部级主要领导干部推动金融高质量发展专题研讨班开班式上发表重要讲话，强调要建立健全自主可控安全高效的金融基础设施体系。金融基础设施体系，是指为各类金融活动提供基础性公共服务的工作系统及制度安排等所组成的有机联系的统一整体，是中国特色现代金融体系的重要组成部分。金融基础设施在狭义上侧重于金融市场交易的硬件设施，尤其是支付清算基础设施，在广义上既包括金融运行的硬件设施，也包括相关的制度安排，如支付体系、法律环境、公司治理、会计准则、信用环境、反洗钱以及由金融监管、中央银行最后贷款人职能、投资者保护制度组成的金融安全网等。就商业银行而言，完善的征信体系、促进数据流动畅通的制度等金融基础设施有助于提升识别借款人信用资质的效率，降低数据搜集的成本。

一、　建立健全自主可控安全高效的金融基础设施体系的重要意义

　　作为中国特色现代金融体系的重要组成部分，金融基础设施体系在金融体系运行中居于枢纽地位，是金融体系稳健高效运行的基础性保障，是实施宏观审慎管理和强化风险防控的重要抓手。建立健全自主可控安全高效的金融基础设施体系，对金融强国建设具有重大意义。

　　自主可控安全高效的金融基础设施体系，是构建中国特色现代金融体系的基础保障。习近平总书记提出构建中国特色现代金融体系的"六大体系"，涉及金融调控、金融市场、金融机构、金融监管、金融产品和服务、金融基础设施等方面，其中，金融基础设施是整个金融生态的基石，是支撑金融体系稳健高效运行的基础性保障。只有建立健全

自主可控安全高效的金融基础设施，才能保障中国特色现代金融体系功能的正常运转。

自主可控安全高效的金融基础设施体系，是深化金融供给侧结构性改革的必然选择。深化金融供给侧结构性改革是加快建设金融强国的内在要求，是提升金融服务实体经济发展水平、推动经济高质量发展的关键举措。金融供给侧结构性改革的本质，就是通过金融领域不断深化改革，实现金融制度的进一步优化和服务效率的进一步提升，进而提高金融供给结构的适应性和灵活性，以更好地适应金融市场需求结构的变化。金融基础设施体系作为中国特色现代金融体系的六大组成部分之一，通过改革提升其自主可控能力和安全高效水平，正是深化金融供给侧结构性改革所要达到的目的之一。

自主可控安全高效的金融基础设施体系，是推动实现金融高质量发展的重要内容。金融高质量发展就是要通过整个金融体系的高质量运行，实现金融产品和金融服务在质量与效率方面的双提升，进而助推实体经济实现高质量发展。只有建立健全自主可控安全高效的金融基础设施体系，才能通过推动金融行业数字化转型、提升金融产品和服务标准、增强金融治理能力，构建具有高度适应性、开放性、包容性、普惠性、智能化的现代金融体系，进而实现金融资源的最优配置和高效利用，助推金融高质量发展。

自主可控安全高效的金融基础设施体系，是确保国家金融安全的防火墙。在开放经济体中，不健全、不完备的金融基础设施体系是国际金融危机爆发和迅速蔓延的重要原因。良好的金融基础设施体系是金融体系安全运行的物质基础和重要保障，只有交易平台、支付体系、结算系统等硬件设施与金融法律法规、会计制度、信息披露原则、社会信用环境等制度在金融体系中实现了协调配合，才能共同打造良好的金融生态，保障金融体系功能的正常发挥。因此，只有建立健全自主可控安全高效的金融基础设施体系，才能够有效保障金融系统的稳定和安全，有效防范和化解金融风险，牢牢守住不发生系统性金融风险的底线。

政府应积极搭建有助于银企合作共享数据、创建数字金融场景的平台，推动商业银行尤其是中小银行抓住数字经济与实体经济深度融合、产业数字化大发展的契机，让数据要素在银行与企业之间充分流动，推

动银行数字化转型与数据要素的结合，提升技术在金融业务中的效果，从而弱化银行在传统信用关系构建过程中对抵押物的依赖，真正实现"物的信用"和"人的信用"的分离。

二、 自主可控安全高效的金融基础设施体系的特征

自主可控安全高效的金融基础设施体系，应体现以下几个方面的显著特征：

一是高效性。只有建立高效运转、畅通互联的金融基础设施体系，才能形成充分的市场流动性，为全社会资金流动提供强大支撑，有效满足金融市场的发展需求，推动形成统一包容开放的金融市场，提高金融服务的质量和效率，进而充分发挥金融的资源配置功能。建立健全自主可控安全高效的金融基础设施体系，需要不断优化金融基础设施布局，通过对标国际高标准的金融法律、法规体系不断完善金融治理结构。

二是安全性。金融安全是国家安全的重要组成部分，也是经济平稳健康发展的重要前提和基础。金融基础设施体系是金融体系运行的硬件设施和制度安排，具有跨机构、跨市场、跨地域、跨国界等特征，只有具备高度安全性、稳定性和可靠性的金融基础设施体系，才能有效抵御各种风险和挑战，保障金融体系正常运行，这对于保障金融安全至关重要。建立健全自主可控安全高效的金融基础设施体系，必须全面建设富有弹性且韧性十足的金融基础设施，使其能够有效应对各类风险冲击，特别是有效应对全球性的金融风险和挑战。

三是自主可控性。金融基础设施体系的自主性，强调的是在金融基础设施的设计、运行和维护以及相关制度制定方面的独立性。金融基础设施体系的可控性体现为中央和地方政府对金融基础设施各主体和要素具有管理和主导的能力，在任何时候都能保障金融体系的良性运转和基本安全。换言之，"自主可控"意味着金融基础设施体系的建设和运营完全由国内主体掌握。这就要求必须通过不断提升自主研发和创新能力，掌握核心技术和关键资源，确保金融基础设施的安全、稳定和可靠，不受外部势力的控制和干预。

三、 健全金融基础设施体系支持商业银行数字化转型

经过多年发展，我国金融基础设施建设已经取得长足进步，为我国金融体系的平稳运行提供了有力支撑，但也存在一些亟待完善之处。健全自主可控安全高效的金融基础设施体系，支持商业银行数字化转型，应注重以下方面的工作：

一是推进金融的数字化转型。随着数字技术在金融领域的渗透，提升金融基础设施的数字化和智能化水平迫在眉睫。建立健全自主可控安全高效的金融基础设施体系必须加强数字化转型，这是顺应技术进步的要求不断提升金融基础设施核心竞争力的现实需要。金融基础设施特别是数字金融基础设施的互通互联，依托互联网等智能技术的升级换代，对数字金融和数字货币产生重要影响，有助于保障金融体系高质量运行，推动金融高质量发展。

二是完善金融监管制度体系。建立健全自主可控安全高效的金融基础设施体系，需要不断完善金融监管制度体系，对金融基础设施所涉及的准入、治理、运营、风控、监管等活动进行顶层设计，提高金融监管部门之间的统筹和协调配合，完善监管框架，统一监管标准，明确监管层次。一方面，继续加强对金融机构的合规性和风险管理的监督与检查；另一方面，进一步加强国际金融监管，提高境内外金融市场的互联互通，提升跨境投融资便利化水平。

三是加强自主研发和提高创新能力。在数字技术时代，金融基础设施是金融与科技结合的重要领域，金融科技的发展可以为金融基础设施建设提供强大的技术支持和创新动力。只有加强自主研发和提高创新能力，才能结合本国需求和国际规则更好地构建自主可控安全高效的金融基础设施体系。应加大对金融科技领域的投入和支持，不断增强金融科技的基础支撑作用，深化金融科技的融合应用，优化金融科技发展环境，推动金融科技产业更好更快发展。

第二节　构建科技与业务高度融合的数字金融场景

科技与金融的融合动力主要体现在其对价值流通的加速能力以及其

对流通过程中产生的风险的防范和控制。数字技术与金融业务的融合必须基于场景展开，因此银行需要构建科技与业务高度融合的数字金融场景。现阶段金融与科技加速融合、银行领域与非银领域相互渗透，各大商业银行纷纷下沉服务重心，围绕数字化转型和市场多元化需求，搭建与商业银行业务密切连接的非银服务体系，以各垂直场景为依托，向客户提供触手可及的金融服务。如今，金融机构逐步向体验场景化、服务生态化、运营数字化、产品个性化和业务敏捷化转型。

商业银行的优势在于资金成本低，且掌握了传统意义上的优质个人客户。目前就不同类别的商业银行而言，服务的客群存在一定的差异。传统大型银行更多服务于信用级别较高的客户群体，比如公务员群体、国企员工等，还没有实现更大范围客群的覆盖。股份行如招行、广发、浦发等银行借助信用卡等产品完成了大量用户的数据积累，用户客群已经充分下沉，可以覆盖在城市工作的白领群体，但在覆盖程度上仍有不足。[①] 至于城市商业银行、农村商业银行等中小银行，更缺乏服务广泛客群的能力，需要借助合作方的业务场景，在消费金融业务中充当纯粹的资金供给方的角色。

整体而言，商业银行最大的不足之处在于缺乏进一步将客户群体下沉的能力，银行缺乏构建专业化、有助于沉淀数据的数字金融场景的能力，并未掌握收入较低群体的数据，也缺乏足够的大数据技术应用更高维的模型判断用户风险，在触达普惠客群方面缺乏有效途径。而且银行对于这类客户态度较为谨慎，缺乏足够的兴趣。而这些是金融科技公司的强项，也是主攻的方向，金融科技公司跟银行之间更多是一种错位互补的关系。

金融科技公司致力于利用科技为客户提供更好的金融服务，包括提高金融服务的效率和降低金融服务的成本。信息技术的运用增加了金融服务的受众数量并提高了金融服务的频率，因而扩大了整个金融服务市场的规模。虽然传统金融机构受到来自新型金融科技公司的冲击，但是金融科技带来的最大影响是满足了过去传统金融机构无法实现的金融需

---

① 例如一些股份行的消费贷产品在审核时会看重住房公积金缴纳金额这样的指标，而不少民企是按最低金额缴纳公积金，因此这也会将很多客群拒之门外。

求,服务了过去未被服务的客户。其实质是降低了金融服务的门槛,使普惠金融成为可能。另外,金融科技公司致力于为客户提供个性化的金融服务。金融产品的核心是风险定价。在原有的金融服务条件下无法满足客户金融产品定制化的需求,因为这将消耗巨大的成本。金融科技可以解决这个问题。根据大数据征信为贷款客户提供个性化的贷款方案和贷款利率,根据个人理财目标和风险属性选择最合适的投资组合,而这些服务只需轻触手机屏幕即可完成。

随着金融供给的逐渐饱和,金融科技公司逐渐侵蚀商业银行原有的市场份额,而商业银行在"红海"无法实现收入和利润持续增长的背景下,也必须进军"蓝海",实现普惠下沉,金融科技公司与商业银行在客户获取和业务拓展方面出现重合及竞争。数字金融场景的构建成为银行的短板,制约了银行服务效能的提升。

一、 银行建设数字金融场景存在的问题

场景金融起源于数字经济,是指包括电信运营商、头部互联网企业、金融科技公司在内的非银企业依托线上化和数字化红利抢占"衣食住行"等高频场景后,为满足场景内用户消费支付、经营融资等泛金融需求,向金融领域的自发延展与渗透,这也不可避免地与商业银行传统业务产生交集与竞合,使银行服务日益后台化和底层化,并在一定程度上造成了客户、渠道和资金"脱媒"。

失去客户比失去业务更可怕,因此近年来商业银行纷纷进军场景金融领域,通过依托开放银行嵌入第三方场景、利用手机银行自建场景、直接承建外部场景等方式,重塑客户通道。但因受限于先天基因、组织架构、固有流程、人才结构及考核机制等因素,商业银行在快速"入局"参与数字金融场景构建后暴露出一些问题,其具体体现在以下五个方面:

一是有影响力的不多。除布局较早且投入巨大的 G 端智慧政务外,各商业银行在智慧医疗、智慧教育、智慧社区、智慧园区、智慧交通、智慧商务等 B 端、C 端垂直领域,均尚未真正打开局面、占据一席之

地，"一根针捅破天"的应用和叫得响的现象级产品不多。① 因缺少非银领域行业积淀，无法深入理解和准确把握行业用户痛点，在与领域内专业服务企业的竞争中，商业银行处于不利位置，难以真正做深做透，场景金融的获客引流作用仍待挖掘，对银行存贷汇等主营业务的助力作用也有待进一步发挥。

二是自主研发的不多。为加快场景布局，各商业银行在初期积极引入合作伙伴共建场景或直接外购系统，这对提升客户服务能力、场景拓展广度、行业应用深度起到了积极作用，但也带来一系列存量问题。首先是数据孤岛问题，"一场景一部署、一场景一数据库"，各场景之间难以实现数据共享、交叉销售和快速复用，形成一座座"数据孤岛"。其次是数据安全问题，因外购系统多部署在银行外部，银行安全开发和测试管控无法实现全覆盖，容易引发信息安全和业务连续性等方面问题，且存在潜在的欺诈、洗钱等风险。最后，银行不完全掌握外购系统代码，难以在此基础上进行二次开发，加之有些工作受制于合作方，银行无法实现外购系统与内部系统的有效整合。

三是做长久的不多。商业银行做场景往往冲劲很猛，但韧性不足。在前期，银行通过投入巨量资源或直接从体系内引流实现客户规模快速扩张。在中期，由于缺少完备规范的市场运营机制，以及类似互联网企业的"洞察—触达—识别—服务—反馈—分析—优化"全流程迭代体系，甚至部分场景直接交由第三方运营，场景金融无法跟随市场需求持续演进，导致客户黏性无法持续。在后期，由于缺乏具体量化考核指标、激励机制以及跨地区的协同推广机制，典型应用无法被有效复制至其他地区，大量场景越做越小、客户越来越少。

四是有持续性收入的不多。场景金融对银行的助力是全方位的，包括有助于带动存贷款和代收代付等业务发展、培养客户忠诚度、树立品牌美誉度、扩大产业链自身影响力、辅助上下游授信风险评估，以及获得资金流、信息流、物流数据等，可以说战略价值巨大。但场景金融建设是一个投资周期长、回报时滞长且外溢性强的战略执行过程，其内生

---

① 譬如，中国建设银行等国有大行致力于构建数字金融场景，开发了建行生活等类电商垂直领域服务平台，前期投入大量补贴资金引流，但引流期过后未能形成有市场竞争力的数字金融场景。而后这些平台活跃用户量断崖式下跌，沦为信用卡积分的兑换场所。

的客户流量效益在账面上无法与商业银行传统的成本收入比相契合，短时间内难以量化其效益，必须下苦功夫、放长线。从同业实践看，其长期效益还没有充分体现，对银行存贷款等业务绑定还不够紧，有持续性收入的项目占比不高，这也是一个需要关注的问题。

五是在社交、电商等垂直领域，银行渠道直接支付用得不多。支付结算是银行的"看家本领"和业务基石，也是银行做场景金融的切入点和最想收复的"失地"。但在社交、电商等场景金融领域，第三方支付仍占据绝对主导地位，银行渠道直接支付业务增长乏力，各家银行仍在竭力拓展场景寻求突破。

二、 银行数字金融场景建设问题的根源

场景金融建设，场景搭建在先、金融业务拓展在后。对于银行而言，场景是手段，是金融服务的客户入口和流量闭环；金融是目的，是价值创造的核心和用户转化的关键。场景建设的好坏取决于对行业的认知水平和实践的丰富程度。银行要做好场景金融，就必须正视自己的短板和不足，有针对性地调整战略布局、产品设计、营销运营、风险管理、技术应用和人才组织等内容，以尽快适应新的"战场"。现阶段商业银行数字金融场景建设成效不显著的根源大致集中在以下七个方面：

一是非银领域场景建设积累不足。互联网企业做场景金融，是建立在对行业的深刻认知和丰富的实践经验基础之上，通过持续深耕某一垂直领域，实现用户习惯的培养、核心服务的打磨和自身生态的闭环。商业银行作为一群"门外汉"，在无行业实践和经验积累的情况下仓促"下海"，难以深入理解行业规律、生态链条和用户核心需求，且自身传统营销渠道也难以被有效复用于场景营销，导致场景服务与金融服务衔接不够紧密，银行需要在长期实践中不断提升自身认知水平和核心竞争力。

二是营销异化带来的思路转变。客户营销工作经历了从关系营销到服务方案营销，再到以系统建设营销进行客户资源置换的演变。一线营销人员的着眼点是完成各项考核任务，银行的着眼点则是通过系统建设深度绑定客户，实现对其长期价值的挖掘。现阶段商业银行绝大多数一线营销人员仍沿用传统营销思路，通过场景建设一次性营销客户，而忽

略了对系统服务的持续优化，因而无法维护拓展更大范围的长期合作关系。

三是客户需求个性化和场景碎片化。因行业不同、规模不同、地域不同等因素，客户需求的个性化特点较为普遍，并由此带来场景建设的碎片化，相似的场景出现在不同的系统、不同的分行、不同的部门、不同的客户中，建设过程中未沉淀行业共性，难以形成行业通用标杆产品，导致银行在各行业、各场景甚至内部各分行、各条线重复"造轮子"的现象不断出现。

四是内部分工不够明确。场景建设涉及的相关方众多，包括需求方、使用方、委托方、建设方、合作方、运营方等，常常存在跨行业、跨部门、跨总分行的情况，且相互之间分工不够明确、责任权利不清晰，比如，对于跨场景的营销如何联动、银行与第三方场景的联合运维如何有效管理等，往往是"一事一议"，还没有形成相对成熟的模式和流程。

五是客户端无法有效整合银行产品。场景金融的最终目标是以场景为核心向客户提供金融服务和产品，需要与客户生产经营和面客渠道深度融合，而银行在做产品设计时仍存在以部门为中心的情况，没有站在客户角度形成整体服务和产品体系，无法为客户提供定制化的产品货架和长效服务，且产品之间相互独立，单个产品只解决客户的部分痛点。

六是长周期影响产品时效和满意度。市场机会不等人。场景金融建设包括市场调研、需求研制、营销、业务立项、研发、运营、推广、客户反馈、迭代优化等环节，链条多、时间长、落地慢，常常跟不上市场节奏，开发出的产品往往有滞后性。同时，链条后面的人员听不到"前线的炮火"，无法得到一手的客户体验情况和其反馈意见，很难迭代设计出让客户真正满意的产品。

七是互联网资产安全管理有待完善。场景建设需要引入大量的合作伙伴，并形成部署在银行外部的互联网资产。目前，银行对互联网资产的供应链安全管理仍不完善，在实践中存在过紧或过松情况，有的按照银行标准严格要求，有的仅依靠合同协议进行约束，尚未形成体系化的管理模式。

三、 商业银行数字金融场景的建设路线图

数字经济时代场景在哪里，客户就在哪里，金融服务就延伸到哪里。场景金融是银行发展的必由之路。只有找准定位，扬长避短、取长补短，才能在日益激烈的市场竞争中闯出一片天地。具体而言，商业银行应聚焦于以下六个方面，强化数字金融场景构建能力，适应数字经济时代的获客新趋势。

一是变拓展广度为聚焦深度，锚定战略场景构筑"护城河"。靠山吃山、靠水吃水，选择场景必须立足自身禀赋，走差异化发展之路，并在不断探索中补足自身短板。以农业银行为例，"三农"是农业银行的天然根据地，是其政治责任和集团战略所在，农业银行做场景金融要扎根"三农"领域深耕细作，构建核心竞争力。其一要构筑行业认知"护城河"。通过战略合作、业务合作、技术合作、股权合作等市场化方式拓展上下游合作伙伴，快速积累行业经验；通过引进外部成熟产品、流程工艺和专业能力，建设所在行业的专家队伍；通过深入研究客户核心需求，找准产品发力点，设计"管用、好用、愿用"的优秀产品。其二要构筑技术能力"护城河"。建设全行统一的数字乡村金融服务和产品货架，实现场景应上尽上、产品应加尽加；着力打造业界规模最大的"三农"可信大数据资产，强化对县域和"三农"客群的数字化洞察；探索软硬件一体化道路，制定传感器等设备技术标准，做到有平台、有数据、有硬件、有专利。其三要构筑多维服务"护城河"。利用农业银行点多面广的优势，探索建立线上和线下相结合，且总分行、基层分支机构、惠农通服务点和农银金科市场化力量相连通的一体化服务渠道体系，通过服务更多的客户，让农业银行的网络覆盖更广、成本更低、效率更高，让"三农"服务成为农业银行的金字招牌。

二是变提供系统为提供服务，打造一站式SaaS（Software as a Service，软件即服务）。场景金融不是一锤子买卖，不仅需要平台思维、行业积累和一揽子解决方案，也需要持续运营、个性化服务，并将服务方案打造为SaaS。其一，要提供"交钥匙"工程和"管家式"服务。以提升客户满意度为出发点，为客户提供包括市场调研、需求研制、系统研发、技术运维、业务培训等在内的一揽子解决方案，并搭建总分联

动、行司联动、内外联合的网状运营服务体系，通过业务运营和迭代优化，持续激发场景活力，提升客户黏性，实现一次投入、终身受益。其二，要以数据应用驱动场景服务千人千面。构建全链路量化指标体系，不仅量化客户行为，也量化客户经理行为，不仅量化点击次数、页面停留时间等基础指标，也量化态度、偏好等更具深度的指标，从而形成每一个客户的态度或偏好量化光谱，以准确掌握客户态度或偏好变化，实现"向对的客户，在对的时间、对的场景，由对的员工通过对的活动，以对的价格、对的渠道，提供对的产品"。其三，要变产品思维为平台思维，实现产品云化、服务云化和运营云化。探索以银行科技子公司为抓手，逐步打造具备产运研一体化服务能力的综合 SaaS 服务商，通过提供标准版产品加定制化配置的方式，满足不同客户需求，并支持按客户订阅的服务、消耗的流量、消费的数据等多种方式计费，为客户提供快速、安全、简约、可定制的 SaaS，持续提升对接效率和丰富营收模式。

三是变单兵作战为军团作战，实现银行内部多兵种协同。场景金融建设需要银行内部业务和技术的高度融合，以及各条线、各部门的高效协作，从而凝聚共识、建立机制、明确分工、形成合力，打好这场硬仗。其一，要明确任务分工，加强横向协作。由板块牵头部门负责本板块场景金融规划设计、考核评价、统筹协调；由场景业务主管部门统筹需求研制、模板设计、客户体验管理、数据服务、风险管理、运营服务；由科技部门负责重点场景建设研发实施和运维保障，并根据业务需要协助开展重点场景业务运营操作；由分行负责各类单项场景的营销推广、活动组织、客户反馈信息收集、运营支持、客户服务等。其二，要完善场景规划，强化全链条管理。按照分层分级、战略导向、急用先行、聚焦核心的场景建设原则，完善场景金融建设版图规划；统筹构建银行内部场景服务目录，建立分级分类的场景管理体系和动态更新机制，满足银行场景管理、建设、拓展、评价激励等需要；贯通场景经营体系，以大数据应用为驱动，构建完整的场景营销生态一体化系统，实现风险全周期管理。其三，要夯实技术底座，统一基础设施。构建场景相关内部管理服务类、外部客户服务类等基础服务组件，持续提高研发效率、质量和场景服务能力；共享银行软硬件设施、基础服务和数据资

源，并遵循统一的技术栈，建设及运维 IaaS（Infrastructure as a Service，基础设施即服务）和 PaaS（Platform as a Service，平台即服务），进行 SaaS 层服务运维并对外提供生态云服务；依托开放银行，实现场景与金融产品的连接，加快构建数字场景服务的开放生态等。

四是变银行运作为市场化运作，充分发挥银行系科技子公司作用，弥补场景建设短板。其一，要解决行业经验和人才引进的问题。依托科技子公司的灵活机制，实现非银行业成熟产品、新技术及新工艺的引进和消化，或通过公司化运作，采用并购等模式获取行业经验。同时，建立市场化薪酬和用人机制，加快非银行业专家人才的招募，并与同业、上下游企业和高校开展广泛合作，加速行业认知积累。其二，要解决业务运营和项目推广的问题。场景不仅需要建设，更需要运营和推广，可以科技子公司为抓手，建立跨部门的业务运营和技术运维团队，有效解决场景类项目的本地化运营问题；同时，横向协同各条线和各区域，对于试点效果好的典型应用，快速复制推广至其他地区，形成全国效应。其三，要解决市场嗅觉和反应链条的问题。依托科技子公司，可以建立一支快速反应部队，对外实时感知市场新业态和新产品，对内加强与一线人员的协同互动，支持其做好各类营销活动，主动寻找新热点、新切口，抓住稍纵即逝的机会，实现新的突破。

五是变传统思维为数字经济时代思维，实现客户服务的"快准全"。和数字经济企业竞合，就要适应其节奏，求快、求准、求全，为客户打造一站式服务和极致消费体验。其一，要"快"，实现快速部署和快速迭代。打磨场景建设共性模板，加快模块化、组件化研发，加强身份认证、账户服务、信息查询等基础服务的标准化建设，通过"选模板"和"搭积木"，持续提升敏捷交付效率。其二，要"准"，实现一站式客户精准服务。在银行端体现整合，打破各条线零打碎敲、多头营销的局面，打造标准化产品体系和全场景服务目录，实现"大而全"；在客户端体现个性，满足不同主体的多元化需求，将最匹配的产品嵌入与客户联系紧密的场景，提供"随需而至"的服务，实现"小而精"。其三，要"全"，实现全渠道融合。推进非银渠道与银行渠道的融合、内部渠道与外部合作商渠道的融合、线上渠道与线下渠道的融合，以及以手机为主、多屏合一终端渠道的融合，如在场景端以 API、

H5 等方式嵌入银行产品，提供简单查询和申请服务，并以跳转手机银行、线上客户经理介入等方式引导客户至银行渠道完成交易；或在银行端支持客户通过手机银行等渠道查询在合作场景购买的金融产品，并支持一键关闭等。

六是变自筹自建为共享共建，携手合作伙伴实现生态共赢。百花齐放才是春，场景建设应秉持开放共享的理念，在打造自身核心竞争力的同时，实现和生态圈伙伴优势互补、携手共建。其一，要做好服务互补。在消化吸收行业成熟经验、打磨自身核心产品的同时，通过共建、嵌入等方式，为合作伙伴提供稳定的金融服务，满足客户金融需求。其二，要做好安全互补。全面加强合作伙伴的网络安全、数据安全、运行安全和信息安全建设。制定合作伙伴网络安全准入标准，提前识别网络风险；实施第三方技术服务管控，做好运行监测，避免舆情风险；对业务运营进行流量、资金、行为跟踪，及时发现信息安全问题等。其三，要做好生态互补。做广场景服务生态，满足县域"三农"、城市政务、企业生活等场景软硬件需求，积极引入 IoT（Internet of Things，物联网）硬件服务商，补足硬件服务能力；做深场景数据运营，发挥银行系科技子公司运营服务主渠道作用，并辅以专业领域运营服务商，满足场景生态客户的大量运营需求；做细场景落地推广，按需引入本地化推广服务商，满足客户地推、培训等本地化需求。

构建开放共享、万物互联的金融场景，既是商业银行落实数字中国战略、以银行数字化对接社会数字化的社会责任，也是其延伸自身服务触角、提升客户黏性并最终实现流量变现的价值主张。只有发挥自身认知和实践优势，专注特定领域，保持战略定力，才能走好场景金融发展之路。

第三节　增强 AIGC 应用赋能商业银行智能化发展

美国人工智能研究公司 Open AI 在 2022 年 11 月 30 日发布基于 GPT-3.5 模型的生成式人工智能（Artificial Intelligence Generated Content，AIGC）对话系统 ChatGPT，其效果超过了之前的人工智能模型，迅速在全球范围内引起巨大关注和引发热潮。ChatGPT 作为一个先进的

对话系统，不仅在智能对话处理方面取得了显著成就，而且还展示了 AIGC 在文本生成、信息处理和自然语言理解等方面的巨大潜力。智能化是商业银行数字化转型的高级阶段，运用 AIGC 技术，赋能商业银行经营全链条，对于商业银行降本增效具有重大意义，同时也有助于高效处理借款人的贷款申请，使得银行从海量繁杂、价值密度低的大数据中快速抓取关键信息，判断借款人信用资质，在提升服务实体经济效能、防控信贷违约风险、实现银行利润三者间取得新的平衡。

一、 AIGC 对经济社会的深刻改变

AIGC 可以被认为是一种通用式技术，而通用技术的特点是随着时间的推移和技术的普遍应用，其可以促进几乎所有产业的变革和生产力的解放，例如工业革命时的蒸汽机、内燃机等。现阶段，AIGC 的兴起正在深刻地改变着各行各业的运作模式。通过智能算法和深度学习网络，AIGC 能够自主生成文本、图像、音频和视频内容，为产业创新和提升效率提供了前所未有的可能性。在媒体和内容创作领域，AIGC 使得个性化内容的制作变得更加快速、成本更加低廉，允许创作者以更少的时间和资源创造更丰富、更符合目标受众口味的内容。在商业和市场营销领域，AIGC 被用来创建个性化的广告内容和营销策略，极大地提高了目标精准度和用户参与度。同时，它还在为企业进行数据分析和提供预测模型方面发挥着重要作用，帮助企业更好地理解市场趋势和消费者行为。在教育和培训行业，AIGC 通过提供定制化的学习材料和互动体验，为个性化学习和远程教育开辟了新的道路，学生可以通过 AI 生成的内容获得更加贴合自己学习节奏和兴趣的学习体验，从而提高学习兴趣和效率。

在金融行业中，AIGC 的应用正在带来革命性的变化。在风险管理和合规领域，AIGC 能够通过分析历史交易数据和市场趋势，预测和识别潜在的风险点，帮助金融机构更有效地遵守监管要求并防范风险。在个性化财务顾问服务领域，AIGC 通过分析客户的财务状况和投资偏好，为客户提供定制化的投资建议和财务规划服务。在信贷评估领域，AIGC 能够快速处理和分析大量的借款人数据，提高信贷审批的速度和精确度，从而大幅提升金融服务的效率和客户满意度。

二、AIGC 赋能商业银行数字化转型

商业银行数字化转型是伴随技术进步产生的必要组织形态、系统架构、人员组成、业务模式等的转变，是商业银行积极利用技术提高管理水平、增大用户影响力、改进商业经营模型的举措。随着人工智能、区块链、云计算、大数据等前沿数字技术的发展与应用，商业银行从内部业务到外部经营正在接受着全面、深度的数字化转型。智能风控、智能信贷审批模型、智能信用分析系统、智能机器人客服等全链条经营业务的智能化已经成为现阶段银行数字化转型的主要特点。尤其是在 ChatGPT 出现以后，AIGC 与银行业务的融合给予商业银行数字化转型新的动力，将成为引领新一代银行转型的重要力量。

AIGC 在底层模型的逐步更新迭代过程中已经由一个聊天机器人发展成为具备解决多模态问题能力的应用，可以同时处理和生成文字、音频、图像等。随着 AIGC 技术研发的不断深入，一些聚焦于垂直细分领域的 AIGC 应用也随之出现，这些细分领域 AIGC 的开发思路一般有两种，一种是基于原有通用 AIGC 自定义具有某些专业功能的 AIGC，这一方式也被 Open AI 公司以 GPT Store 的形式实现。另一种是从 AIGC 的底层训练数据入手，利用通用训练数据 + 细分领域特有训练数据的形式对大模型进行开发训练，比如早在 2023 年 3 月，全球最大的金融信息服务商彭博（Bloomberg）宣布其开发了第一个金融领域的大语言模型 Bloomberg GPT，Bloomberg GPT 参数规模为 200 亿，使用了彭博自建的包含 3630 亿个标签的金融数据集和 3450 亿标签的通用数据集。众多研究对比测试也表明，垂直细分领域的 AIGC 在解决该特定领域的绝大多数任务时会优于通用型的 AIGC，这说明了特定领域的 AIGC 可以表现出在该领域更优的效果和能力。

AIGC 的出现与商业银行的数字化转型存在天然的时空耦合，可以进一步整合银行内外部、全方位的业务需求，更加系统化地推进银行的数字化转型，使得银行的数字化转型更加智能和类人化，并为具体数字化方案的开发与应用提供了新思路和新想法。AIGC 的这种系统化、创造性的能力更多源于其具有的"涌现能力"，主要体现在三个方面：一是上下文学习（In-Context Learning，ICL），这也是一种记忆和学习的能

力，能够在输入的上下文中学习到给定的例子并完成类似的任务，而无须对底层模型进行额外的训练或梯度更新；二是推理能力，AIGC 通过一系列中间推导过程的思维链（Chain-of-Thought，CoT）可以实现数学推理、常识推理、符号推理、逻辑和知识的能力，这在任务的系统性和完整性中是非常重要的；三是零样本学习（Zero-Shot Learning），可以简单地理解为人类的学习过程，即使第一次接触没见过的东西，也可以根据先验知识做到一定程度上的识别。除此之外，AIGC 利用基于人类反馈的强化学习（Reinforcement Learning with Human Feedback，RLHF）对齐人类产出的方式也使得其内容输出与人类的主流核心价值观保持一致，避免了其中的科技和道德伦理问题，使得 AIGC 可以合理且正确地应用于新一代商业银行数字化转型之中。

AIGC 可以为商业银行数字化转型提供诸多解决方案，通过自动化和优化程序的方式承担商业银行中重复性的行政管理、日常决策等工作。从细分业务来看，AIGC 可以被潜在应用于欺诈检测和预防、风险评估、信贷决策、投资组合管理、市场分析等银行重点业务活动中，并且可以在客户服务、个性化产品推荐和员工招聘等活动中发挥更具有创造性和客户吸引力的作用。就此而论，AIGC 应用一是可以整合商业银行各方面的资源处理繁琐的信息处理流程，大幅降低商业银行成本；二是可以提高信息处理的效率，增强识别借款人信用的能力，这与商业银行数字化转型的开源效应和节流效应相吻合，通过改善银行信贷配置的结构，进一步发挥弱化金融加速器效应的作用。

三、 AIGC 在商业银行应用时应注意的潜在风险

随着 AIGC 的持续火爆和其能力的迅猛发展，商业银行需要积极拥抱 ChatGPT 等智能化技术以寻求更高程度的数字化转型，但由于银行行业具有较高的安全性需求和对技术使用的敏感性需求，这就导致商业银行必须谨慎对待 AIGC 技术中存在的潜在风险和合规性问题，并采取适当合理的对策预防和处置潜在风险，包括认知偏误、数据合规与一系列的操作风险。

首先是 AIGC 应用的认知偏误。AIGC 优秀的产出效果在媒体上的广泛宣传使得商业银行在评估或应对 AIGC 潜在风险时可能存在心理和

认知偏差，在使用 AIGC 进行日常工作时可能会低估 AIGC 存在的技术缺陷或过度依赖 AIGC 的产出和判断，从而导致管理层和员工对新技术的风险评估不准确。为了缓解和预防低估 AIGC 应用风险产生的损失，商业银行内部需要创建由不同部门代表组成的团队来评估和管理 AIGC 的应用，减少单方面的偏见。同时，商业银行内部要建立针对 AIGC 性能和决策质量的反馈机制，正确评估 AIGC 应用可能带来的收益和潜在风险损失。

其次是 AIGC 应用涉及的数据合规问题。数据是 AIGC 大模型开发和训练的基石，数据是否具有合规性决定了 AIGC 能否被正确、合理、合规地使用。同时，数据的合规性在银行业中有着更加严格的标准，数据安全在商业银行经营中居于很高的位置。然而，AIGC 在银行的应用仍旧存在 AIGC 模型的算法透明度、银行金融数据隐私、AIGC 内容产出的知识产权等问题，对此，商业银行需要严格遵守《数据安全法》等数据相关的法律法规，实施包括数据收集、处理、存储和销毁在内的更加细致的数据管理政策，并且使用加密和安全访问控制技术来保护数据，确保所有数据处理流程都经过商业银行内控部门严格的安全审查。

最后是一系列内部操作风险的处置。商业银行通过引入 AIGC 这种新技术进行数字化转型，不可避免地会使技术故障、操作错误、信息泄露等内部风险在复杂技术环境和新型操作模式下变得更加严峻。基于此，商业银行在应用 AIGC 技术之前和之后都应该定期对员工进行培训，提高员工使用 AIGC 的水平和对于 AIGC 潜在风险的认识，并建立明确的操作指南和合规行动手册以确保员工在使用 AIGC 时能遵循最佳实践，减少操作错误。

参考文献

[1] AHNERT T, DOERR S, PIERRI M N, et al. Does IT help? Information technology in banking and entrepreneurship [M]. International Monetary Fund, 2021.

[2] AKERLOF G A. The market for "lemons": quality uncertainty and the market mechanism [J]. The Quarterly Journal of Economics, 1970, 84 (3): 488 – 500.

[3] AKHISAR I, TUNAY K B, TUNAY N. The effects of innovations on bank performance: the case of electronic banking services [J]. Procedia-Social and Behavioral Sciences, 2015, 195: 369 – 375.

[4] ALLEN F, QIAN J, ZHANG C, et al. China's financial system: opportunities and challenges [J/OL]. NBER Working Paper, 2011, No. 17828.

[5] ALMEIDA H, CAMPELLO M. Financial constraints, asset tangibility and corporate investment [J]. The Review of Financial Studies, 2007, 20 (5): 1429 – 1460.

[6] ALTUNBAş Y, GARDENER E P M, MOLYNEUX P, et al. Efficiency in European banking [J]. European Economic Review, 2001, 45 (10): 1931 – 1955.

[7] ARNER D W, BARBERIS J, BUCKLEY R P. Fintech, regtech, and the reconceptualization of financial regulation [J]. Northwestern Journal of International Law & Business, 2017, 37 (3): 371 – 413.

[8] BALKE N S. Credit and economic activity: credit regimes and nonlinear propagation of shocks [J]. The Review of Economics and Statistics, 2000, 82 (2): 344 – 349.

[9] BECCALLI E. Does IT investment improve bank performance? Evidence from Europe [J]. Journal of Banking & Finance, 2007, 31 (7):

2205 - 2230.

[10] BEGENAU J, FARBOODI M, VELDKAMP L. Big data in finance and the growth of large firms [J]. Journal of Monetary Economics, 2018, 97 (5): 71 - 87.

[11] BERG T, BURG V, GOMBOVIC A, et al. On the rise of fintechs: credit scoring using digital footprints [J]. The Review of Financial Studies, 2019, 33 (7): 2845 - 2897.

[12] BERGER P, OFEK E, SWARY I. Investor valuation of the abandonment option [J]. Journal of Financial Economics, 1996, 42 (2): 257 - 287.

[13] BERNANKE B S, GERTLER M. Agency costs, net worth, and business fluctuations [J]. American Economic Review, 1989, 79 (1): 14 - 31.

[14] BERNANKE B S, GERTLER M. Inside the blackbox: the credit channel of monetary policy transmission [J]. Journal of Economic Perspectives, 1995, 9 (4): 27 - 48.

[15] BERNANKE B S, GERTLER M, GILCHRIST S. The financial accelerator in a quantitative business cycle framework [J]. Handbook of Macroeconomics, 1999, 1: 1341 - 1393.

[16] BERNANKE B S. Irreversibility, uncertainty, and cyclical investment [J]. The Quarterly Journal of Economics, 1983, 98 (1): 85 - 106.

[17] BOOT A W A, THAKOR A V. Can relationship banking survive competition? [J]. The Journal of Finance, 2000, 55 (2): 679 - 713.

[18] BUCHAK G, MATVOS G, PISKORSKI T, et al. Fintech, regulatory arbitrage, and the rise of shadow banks [J]. Journal of Financial Economics, 2018, 130 (3): 453 - 483.

[19] CARLSTROM C. T. , FUERST T. S. Agency costs, net worth, and business fluctuations: a computable general equilibrium analysis [J]. American Economic Review, 1997, 87 (5): 893 - 910.

[20] CENNI S, MONFERRÀ S, SALOTTI V, et al. Credit rationing and relationship lending: does firm size matter? [J]. Journal of Banking &

Finance, 2015, 53 (4): 249 - 265.

[21] CHEN M A, WU Q, YANG B. How valuable is FinTech innovation? [J]. Review of Financial Studies, 2019, 32 (5): 2062 - 2106.

[22] CHENG M, Qu Y. Does bank FinTech reduce credit risk? Evidence from China [J]. Pacific-Basin Finance Journal, 2020, 63: 1 - 24.

[23] CHIU J, KOEPPL T V. Blockchain - based settlement for asset trading [J]. Review of Financial Studies, 2019, 32 (5): 1716 - 1753.

[24] CHOD J, TRICHAKIS N, TSOUKALAS G, et al. On the financing benefits of supply chain transparency and blockchain adoption [J]. Management Science, 2020, 66 (10): 4378 - 4396.

[25] CHRISTENSEN I, DIB A. The financial accelerator in an estimated New Keynesian model [J]. Review of Economic Dynamics, 2008, 11 (1): 155 - 178.

[26] CLARK S P, COGGIN T D. Was there a U. S. house price bubble? an econometric analysis using national and regional panel data [J]. The Quarterly Review of Economics and Finance, 2011, 51 (2): 189 - 200.

[27] COFFIE C P K, ZHAO H J, MENSAH I A. Panel econometric analysis on mobile payment transactions and traditional banks effort toward financial accessibility in sub-Sahara Africa [J]. Sustainability, 2020, 12 (3): 895.

[28] COLE R A, CUMMING D J, TAYLOR J. Does Fintech compete with or complement bank finance? [J/OL]. SSRN Working Paper, 2019, No. 3302975.

[29] CONG L W, HE Z G. Blockchain disruption and smart contracts [J]. The review of financial studies, 2019, 32 (5): 1754 - 1797.

[30] COOLEY T, MARIMON R, QUADRINI V. Aggregate consequences of limited contract enforceability [J]. Journal of political Economy, 2004, 112 (4): 817 - 847.

[31] CORDOBA J C, RIPOLL M. Collateral constraints in a monetary economy [J]. Journal of the European Economic Association, 2004, 2 (6): 1172 - 1205.

［32］D'ACUNTO F, PRABHALA N, ROSSI A G. The promises and pitfalls of robo – advising ［J］. The Review of Financial Studies, 2019, 32 (5): 1983 – 2020.

［33］DONALD D C. Smart precision finance for small businesses funding ［J］. European Business Organization Law Review, 2020, 21 (1): 199 – 217.

［34］DU W, PAN S L, LEIDNER D E, et al. Affordances, experimentation and actualization of FinTech: a blockchain implementation study ［J］. Journal of Strategic Information Systems, 2019, 28 (1): 50 – 65.

［35］FISHER I. The debt-deflation theory of great depressions ［J］. Econometric, 1933, 1 (4): 337 – 357.

［36］FIDRMUC J, HORVÁTH R, HORVÁTHOVÁ E. Corporate interest rates and the financial accelerator in the Czech Republic ［J］. Emerging Markets Finance and Trade, 2010, 46 (4): 41 – 54.

［37］FLÖGEL F, BECKAMP M. Will FinTech make regional banks superfluous for small firm finance? Observations from soft information-based lending in Germany ［J］. Economic Notes, 2019, 49 (2): 1 – 20.

［38］FREIXAS X, ROCHET J C. Microeconomics of Banking ［M］. Cambridge, MA: MIT Press, 2008.

［39］FROST J, GAMBACORTA L, HUANG Y, et al. BigTech and the changing structure of financial intermediation ［J］. Economic policy, 2019, 34 (100): 761 – 799.

［40］FUSTER A, PLOSSER M, SCHNABL P, et al. The role of technology in mortgage lending ［J］. Review of Financial Studies, 2019, 32 (5): 1854 – 1899.

［41］GAMBACORTA L, HUANG Y, LI Z, et al. Data vs Collateral ［J］. Review of Finance, 2020, 27 (2): 369 – 398.

［42］GAI K, QIU M, ZHAO H, et al. Dynamic energy-aware cloudlet-based mobile cloud computing model for green computing ［J］. Journal of Network and Computer Applications, 2016, 59 (1): 46 – 54.

［43］GAI K, QIU M, SUN X. A survey on FinTech ［J］. Journal of

Network and Computer Applications, 2018, 103 (2): 262 – 273.

[44] GERTLER M, GILCHRIST S. Monetary policy, business cycles, and the behavior of small manufacturing firms [J]. The Quarterly Journal of Economics, 1994, 109 (2): 309 – 340.

[45] GERTLER M, GILCHRIST S. The role of credit market imperfections in the monetary transmission mechanism: arguments and evidence [J]. The Scandinavian Journal of Economics, 1993, 95 (1): 43 – 64.

[46] GERTLER M, GILCHRIST S, NATALUCCI F M. External constraints on monetary policy and the financial accelerator [J]. Journal of Money, Credit and Banking, 2007, 39 (2 – 3): 295 – 330.

[47] GERTLER M, KARADI P. A model of unconventional monetary policy [J]. Journal of Monetary Economics, 2011, 58 (1): 17 – 34.

[48] GERTLER M, KIYOTAKI N. Financial intermediation and credit policy in business cycle analysis [J]. Handbook of Monetary Economics, 2010, 3: 547 – 599.

[49] GILCHRIST S, YANKOV V, ZAKRAJŠEK E. Credit market shocks and economic fluctuations: evidence from corporate bond and stock markets [J]. Journal of monetary Economics, 2009, 56 (4): 471 – 493.

[50] GLANCY F H, YADAV S B. A computational model for financial reporting fraud detection [J]. Decision Support Systems, 2011, 50 (3): 595 – 601.

[51] GOLDSTEIN I, JIANG W, KAROLYI G A. To FinTech and beyond [J]. Review of Financial Studies, 2019, 32 (5): 1647 – 1661.

[52] GOMBER P, KAUFFMAN R J, PARKER C. On the Fintech Revolution: interpreting the forces of innovation, disruption, and Transformation in financial services [J]. Journal of Management Information Systems, 2018, 35 (1): 220 – 265.

[53] GOODFRIEND M, MCCALLUM B T. Banking and interest rates in monetary policy analysis: a quantitative exploration [J]. Journal of Monetary Economics, 2007, 54 (5): 1480 – 1507.

[54] HART O, MOORE J. The governance of exchanges: members' co-

operatives versus outside ownership [J]. Oxford Review of Economic Policy, 1996, 12 (4): 53 – 69.

[55] HASAN M, YAJUAN L, MAHMUD A. Regional development of China's inclusive finance through financial technology [J]. Sage Open, 2020, 10 (1): 1 – 16.

[56] HEISKANEN A. The technology of trust: how the internet of things and blockchain could usher in a new era of construction productivity [J]. Construction Research and Innovation, 2017, 8 (2): 66 – 70.

[57] HERZENSTEIN M, DHOLAKIA U M, ANDREWS R L. Strategic herding behavior in peer-to-peer loan auctions [J]. Journal of Interactive Marketing, 2011, 25 (1): 27 – 36.

[58] HUANG Y, LIN C, SHENG Z, et al. Fin-Tech credit and service quality [J]. Working Paper, 2018.

[59] JAGTIANI J, LEMIEUX C. The roles of alternative data and machine learning in fintech lending: evidence from the LendingClub consumer platform [J]. Financial Management, 2019, 48 (4): 1009 – 1029.

[60] JAKŠIČM, MARINČM. Relationship banking and information technology: the role of artificial intelligence and FinTech [J]. Risk Management, 2019, 21: 1 – 18.

[61] JERMANN U, QUADRINI V. Macroeconomic effects of financial shocks [J]. American Economic Review, 2012, 102 (1): 238 – 271.

[62] JOE-WONG C, SEN S. Harnessing the power of the cloud: revenue, fairness, and cloud neutrality [J]. Journal of Management Information Systems, 2018, 35 (3): 813 – 836.

[63] JURADO K, LUDVIGSON S C, NG S. Measuring uncertainty [J]. American Economic Review, 2015, 105 (3): 1177 – 1216.

[64] KIYOTAKI N, WRIGHT R. A contribution to the pure theory of money [J]. Journal of economic Theory, 1991, 53 (2): 215 – 235.

[65] KIYOTAKI N, MOORE J. Credit Cycles [J]. Journal of Political Economy, 1997, 105 (2): 211 – 248.

[66] KLAPPER L, SINGER D, ANSAR S, et al. Financial risk

management in agriculture [J]. Development Research, 2019.

[67] KOCHERLAKOTA N. Creating business cycles through credit constraints [J]. Federal Reserve Bank of Minneapolis Quarterly Review, 2000, 24 (3): 2-10.

[68] KOETTER M, NOTH F. IT use, productivity, and market power in banking [J]. Journal of Financial Stability, 2013, 9 (4): 695-704.

[69] KOLLMANN R. Global banks, financial shocks, and international business cycles: evidence from an estimated model [J]. Journal of Money Credit and Banking, 2013, 45 (12): 159-195.

[70] KOU G, PENG Y, WANG G. Evaluation of clustering algorithms for financial risk analysis using MCDM methods [J]. Information Sciences, 2014, 275: 1-12.

[71] IACOVIELLO M. Financial business cycles [J]. Review of Economic Dynamics, 2015, 18 (1): 140-163.

[72] IACOVIELLO M. Household debt and income inequality, 1963—2003 [J]. Journal of Money Credit and Banking, 2008, 40 (5): 929-965.

[73] LIBERTI J M, PETERSEN M. A. Information: hard and soft [J]. The Review of Corporate Finance Studies, 2018, 8 (1): 1-41.

[74] LIU J, LI X, WANG S. What have we learnt from 10 years of fintech research? A scientometric analysis [J]. Technological Forecasting and Social Change, 2020, 155: 120022.

[75] LIVSHITS I, MACGEE J C, TERTILT M. The democratization of credit and the rise in consumer bankruptcies [J]. Review of Economic Studies, 2014, 83 (4): 1673-1710.

[76] MAGGIO M, YAO V. FinTech borrowers: lax-screening or cream-skimming? [J]. The Review of Economic Studies, 2019, 34 (10): 4565-4618.

[77] MAGNUSON W. Regulating fintech [J]. Vanderbile Law Review, 2018, 71 (4): 1167-1226.

[78] MILIAN E Z, SPINOLA M, CARVALHO M. Fintechs: a literature review and research agenda [J]. Electronic Commerce Research and Ap-

plications, 2019, 34: 100833.

[79] MIMIR Y. Financial intermediaries, credit shocks and business cycles [J]. Oxford Bulletin of Economics and Statistics, 2013, 78 (1): 42 –74.

[80] MISHRA P, MONTIEL P, PEDRONI P, et al. Monetary policy and bank lending rates in low-income countries: heterogeneous panel estimates [J]. Journal of Development Economics, 2014, 111: 117 –131.

[81] MOCETTI S, PAGNINI M, SETTE E. Information technology and banking organization [J]. Journal of Financial Services Research, 2017, 51: 313 –338.

[82] MODIGLIANI F, MILLER M H. The cost of capital, corporation finance and the Theory ofInvestment [J]. American Economics Review, 1959, 48: 261 –297.

[83] NAGAHATA T, SEKINE T. Firm investment, monetary transmission and balance-sheet problems in Japan: an investigation using micro data [J]. Japan and the World Economy, 2005, 17 (3): 345 –369.

[84] NI J, YU Y, MU Y, et al. On the security of an efficient dynamic auditing protocol in cloud storage [J]. IEEE Transactions on Parallel and Distributed Systems, 2014, 25 (10): 2760 –2761.

[85] ODINET C K. The new data of student debt [J]. Southern California Law Review, 2018, 92 (6): 1617 –1691.

[86] OLINER S D, RUDEBUSCH G D. Sources of the financing hierarchy for business investment [J]. American Economics Review, 1996, 74 (4): 643 –654.

[87] PHILIPPON T. On Fintech and financial inclusion [J/OL]. NBER Working Paper, 2019, No. 26330.

[88] PIERRI M N, TIMMER M Y. Tech in fin before fintech: blessing or curse for financial stability? [M]. International Monetary Fund, 2020.

[89] PRATAP S, RENDON S. Firm investment in imperfect capital markets: a structural estimation [J]. Review of Economic Dynamics, 2003, 6 (3): 513 –545.

［89］ RAHARJA S J, MUHYI H A, HERAWATY T. Digital payment as an enabler for business opportunities: a go-pay case study ［J］. Review of Integrative Business and Economics Research, 2020, 9 （1）: 319 – 329.

［90］ RONDI L, SACK B, SCHIANTARELLI F, et al. Firms' financial and real responses to monetary tightening: evidence for small and large italian companies ［J］. Giornale degli Economisti e Annali di Economia, 1998, 57 （11）: 35 – 64.

［91］ SAIZ A. The geographic determinants of housing supply ［J］. The Quarterly Journal of Economics, 2010, 125 （3）: 1253 – 1296.

［92］ SHIM Y, SHIN D. Analyzing China's fintech industry from the perspective of Actor – Network Theory ［J］. Telecommunications Policy, 2016, 40 （2）: 168 – 181.

［93］ STIGLITZ J E, WEISS A. Credit rationing in markets with imperfectInformation ［J］. American Economic Review, 1981, 71 （3）: 393 – 410.

［94］ SUTHERLAND A. Does credit reporting lead to a decline in relationship lending? Evidence from information sharing technology ［J］. Journal of Accounting & Economics, 2018, 66 （1）: 123 – 141.

［95］ TAO F, ZUO Y, XU L, et al. IoT-based intelligent perception and access of manufacturing resource toward cloud manufacturing ［J］. IEEE Transactions on Industrial Informatics, 2014, 10 （2）: 1547 – 1557.

［96］ THAKOR A V. Fintech and banking: what do we know? ［J］. Journal of Financial Intermediation, 2020, 41 （1）: 1 – 13.

［97］ VERMEULEN P. Business fixed investment: evidence of a financial acceleratorin Europe ［J］. Oxford Bulletin of Economics and Statistics, 2002, 64 （3）: 213 – 231.

［98］ VIAL G. Understanding digital transformation: a review and a research agenda ［J］. The Journal of Strategic Information Systems, 2019, 28 （2）, 118 – 144.

［99］ VIVES X. Digital disruption in banking ［J］. Annual Review of Financial Economics, 2019, 11: 243 – 272.

［100］WOOLDRIDGE J M. Econometric analysis of cross section and panel data ［M］. Cambridge, MA：MIT press, 2010.

［101］YIN Z, GONG X, GUO P, et al. What drives entrepreneurship in digital economy? Evidence from China ［J］. Economic Modelling, 2019, 82：66 - 73.

［102］YOO Y, HENFRIDSSON O, LYYTINEN K. Research commentary—the new organizing logic of digital innovation：an agenda for information systems research ［J］. Information systems research, 2010, 21 (4)：724 - 735.

［103］蔡庆丰, 王瀚佑, 李东旭. 互联网贷款、劳动生产率与企业转型：基于劳动力流动性的视角 ［J］. 中国工业经济, 2021, （12）：146 - 165.

［104］曹永琴. 中国货币政策行业非对称效应研究：基于 30 个行业面板数据的实证研究 ［J］. 上海经济研究, 2011 (1)：3 - 15.

［105］杜群阳, 周方兴, 战明华. 信息不对称、资源配置效率与经济周期波动 ［J］. 中国工业经济, 2022, 409 (4)：61 - 79.

［106］段永琴, 何伦志. 数字金融对我国货币政策利率传导机制有效性的影响 ［J］. 统计与决策, 2021, 37 (9)：136 - 139.

［107］高然, 祝梓翔, 陈忱. 地方债与中国经济波动：金融加速器机制的分析 ［J］. 经济研究, 2022, 57 (6)：83 - 100.

［108］顾海峰, 卞雨晨. 数字金融会影响银行系统性风险吗？：基于中国上市银行的证据 ［J］. 中国软科学, 2022, 374 (2)：32 - 43.

［109］顾海峰, 杨立翔. 互联网金融与银行风险承担：基于中国银行业的证据 ［J］. 世界经济, 2018, 41 (10)：75 - 100.

［110］郭峰, 庄旭东, 王仁曾. 银行数字化转型、外源性金融科技与信用风险治理：基于文本挖掘和机器学习的实证检验 ［J］. 证券市场导报, 2023, 369 (4)：15 - 23.

［111］郭婧, 马光荣. 宏观经济稳定与国有经济投资：作用机理与实证检验 ［J］. 管理世界, 2019, 35 (9)：49 - 64, 199.

［112］何德旭, 余晶晶. 中国货币政策传导的现实难题与解决路径研究 ［J］. 经济学动态, 2019, 702 (8)：21 - 39.

［113］何德旭，张庆君，陈思，等．资产数字化、银行风险与"双支柱"调控［J］．经济研究，2023，58（1）：38－55．

［114］何婧，李庆海．数字金融使用与农户创业行为［J］．中国农村经济，2019，409（1）：112－126．

［115］胡俊，李强，戴嘉诚，等．基于文本分析的商业银行金融科技测度及赋能效果检验［J］．中国管理科学：2024，32（1）：31－41．

［116］胡杨，张宗新．金融加速器效应在中国的存在性分析：以次贷危机发生后的经济环境为例［J］．现代经济探讨，2010，340（4）：63－66．

［117］黄益平，黄卓．中国的数字金融发展：现在与未来［J］．经济学（季刊），2018，17（4）：1489－1502．

［118］黄益平，邱晗．大科技信贷：一个新的信用风险管理框架［J］．管理世界，2021，37（2）：12－21，50．

［119］黄益平，沈艳，程丹旭，等．中国结构性货币政策有效性研究：以定向降准为例［J/OL］．CF40工作论文，2023，19（2）：1－23．

［120］黄益平，陶坤玉．中国的数字金融革命：发展、影响与监管启示［J］．国际经济评论，2019，144（6）：24－35．

［121］蒋海，唐绅峰，吴文洋．数字化转型对商业银行风险承担的影响研究：理论逻辑与经验证据［J］．国际金融研究，2023，429（1）：62－73．

［122］纪志宏．货币宽松、资产价格与分配效应：基于美国1984—2019年数据的实证研究［J］．国际金融研究，2022，424（8）：3－14．

［123］金洪飞，李弘基，刘音露．金融科技、银行风险与市场挤出效应［J］．财经研究，2020，46（5）：52－65．

［124］荆文君，孙宝文．数字经济促进经济高质量发展：一个理论分析框架［J］．经济学家，2019，242（2）：66－73．

［125］靳庆鲁，孔祥，侯青川．货币政策、民营企业投资效率与公司期权价值［J］．经济研究，2012，47（5）：96－106．

［126］李佳，段舒榕．数字金融减轻了企业对银行信贷的依赖吗？

［J］.国际金融研究，2022，420（4）：88－96.

［127］李青原，王红建.货币政策、资产可抵押性、现金流与公司投资：来自中国制造业上市公司的经验证据［J］.金融研究，2013，396（6）：31－45.

［128］李小胜，董丰，熊琛.金融开放、金融摩擦与中国宏观经济波动［J］.经济学（季刊），2022，22（5）：1533－1554.

［129］李逸飞，李茂林，李静.银行金融科技、信贷配置与企业短债长用［J］.中国工业经济，2022，415（10）：137－154.

［130］李真，李茂林，朱林染.银行金融科技与企业金融化：基于避险与逐利动机［J］.世界经济，2023，46（4）：140－169.

［131］梁方，赵璞，黄卓.金融科技、宏观经济不确定性与商业银行主动风险承担［J］.经济学（季刊），2022，22（6）：1869－1890.

［132］廖理.另类数据：经济增长的新亮点［J］.人民论坛·学术前沿，2021，214（6）：22－27.

［133］廖理，崔向博，孙琼.另类数据的信息含量研究：来自电商销售的证据［J］.管理世界，2021，37（9）：90－104.

［134］刘斌.我国DSGE模型的开发及在货币政策分析中的应用［J］.金融研究，2008，（10）：1－21.

［135］刘洋，董久钰，魏江.数字创新管理：理论框架与未来研究［J］.管理世界，2020，36（7）：198－217，219.

［136］刘澜飚，齐炎龙，张靖佳.互联网金融对货币政策有效性的影响：基于微观银行学框架的经济学分析［J］.财贸经济，2016，37（1）：61－73.

［137］刘程.数字金融与银行贷款合约：基于我国上市公司微观银行贷款数据的实证研究［J］.产业经济评论，2022，48（1）：152－170.

［138］刘刚，袁红展，张友泽.平权结构模式下金砖国家开发银行贷款项目申请的博弈研究［J］.南方金融，2017，491（7）：82－90.

［139］刘刚，张友泽.人民币在"一带一路"货币圈发挥了锚效应吗?：基于人民币与主要国际货币比较研究［J］.国际金融研究，2018，375（7）：32－41.

［140］刘刚，张友泽，袁红展．粤港澳大湾区金融集聚促进了高新技术产业发展吗?：基于空间面板杜宾模型的实证检验［J］.南京财经大学学报，2018，214（6）：41-52.

［141］刘贯春，张军，叶永卫．银行贷款及其所有制结构的投资治理效应［J］.财贸经济，2022，43（6）：64-79.

［142］刘少波，梁晋恒，张友泽．大数据技术视阈下银行信贷风险防控研究［J］.贵州社会科学，2020，372（12）：121-128.

［143］刘少波，卢曼倩，张友泽．数字化转型提升了企业风险承担的价值吗?［J］.首都经济贸易大学学报，2023，25（2）：61-80.

［144］刘少波，杨俊宇，张友泽．信息透明度、分析师关注与实体企业金融化［J］.南方金融，2021，544（12）：47-58.

［145］刘少波，张友泽，梁晋恒．金融科技与金融创新研究进展［J］.经济学动态，2021，721（3）：126-144.

［146］鲁丹，肖华荣.银行市场竞争结构、信息生产和中小企业融资［J］.金融研究，2008（5）：107-113.

［147］罗煜，崔书言，旷纯．数字化与商业银行经营转型：基于传统业务结构变迁视角［J］.国际金融研究，2022，421（5）：34-44.

［148］马述忠，胡增玺．数字金融是否影响劳动力流动?：基于中国流动人口的微观视角［J］.经济学（季刊），2022，22（1）：303-322.

［149］孟娜娜，粟勤，雷海波．金融科技如何影响银行业竞争［J］.财贸经济，2020，41（3）：66-79.

［150］闵亮．政府干预、负债融资和实体经济在衰期的价值波动：以次贷危机冲击下的上市公司为例［J］.财贸研究.2010，21（2）：150-156.

［151］聂秀华，江萍，郑晓佳，等．数字金融与区域技术创新水平研究［J］.金融研究，2021，489（3）：132-150.

［152］戚聿东，蔡呈伟．数字化企业的性质：经济学解释［J］.财经问题研究，2019，426（5）：121-129.

［153］钱海章，陶云清，曹松威，等．中国数字金融发展与经济增长的理论与实证［J］.数量经济技术经济研究，2020，37

（6）：26 - 46.

[154] 邱晗，黄益平，纪洋．金融科技对传统银行行为的影响：基于互联网理财的视角 [J].金融研究，2018，461（11）：17 - 29.

[155] 沈悦，郭品．互联网金融、技术溢出与商业银行全要素生产率 [J].金融研究，2015，417（3）：160 - 175.

[156] 盛天翔，范从来．金融科技、最优银行业市场结构与小微企业信贷供给 [J].金融研究，2020，480（6）：114 - 132.

[157] 孙旭然，王康仕，王凤荣．金融科技、竞争与银行信贷结构：基于中小企业融资视角 [J].山西财经大学学报，2020，42（6）：59 - 72.

[158] 孙友晋，王思轩．数字金融的技术治理：风险、挑战与监管机制创新：以基于区块链的非中心结算体系为例 [J].电子政务，2020，215（11）：99 - 107.

[159] 唐绅峰，蒋海，吴文洋．银行数字化背景下宏观审慎监管政策的有效性及优化策略 [J].当代经济管理，2023，45（3）：86 - 96.

[160] 唐松，伍旭川，祝佳．数字金融与企业技术创新：结构特征、机制识别与金融监管下的效应差异 [J].管理世界，2020，36（5）：52 - 66.

[161] 滕磊，马德功．数字金融能够促进高质量发展吗？ [J].统计研究，2020，37（11）：80 - 92.

[162] 田国强，赵旭霞．金融体系效率与地方政府债务的联动影响：民企融资难融资贵的一个双重分析视角 [J].经济研究，2019，54（8）：4 - 20.

[163] 万佳彧，周勤，肖义．数字金融、融资约束与企业创新 [J].经济评论，2020，221（1）：71 - 83.

[164] 汪亚楠，叶欣，许林．数字金融能提振实体经济吗 [J].财经科学，2020，384（3）：1 - 13.

[165] 王道平，刘杨婧卓，徐宇轩，等．金融科技、宏观审慎监管与我国银行系统性风险 [J].财贸经济，2022，43（4）：71 - 84.

[166] 王国静，田国强.金融冲击和中国经济波动 [J].经济研究，

2014, 49 (3): 20 - 34.

[167] 王海军, 曾博, 杨虎, 等. 金融科技投入能够增进银行业绩吗?: 基于不良贷款风险的视角 [J]. 外国经济与管理, 2022, 44 (6): 94 - 109.

[168] 王娟, 朱卫未. 数字金融发展能否校正企业非效率投资 [J]. 财经科学, 2020, 384 (3): 14 - 25.

[169] 王馨. 互联网金融助解 "长尾" 小微企业融资难问题研究 [J]. 金融研究, 2015, (9): 128 - 139.

[170] 王修华, 刘锦华. 大型银行服务重心下沉对农村金融机构信贷行为的影响 [J]. 中国农村经济, 2023, (8): 102 - 125.

[171] 吴安兵, 龚星宇, 陈创练, 等. 非金融企业影子银行化的风险承担效应: 内在机制与经验证据 [J]. 中国工业经济, 2023 (4): 174 - 192.

[172] 吴建环, 席莹. 中国货币政策的金融加速器效应研究: 以货币政策对不同规模高科技企业的影响为例 [J]. 山西财经大学学报, 2007, 29 (11): 98 - 103.

[173] 吴雨, 李晓, 李洁, 等. 数字金融发展与家庭金融资产组合有效性 [J]. 管理世界, 2021, 37 (7): 92 - 104.

[174] 向虹宇, 王正位, 江静琳, 等. 网贷平台的利率究竟代表了什么? [J]. 经济研究, 2019, 54 (5): 47 - 62.

[175] 项后军, 高鹏飞, 曾琪. 银行风险承担渠道、流动性囤积与货币政策传导的 "梗阻效应" 研究 [J]. 国际金融研究, 2023, 429 (1): 74 - 84.

[176] 项后军, 邰栋玺, 陈昕朋. 基于 "渠道识别" 的货币政策银行风险承担渠道问题研究 [J]. 管理世界, 2018, 34 (8): 55 - 66.

[177] 谢平, 邹传伟. 互联网金融模式研究 [J]. 金融研究, 2012, 390 (12): 11 - 22.

[178] 谢绚丽, 沈艳, 张皓星, 等. 数字金融能促进创业吗?: 来自中国的证据 [J]. 经济学 (季刊), 2018, 17 (4): 1557 - 1580.

[179] 谢绚丽, 王诗卉. 中国商业银行数字化转型: 测度、进程及影响 [J]. 经济学 (季刊), 2022, 22 (6): 1937 - 1956.

[180] 谢治春，赵兴庐，刘媛.金融科技发展与商业银行的数字化战略转型 [J].中国软科学，2018，332（8）：184－192.

[181] 徐伟呈，刘海瑞，范爱军.数字金融如何驱动高质量经济增长？：基于技术、资本和劳动力的三重内驱机制 [J].投资研究，2022，41（4）：113－133.

[182] 徐晓萍，李弘基，戈盈凡.金融科技应用能够促进银行信贷结构调整吗？：基于银行对外合作的准自然实验研究 [J].财经研究，2021，47（6）：92－107.

[183] 薛莹，胡坚.金融科技助推经济高质量发展：理论逻辑、实践基础与路径选择 [J].改革，2020，313（3）：53－62.

[184] 杨东.监管科技：金融科技的监管挑战与维度建构 [J].中国社会科学，2018，269（5）：69－91，205－206.

[185] 杨虎涛，胡乐明.不确定性、信息生产与数字经济发展 [J].中国工业经济，2023（4）：1－18.

[186] 杨望，徐慧琳，谭小芬，等.金融科技与商业银行效率：基于 DEA－Malmquist 模型的实证研究 [J].国际金融研究，2020，399（7）：56－65.

[187] 杨震宁，侯一凡，李德辉，等.中国企业"双循环"中开放式创新网络的平衡效应：基于数字赋能与组织柔性的考察 [J].管理世界，2021，37（11）：184－205，243－244.

[188] 易行健，周利.数字普惠金融发展是否显著影响了居民消费：来自中国家庭的微观证据 [J].金融研究，2018，461（11）：47－67.

[189] 尹志超，彭嫦燕，里昂安吉拉.中国家庭普惠金融的发展及影响 [J].管理世界，2019，35（2）：74－87.

[190] 游家兴，林慧，柳颖.旧貌换新颜：金融科技与银行业绩：基于 8227 家银行支行的实证研究 [J].经济学（季刊），2023，23（1）：177－193.

[191] 余明桂，马林，王空.商业银行数字化转型与劳动力需求：创造还是破坏？[J].管理世界，2022，38（10）：212－230.

[192] 袁申国，陈平，刘兰凤.汇率制度、金融加速器和经济波

动 [J].经济研究，2011，46（1）：57-70，139.

[193] 袁申国，陈平.资产负债表、金融加速器与企业投资 [J].经济学家，2010，136（4）：61-67.

[194] 袁申国，刘兰凤.中国货币政策金融加速器效应的行业差异性分析 [J].上海金融，2009，344（3）：36-39.

[195] 战明华，汤颜菲，李帅.数字金融发展、渠道效应差异和货币政策传导效果 [J].经济研究，2020，55（6）：22-38.

[196] 战明华，应诚炜.利率市场化改革、企业产权异质与货币政策广义信贷渠道的效应 [J].经济研究，2015，50（9）：114-126.

[197] 战文清，刘尧成.数字金融发展的经济稳定器效应 [J].财经科学，2022，414（9）：1-16.

[198] 张金清，李柯乐，张剑宇.银行金融科技如何影响企业结构性去杠杆？[J].财经研究，2022，48（1）：64-77.

[199] 张梁，相广平，马永凡.数字金融对区域创新差距的影响机理分析 [J].改革，2021，327（5）：88-101.

[100] 张龙耀，袁振.金融科技对县域银行业市场结构的影响研究 [J].华中农业大学学报（社会科学版），2022，162（6）：10-21.

[201] 张庆君，张港燕.银行金融科技运用会降低信贷顺周期性吗 [J].金融经济学研究，2021，36（5）：63-82.

[202] 张勋，杨桐，汪晨，等.数字金融发展与居民消费增长：理论与中国实践 [J].管理世界，2020，36（11）：48-62.

[203] 张友泽，刘少波，杨竹清，等.内部控制质量与企业创新：基于委托代理视角的实证检验 [J].商学研究，2023，30（2）：90-102.

[204] 张志元，马永凡.数字金融与企业投资：银行风险承担视角 [J].当代经济科学，2023，45（1）：61-73.

[205] 赵绍阳，李梦雪，佘楷文.数字金融与中小企业融资可得性：来自银行贷款的微观证据 [J].经济学动态，2022，738（8）：98-116.

[206] 赵岳，谭之博.电子商务、银行信贷与中小企业融：一个基于信息经济学的理论模型 [J].经济研究，2012，47（7）：99-112.

［207］赵振全，于震，刘淼．金融加速器效应在中国存在吗?［J］.经济研究，2007，470（6）：27－38．

［208］郑万腾，赵红岩，范宏．数字金融发展对区域创新的激励效应研究［J］.科研管理，2021，42（4）：138－146．

［209］钟凯，梁鹏，董晓丹，等．数字普惠金融与商业信用二次配置［J］.中国工业经济，2022，406（1）：170－188．

［210］周开国，邢子煜，杨海生．银行负债结构与企业信贷获取［J］.经济研究，2022，57（8）：191－208．

［211］周炎，陈昆亭．金融经济周期理论研究动态［J］.经济学动态，2014，641（7）：128－138．

［212］周晔，丁鑫．"激化"还是"缓释"? 数字金融对区域金融风险的影响研究：跨区效应、机制识别与结构特征［J］.国际金融研究，2022，426（10）：26－37．

［213］周之瀚．数字金融与货币政策传导效应［J］.湘潭大学学报：哲学社会科学版，2022，46（3）：85－93．

［214］邹琳华，柯翠．中国房地产市场的金融加速器效应分析［J］.现代管理科学，2009，191（2）：88－89．

［215］朱新蓉，李虹含．货币政策传导的企业资产负债表渠道有效吗：基于2007～2013中国数据的实证检验［J］.金融研究，2013，400（10）：15－27．

后 记

怅然停笔，不知觉寒窗外春风渐暖，酥雨微润。拙作初成，未曾想竟已春秋四度。青灯凭栏，流云望舒空，皇皇卅载，书剑两无成，每每思之，未尝不黯然叹息。然文章盖世，孔子尚困于陈邦；武略超群，太公垂钓于渭水。北海虽赊，扶摇可接，东隅已逝，桑榆非晚。余于志学之年缘结暨南，训礼成人，治学钩考，乐莫大焉。日夜倥偬，长路漫漫，往者不可追念；珠水河畔，临江感怀，宣毫寄托宏猷。余幼读经典，尝叹寄生宇内，所悟甚少，所知甚微。吾生有涯，知也无涯，倏忽而逝，宛若蜉蝣。然则人非草木，其情、其志、其疑、其痴，天地遐想，汩汩不绝。故余年少而志于学，疏简轻狂；后入暨南，骨肉渐丰，所思所悟，兹以成篇。就中涕零感激，今辑文以白，聊表谢忱。

恩师刘少波教授，高山仰止，宗师风骨。其思如万斛泉源，平地滔滔，随物赋形；其言如石落幽潭，惊人深省，回响无穷。余自知驽钝，承蒙恩师不弃，得拜门下。四年相处，或漫步于田野，或问道于学堂。先生言传身教，导我于狭路，示吾以通途，一言一行，俱是人师之典范。凡所撰文，无不赖其悉心指点，解惑之时，醍醐灌顶，洒脱快意，唯有切磋琢磨，凝神聚力，以谢师恩。

夫暨南，东渐于海，西被于流沙，声教讫于四海，余年幼即钦慕于此。三生有幸，求学于斯，一草一木，皆赋深情。进学于经济学院，得遇明师，寻坠绪之茫茫，独旁搜而远绍，学业渐成，不胜感激。经济学院诸位教授虽风格各异，咸有梅兰松柏之风也。众师圣睿明哲，洞见宏远，对拙作助益良多。面命查漏，耳提补缺，或结构之调整，或术语之修饰，或词句之精进，咸似琼花碎玉，晴雨初霁，甘怡仰佳，感于五内。循循以导，谆谆而教，亦时常浮现于心，恩德未可胜计。奈何学业不精，多有错漏，其责概由本人一并担负。

学路漫漫，道阻且长，辛酸困顿，谁人可知？功名成就，无非尘土。思想之孕育，观点之磨炼，无不经受无数日夜之煎熬，所愿者不过

继往圣绝学，令真知薪火相传尔。恰同学少年时，得遇友人，何其幸哉！叶显、孙兰、曹直、梁晋恒、张彦洁、吴莉莉、杨俊宇、陈梅清、吴玥、李智杰、谭露尧、卢曼倩、马佳妮，吾之同门，缘聚于此，切磋指导，多有匡扶；韦施威、潘爽、郑莉萍、唐绅峰、穆金旗、王浩楠、廖佳、安晓庆、向海凌，吾之同窗，相交莫逆，谊切苔岑。深厚情谊，铭念心髓，诚愿安康顺遂，前程似锦。

父母之恩为大，倏忽近三十载，含辛茹苦，哽咽难报。人心冷暖如斯，唯血肉深情至真至切。言传身教，卓然而立；训诂拔擢，以养浩然。父母年事日高，白发日增，康健抱恙，每念及此，未尝不愕然神伤。余负笈求学，书海泛舟，未能尽孝于膝前，人子之责多有推诿，今后唯有激以奋发，以答跪乳反哺之恩。

遥忆沁湖韶华，明月皎洁，桂影斑驳，风叶响珊珊。情不知所起，一往而深，一寸相思千万绪。十年茫茫，四望烟波无尽。蓦然回首，灯火阑珊，秋风又到人间。关山难越，人间惆怅，幸得爱侣相伴。美人如玉，柔情似水，朝朝暮暮。以胶投漆中，一日三秋。浮生事，几时闲？金风玉露一相逢，便胜却人间无数。

惊回二十三年梦，戚戚然竟不知所语，别是一般滋味在心头。恩长笔短，述之则挂一漏万，书之有尽，致谢难穷。岁月悠悠，唯愿此生纯良，穷且益坚，不坠青云之志。